Carl Heinrich Anton van der Smissen

Kurzgefasste Geschichte und Glaubenslehre der Altevangelischen

Taufgesinnten oder Mennoniten

Carl Heinrich Anton van der Smissen

Kurzgefasste Geschichte und Glaubenslehre der Altevangelischen Taufgesinnten oder Mennoniten

ISBN/EAN: 9783743357655

Hergestellt in Europa, USA, Kanada, Australien, Japan

Cover: Foto ©ninafisch / pixelio.de

Carl Heinrich Anton van der Smissen

Kurzgefasste Geschichte und Glaubenslehre der Altevangelischen Taufgesinnten oder Mennoniten

Menno Simons.
Geboren 1492 in Witmarsum, Friesland.
Gestorben 13. Januar 1559 in Wüstenfelde bei Oldeslo in Holstein.

Kurzgefaßte Geschichte

—und—

Glaubenslehre

—der—

Altevangelischen Taufgesinnten oder Mennoniten.

Herausgegeben von

Carl H. A. van der Smissen,

Pastor der Mennonitengemeine zu Summerfield, St. Clair Co., Illinois,
Nord = Amerika.

Wo Lieb' das teuerste Juwel, und Treu' daran das nächste Teil,
Da hält Eintracht und Friede Stand und segnet Kirch', Haus, Stadt und Land,
Doch Eigenlieb' und eitle Ehr' samt Mißtraunswahn wirft All's umher,
Ist's schlimmste Gift in Haus und Kirch', denn's ist des Feindes Weis' und Werk.
                                          Gerhard Roosen 1675.

Darum jaget nach dem Frieden gegen jedermann und der Heiligung, ohne welche wird Niemand den Herrn sehen. Hebr. 12, 14.

Im Selbstverlag des Verfassers.
1895.

Seinem lieben, väterlichen Freunde,

Herrn Pastor Berend Carl Roosen,

zu seinem fünfzigjährigen Amtsjubiläum

als Prediger und Seelsorger der Mennoniten-Gemeine

—zu—

Hamburg - Altona,

in inniger, dankbarer Liebe gewidmet

vom Verfasser.

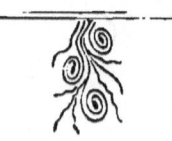

Vorrede.

Lieber väterlicher Freund!

Du weißt, daß ich mich seit Jahren für die Geschichte unserer Gemeinschaft interessire und mich damit beschäftige. — Schon vor 21 Jahren unterhielten mein lieber Vetter, dein Mitarbeiter, H. van der Smissen und ich uns über die Abfassung einer Geschichte der Mennoniten, und da er sagte, er beabsichtige eine solche zu schreiben, so gab ich ihm Auszüge aus Sebastian Frank's Chronik, die ich schon damals gemacht hatte. Mein lieber Vetter, der zu einer solchen Arbeit in jeder Hinsicht weit besser befähigt wäre, fand nicht die Zeit dazu, seinen Plan auszuführen.

Es erschien Frau Brons Geschichte der Mennoniten und füllte eine große Lücke aus; dennoch schien ein Bedürfniß nach einer kurzgefaßten Geschichte der Mennoniten noch immer vorhanden zu sein; und zu verschiedenen Zeiten und von verschiedenen Seiten erging an mich die Aufforderung, eine solche zu schreiben.

Als nun die Zeit deines fünfzigjährigen Amtsjubiläums näher kam, fragte ich mich, womit ich dir wol eine Freude bereiten könne, und dir einen kleinen Beweis meiner innigen Dankbarkeit für die mir bewiesene, langjährige, treue Liebe geben. Da dachte ich an meinen lieben, verstorbenen Vater, und mit welch großer Liebe er von dir und eurer treuen Freundschaft vor seinem Tode gesprochen; da fiel mir aber auch ein, daß er mir eine von euch beiden gemeinsam ausgeführte Arbeit übergeben, nämlich die Beweisstellen zu Cornelis Ris Glaubenslehre, und ich dachte, es würde dir Freude machen, wenn eure Arbeit nicht nur euch und mir zum Segen würde, sondern wenn der Kreis der segensreichen Wirksamkeit eurer Arbeit von der kleinen Schaar meiner Täuflinge auf die ganze Mennonitengemeinschaft ausgedehnt würde; da ich aber grade daran war, einige Aufsätze über unsere Geschichte zu schreiben, so schien mir eine kurzgefaßte Geschichte unserer Gemeinschaft eine gute Einleitung für die Glaubenslehre mit Beweisstellen zu bilden, so setzte ich meine Studien fort, und ich kann sagen, es war wol einesteils viel Arbeit, da sich mit erweitertem Blick auch das Material mehrte, aber andernteils auch viel Segen und Genuß für mich.

Meine Lieben, denen ich die einzelnen Teile, wie sie entstanden, vorlas, ermunterten mich zur Arbeit, so wuchs die Geschichte aus einer Einleitung zum Hauptwerk, aber ich hoffe, das Ganze macht dir auch so Freude. Oft habe ich bei der Arbeit deiner liebend gedacht, und hoffe, du wirst dieselbe so freundlich aufnehmen, und so liebevoll beurteilen, wie die einzelnen geschichtlichen Aufsätze, welche ich früher geschrieben. Deine liebevolle, freundliche Beurteilung wird mir manche lieblose oder wenigstens unfreundliche Beurteilung, an der es wol auch nicht fehlen wird, tragen helfen.

Meine Arbeit ist nicht ein eigenes Geschichtswerk, der Erfolg eigener Quellenforschungen, und gibt auch nicht vor, ein solches zu sein. Dazu fehlten mir die Quellen und die Gelegenheit, eine größere Büchersammlung zu benutzen. Oft habe ich Abschnitte aus andern Büchern von Cornelius, Keller, Beck und namentlich der Frau Brons entnommen, nicht um mich mit fremden Federn zu schmücken, sondern um unserer lieben Mennonitengemeinschaft dadurch zu nützen. Das große Geld der gelehrten Forschungen habe ich versucht, in Scheidemünze oder Kleingeld umzusetzen.

Inwiefern es mir gelungen ist, eine soweit möglich wissenschaftlich richtige, doch kurzgefaßte, volkstümliche Geschichte unserer Gemeinschaft zu schreiben, wirst du besser beurteilen können als irgend jemand sonst.

Aus dieser Vorrede an dich sehen zugleich alle Leser, was ich mit diesem Werkchen beabsichtigt habe.

Im Aufblick zum Herrn und unter dem Flehen um seinen Segen ist diese Arbeit entstanden. Möge der Herr sie segnen und geben, daß namentlich auch unsere Jugend die reichen Gnadenschätze erkennt, die der Herr unsrer Gemeinschaft geschenkt hat, und unter Gottes Beistand sucht, dieselben zu bewahren, damit das Blut so vieler Tausende unserer Vorväter nicht vergebens geflossen ist, sondern bleibenden Segen wirkt.

Das ist der Wunsch und das Gebet

beines dich innig, dankbar liebenden Freundes,

Carl H. A. van der Smissen.

Summerfield, St. Clair Co., Illinois, Nord-Amerika,
im Mai, 1895.

Liste

der in diesem Werke mehr oder weniger benutzten Bücher und Schriften.

1. Afbeeldingen etc. 1743.
2. Arnolds, Gottfried. Unparteiische Kirchen- und Ketzer-Historie.
3. Auß-Bundt. Das ist Etliche schöne Christenliche Lieder.
4. Barclay, John. William Penn's Journal of his Travels.
5. Beck, Dr. Jos. Die Geschichtsbücher der Wiedertäufer in Österreich-
6. Bekenntnis von Dortrecht. [Ungarn.
7. Bekenntnis der preußischen Mennoniten.
8. Bekenntnis von Hans de Ries und Lubbert Gerritß.
9. Bekenntnis von Cornelis Ris.
10. Belydenissen. De Allgemeene: 1665 Amsterdam.
11. Brant, Sebast. Narrenschiff 1494.
12. Brons, Frau A. Ursprung, Entwicklung und Schicksale der Taufgesinnten u. s. w.
13. Brown, J. Das Leben und Zeitalter Mennos.
14. Bucks. Unparteiisches Handwörterbuch der Religion und Kirchengeschichte.
15. Cassel, D. K. History of the Mennonites.
16. Cate, ten. Geschiedenis der Droopsgezinden.
17. Onderzoek naar den Waldenzischen Oorsprong u. s. w.
18. Cornelius, C. A. Geschichte des Münsterischen Aufruhrs.
19. Cramer, A. M. Het Leven en de Verrigtingen van Menno Simons.
20. Eby, Benjamin. Kurzgefaßte Geschichte und Glaubenslehre der Taufgesinnten.
21. Ellenberger, J. Bilder aus dem Pilgerleben, gesammelt in der Mennoniten-Gemeinde.
22. Formularbuch für Mennonitengemeinen. 1807.
23. Formularbuch für Mennonitengemeinen. 1852.
24. Gieseler, Dr. J. Church History, completed by M. Robinson. 1880. New York.
25. Grouw, van. De Leer der Doopsgezinden.
26. Heberle, Dekan. Die Anfänge des Anabaptismus in der Schweiz. Jahrb. f. d. Th. 1858.
27. Herzog. Theol. Realencyclopädie. 2. Auflage.
28. Holdeman, Joh. Geschichte der Gemeinde Gottes.
29. Huyzen, Cornelius van. Grondslag van de Leere der Doopsgezinden.

30. Jehring, Joachim. Gründliche Historie von denen Begebenheiten, Streitigkeiten und Trennungen, so unter den Taufgesinnten oder Mennonisten u. s. w.
31. Kabelbach, O. Ausführliche Geschichte Kaspar von Schwenkfelds und der Schwenkfelder.
32. Kalender, deutscher, gläubig getaufter Christen. 1887.
33. Keim, Dr. Th. Ludwig Hetzer. Jahrbuch f. d. Th. 1856.
34. Keller, Dr. Ludwig. Die Reformation und die älteren Reformparteien.
35.   "   " Die Waldenser und die deutschen Bibelübersetzun=
36.   "   " Hans Denk, ein Apostel der Wiedertäufer. [gen.
37.   "   " Geschichte der Wiedertäufer und ihres Reiches zu Münster.
38.   "   " Johann v. Staupitz und die Anfänge der Reformation.
39.   "   " Zur Geschichte der Altevang. Taufgesinnten.
40.   "   " Die Münsterschen Wiedertäufer und die Altevang. Taufgesinnten.
41. Mannhardt, H. G. Jahrbuch der Altevang. Taufgesinnten.
42. Mannhardt, J. Stimmen aus der Reformationszeit.
43. Mannhardt, Dr. W. Die Wehrfreiheit der Altpreußischen Mennoniten.
44. Menno Simons Godgeleerde Werken. 1681.
45. Mennonitische Blätter, früher herausgegeben von J. Mannhardt, jetzt H. van der Smissen.
46. Naamrol van Oude and Laater Mennoniten u. s. w. Manuskript.
47. Reiswitz, Freiherr von. Beiträge zur Kenntnis der Mennonitengemeinde.
48. Roosen, B. C. Gerhard Roosen.
49.   "   " Geschichte der Mennoniten=Gemeinde zu Hamburg=
50. Roosen, G. Unschuld und Gegenbericht. [Altona.
51.   "   " Christliches Gemütsgespräch).
52. Rues, M. S. Fr. Aufrichtige Nachrichten über den gegenw. Stand usw.
53. Schagen, Marten. De Kerk der Doopsgezinden.
54. Schyn, Hermannes van. Geschiedenis der Doopsgezinden. 3 Bd.
55. Start, Dr., Oberhofprediger. Geschichte der Taufe und Taufgesinnten.
56. Vollenhofen, J. J. van. Beiträge zur Geschichte der reform. Gemeinde zu Friedrichstadt.
57. Eine Anzal verschiedener Katechismen.

Inhalts-Übersicht.

Erster Abschnitt. Die Vorbereitung der Bewegung.
Die altevangelischen Gemeinen, Waldenser. — Was verursachte die Reformation? — Die Verderbnis der Kirche. — Die Neubelebung der Teilnahme an den Schriften der alten Griechen und Römer. Die Erfindung der Buchdruckerkunst. — Die Bibelverbreitung. — Johann v. Staupitz. — Der Freundeskreis in Basel 1515—1524. Einfluß der altevangelischen Gemeinen. — Zusammenhang der Täufer mit ihnen, Brief Ötolampads an die Waldenser. 1

Zweiter Abschnitt. Die Schweizer Täufer bis 1528.
Zwingli in Zürich, Konrad Grebel, Felix Manz, Simon Stumpf. Religionsgespräch vom 26. Oktober 1523. — Die neue Partei. — Cornelius Schilderung derselben. — Brief Grebels und Genossen an Thomas Münzer, 5. September 1524. — Die Kindertaufe nicht biblisch, doch die Gläubigentaufe nicht unmittelbare Folge der Verwerfung derselben. — Münzer kein Wiedertäufer. — Zwingli und die Täufer. — Religionsgespräch 17. Januar 1525. — Andr. Castelberg, Hans Bröbli, Ludwig Hetzer, Georg von Chur (Blaurock). — Vertreibung der Täufer. — Die Gläubigentaufe von den Feinden Wiedertaufe genannt. — Aussprüche von Denk und Hetzer über die Gläubigentaufe. — Bann. — Täufer in St. Gallen. — Uliman, Vadian, Michael Sattler, Balth. Hübmaier. — Die Artikel von Schlatten am Randen 1527.................................. 9

Dritter Abschnitt. Die Täufer in Oberdeutschland bis 1530.
Augsburg, Hans Denk in Nürnberg, St. Gallen, Augsburg, Denk getauft, Blaurer über jene Zeit, Cornelius ebenfalls. — Lehre und Leben der Täufer. — Versammlung in Augsburg, Frühjahr 1526. Denk in Straßburg, Zustände dort, Capito, Cellarius, Matthäus Zell, Täufer in Straßburg nach Denks Vertreibung. — Denk in Worms, Jakob Kautz, Prophetenübersetzung von Denk und Hetzer, Vertreibung, Verfolgung in der Pfalz. — Die getreue Warnung der Prediger von Straßburg. — Denks Buch „von der wahren Liebe." Große Versammlung in Augsburg, Herbst 1527. — Denk in Basel, Brief an Ötolampad, Denks Ende. — Hetzers Ende, 4. Februar 1529 zu Konstanz. — Langenmantels Tod. — Hans Hut, Leonhart Kaiser, Täufer in Mähren, Verfolgung auf allen Seiten. — Folgen derselben. — Schlußfolgerungen. 22

(IX)

Seite

Vierter Abschnitt. Melchior Hoffman und sein Einfluß.
Sein erstes Auftreten in Livland in Holstein, Vertreibung vom
dänischen Königshof. — In Straßburg, Täufer. — In Emden, Befehl gegen die Täufer dort. — Hoffman in Straßburg gefangen. —
Kaspar von Schwenkfeld, Religionsgespräch. — Hoffman und die
Münsterschen. — Sein Tod. — Obbe Philipps Urteil über ihn..... 36

Fünfter Abschnitt. Die Täufer in Niederdeutschland und die
Ereignisse von Münster in ihrem Einfluß auf die Täufer.
Vorbereitung des Bodens für die Täufer in Niederdeutschland.
Gerhard Groote, Brüder des gemeinsamen Lebens. — Thomas a
Kempis. — Johannes Wessel und die Zwinglische Abendmalslehre.
Heinrich Rode. — Jan Volkerts, genannt Trypmaker. — Sein Tod.
Jan Matthys. — Obbe Philipps. — Zustände in Münster. —
Bernhard Rothmann. — Rothmann Täufer. — Jan Matthys in
Münster. — Jan Bockelson von Leyden. — Sind die Mennoniten
Abkömmlinge der Münsterschen? — Folgen der Münsterschen Greuel
für die friedlichen Täufer. 41

Sechster Abschnitt. Menno Simons und seine Wirksamkeit.
Menno und der Name Mennoniten. — Mennos Bedeutung. —
Seine Geschichte. — Seine Unkenntnis der Schrift und seine Zweifel
an der katholischen Abendmalslehre. — Gewinnt den Namen eines
evangelischen Predigers. — Sicke Snyders Tod. — Zweifel an der
Kindertaufe. — In Witmarsum. — Mennos Auftreten gegen die
Münsterschen. — Mennos Bekehrung. — Austritt aus der römischen
Kirche, 1536. — Berufung zum Hirten der Täufer. — Er nimmt
nach vielem Zagen mit Bangigkeit an, 1537. — Tjard Reinarts um
Mennos willen getödtet, 1539. — Preis auf seinen Kopf, 1543. —
Sein Mut, Geistesgegenwart und Bewahrung. — Religionsgespräch
in Emden mit Joh. a. Lasco, 1543. — Menno in Köln, in Wismar.
Das Schiff im Eis. — Religionsgespräch, Wirksamkeit an der Ostsee.
Über die Menschwerdung Christi. — Versammlung in Straßburg,
1555 und 1556. — Briefe an Menno. — 50 Lehrer und Älteste. — Die
Streitigkeiten über den Bann. — Leenert Bouvens. — Mennos Briefe
und Stellung. — Seine letzten Lebensjahre auf dem Wüstenfelde
bei Oldesloe in Holstein. — Armut und Kummer. — Menno als
Redner und Schriftsteller. 47

Siebenter Abschnitt. Die Taufgesinnten in Nordwestdeutschland seit Mennos Übertritt.
Die Verfolgung. — Der blutige Alba. — Die Battenburger. — David Joris. — Die Friesen, Flaminger und Waterländer. — Vereinigungen. — Abteilungen. — Alte Flaminger. — Fußwaschung. —
Duldung in Holland 1626. — Galenus Abrahams de Haan und

Samuel Apostool. — Predigerbesoldung und Liebesprediger. — Schriftkenntnis. — Galenus Besuch in Altona und Beantwortung der ihm gestellten Fragen. — 1664, Aufrichtiger Bund der Einigkeit. — Annahme der Bekenntnisse von hundert Lehrern und Diakonen. — Theologische Schule unter Galenus Abrahams in Amsterdam. — Erneuerung der theologischen Schule in 1735. — Streit zwischen den Reformirten und Mennoniten. — Johannes Stinstra. — Bedeutende Männer unter den Mennonien, Van Schyn, Joh. Detnatel u. s. w. — Bekenntnis von Cornelis Ris und seine Entstehung. 1675, Vereinigung zur Unterstützung von armen Predigern und Predigerwittwen. — Vereinigung fast aller Parteien. — Gemeine zu Altona. — Dompelaars (Untertaucher). — Gemeine zu Friedrichstadt. — Die Untertauchung und Entstehung der Baptisten. Gemeinen zu Emden, Goch, Cleve, Crefeld und Neuwied.......... 63

Achter Abschnitt. Die Täufer in Mähren und ihre Schicksale. Jakob Huter. — Sein Brief und Klage. — Sein Tod. — Fernere Geschichte bis zur Flucht nach Rußland............ 87

Neunter Abschnitt. Die Täufer in der Schweiz. Wechselverkehr mit Mähren. — Einziehung der Güter in Zürich. — Zwinglis Tod. — Religionsgespräch zu Zofingen. — Verfolgungen und Befehle gegen sie. — Wehrlosigkeit, Hans Kägi, Hans Landis. Hülfe der Niederländer durch Briefe und Geld. — Die Züricher Obrigkeit verteidigt sich gegen die Anklagen. — Auswanderung, neue Verfolgungen und Auswanderung. — Kräftige Verwendung der niederländischen Regierung für die Schweizer Täufer. — Brief. Fortschaffung von Täufern. — Bekenntnis der Schweizer, ihre Befreiung in den Niederlanden. — Fortgesetzte Verfolgung und Auswanderung............ 90

Zehnter Abschnitt. Die Täufer in der Pfalz. 1527 Verfolgung. — 1557 Religionsgespräch zu Pfeddersheim. — 1571 zu Frankenthal. — Verhandelte Fragen. — Pfalzgraf Ludwig und die Täufer, „Abschied aus der Schweizer Heimat" (Gedicht). Die Verwüstung der Pfalz, Hülfe aus den Niederlanden. — Dieselbe ist immer aufs neue nötig, erst leiblich, dann geistlich. — Valentin Dahlem. — Täufer in Nassau, Baden, Würtemberg, Baiern. 1803 Versammlung in Ibersheim. — Wehrlosigkeit, gezwungener Dienst. — Formularbuch 1807, neue Ausgabe 1852. — Gesangbuch, Katechismus, Weierhöfer Anstalt. — Central = Hülfskasse. ... 101

Elfter Abschnitt. Die Gemeinen in Preußen. Cellarius, Schwenkfelder, Schwenkfelder mit mennonitischer Hülfe nach Amerika, 1734, ihr Jahresfest. — Menno in Preußen, 1546 bis 1555. — Dirk Philipps. — Mennoniten in Elbing. — Tiegenhof.

Seite

Freibriefe. — Preußischer Religionsfriede. — Verfolgungen, neue Freibriefe, in den Werdern und Niederungen. — Mennoniten in Danzig und den geistlichen Besitztümern. — Hans van Steen, 1772, schildert das Verhältnis der Mennoniten zu Lutherischen und Römischen. — 1656 erlaubt der Rat 21 Familien das Wohnen in der Stadt. — Drückende Beschränkungen. — Mennoniten in Ostpreußen. Verwendung des Königs für die Schweizer Täufer. — Einladung, in sein Land zu kommen. — Bewilligung der Berner Regierung. Aufnahme in Litthauen. — Bitte um Freibrief von 1773. — Freibrief von 1780. — Beschränkung. — Auswanderung nach Rußland. Mennoniten während der Freiheitskriege. — Wehrlosigkeit. — Schließliche Auswanderung nach Amerika.................. 108

Zwölfter Abschnitt. Die Gemeinen in Rußland.
Einladung 1786. — Einwanderung, Verlangen nach Predigern und Ältesten. — Vorschlag der preußischen Brüder. — Kornelius Regier und C. Wartentin reisen nach Rußland. — Regier stirbt dort. — Gnadenbrief von Kaiser Paul. — Neuer Zuzug. — An der Molotschna. — Immer neue Ansiedlungen. — Cornelius Cornies und Cornelius Wartentin. — Der Krimkrieg. — Die Brüdergemeine. Einführung der allgemeinen Wehrpflicht. — Vergünstigungen. — Auswanderung nach Amerika, Turkestan und Chiwa. — Schulen in Rußland... 120

Dreizehnter Abschnitt. Die Gemeinen in russisch Polen, Galizien und Frankreich.................. 130

Vierzehnter Abschnitt. Die Mennoniten in Amerika.
Erste Ansiedlung, Germantown, Protest gegen die Sklaverei an die Quäkerversammlung. — Verlangen nach einem Ältesten, Brief von Altona. — Bitte um Bibeln, Testamente und Katechismen nach Amsterdam. — Einladung des Königs von England an die Mennoniten. — Zahlreiche Auswanderung, Hülfe der Niederländer und Norddeutschen. — Brief 1745 nach Amsterdam. — Der Märtyrerspiegel und seine Geschichte. — Amerikanische Übersetzung, Tunker. Hans de Ries' Vorrede zu einer früheren Auflage, Hans de Ries, Tileman van Bracht. — Gedicht seines Bruders. — Schicksal eines Teils der amerikanischen Auflage. — Spätere deutsche Auflagen. Indianerüberfälle 1758. — Hülfe von Holland. — Virginien. — Konferenz in 1727. — Der Unabhängigkeitskampf. — Wehrlosigkeit. Auswanderung nach Kanada. — Predigernot. — Waterloo Co., Markham, Benjamin Eby, Krieg von 1812. — Einwanderung von Rußland nach Manitoba unter Jakob Schantz Leitung seit 1874. Amische, Schweizer-Mennoniten, Pfälzer, Baiern, Hessen, Elsäßer, Russen und Preußen. — Hülfsverein, der die verschiedenen Abteilungen zur Hülfe vereinigt. — Verschiedene Abteilungen. — Alte

Mennoniten, Neue Schule Mennoniten, jetzt Konferenz=Mennoniten. J. Oberholzer. — Vereinigte Mennonitenbrüder in Christo. — Reformirte Mennoniten (Herreleute, Herrites; Kirche Gottes in Christo (Holdemansleute); Bundeskonferenz der Mennoniten Brüder = Gemeine (diese werden oft Schellenberger genannt); Wehrlose Mennoniten (Egliß Leute). — Die allgemeine Konferenz. — Anmerkung von Br. Chr. Schowalter über Ursache und Zweck der Konferenz. — Konferenzen zu Westpoint, Jowa, und Wadsworth, Ohio. Bedürfnis einer theologischen Bildungsanstalt. — Anstalt in Wadsworth, 1867. — C. J. van der Smissen. — Aufhebung der Anstalt 1878. — Kansas Fortbildungsschule in Halstead. — Bethel=College in Newton, Kansas; D. Görz, C. H. Wedel. — Konferenzen unter der allgemeinen Konferenz, Konferenzen der Alten Mennoniten; ihre Arbeit. — Bürgerkrieg von 1861—1865. — Buchhandlungen. 131

Fünfzehnter Abschnitt. Innere und äußere Mission, Zeitschriften.

Die innere Mission in den verschiedenen Gegenden. — Diakonissen, eine alte Einrichtung bei den Mennoniten, von Pastor Fliedner in die evangelische Kirche übertragen. — Armenhäuser, Waisenhäuser, Taubstummenanstalt, Reiseprebigt. — Holländische Mission auf Java und Sumatra. — P. Janß und sein Sohn P. A. Janß, Mergaredja. Br. Fast und Hübert. — Br. H. Dirks in Pakanten. — G. Nikkel, N. Wiebe, Muara Sipongi. — S. S. Haury, Darlington, Brand des Missionshauses. — Cantonment. H. R. Voth, die Mokis. — Brand des Missionshauses in Cantonment. — Br. Petter, Kliewer, Krehbiel, Horsch, Lehrer in Darlington und Cantonment. — Brief eines Medizinmannes.— Indianerschule in Halstead.— Zeitschriften. 155

Sechzehnter Abschnitt. Überblick über den jetzigen Stand der Mennoniten.

Vereinigungen in Holland, Amerika und Rußland. — Lokalkonferenzen in Deutschland. — Die Vereinigung der Mennonitengemeinen im deutschen Reich. — Entstehung derselben. — Übersicht der Mennonitengemeinen. 161

Beilagen.

1. Die sieben Artikel von Schlatten am Randen vom 24. Februar 1527, ältestes Täuferbekenntnis nach der Reformation............ 166
2. Die Fußwaschung nach den Bekenntnissen der Mennoniten........ 170

Verzeichnis der Illustrationen.

Seite.

Menno Simons .... Erstes Titelbild.
Die Feier der Fußwaschung bei den alten flämischen Taufgesinnten zu
    Zaandam in Holland 1743 66
Die Austeilung des Brodes beim heiligen Abendmal in der Tauf=
    gesinnten=Gemeine „zur Sonne" in Amsterdam 1743 69
Galenus Abrahams de Haan 71
Bedienung der heiligen Taufe in der Taufgesinnten=Gemeine „zum
    Lamm" in Amsterdam 1743 72
Die Austeilung des Kelches beim heiligen Abendmal in der Taufge=
    sinnten=Gemeine „zur Arche Noah" in Amsterdam 1743 74
Johannes Deknatel 76
Bedienung des heiligen Abendmals in der Taufgesinnten=Gemeine
    „beim Turm" zu Amsterdam 1743 80
Gerhard Roosen 83
Dirk Philipps 110
Hans de Ries 140
Tileman van Bracht 142
Bethel=College 153
Carl J. van der Smissen .... Zweites Titelbild.

Das Inhaltsverzeichnis des zweiten Teiles dieses Werkes, betitelt: „Die Glaubenslehre der Mennoniten oder Taufgesinnten" (von Seite 173—250) findet sich auf Seite 251.

# Erster Abschnitt.

Die Vorbereitung der Bewegung.

Die altevangelischen Gemeinen, Waldenser. — Was verursachte die Reformation? — Die Verderbnis der Kirche. — Die Neubelebung der Teilnahme an den Schriften der alten Griechen und Römer. — Die Erfindung der Buchdruckerkunst. — Die Bibelverbreitung. — Johann v. Staupitz. — Der Freundeskreis in Basel 1515—1524. — Einfluß der altevangelischen Gemeinen. — Zusammenhang der Täufer mit ihnen, Brief Ökolampads an die Waldenser.

Nachdem die altevangelischen Gemeinen (die seit der Zeit der Apostel bestanden, und seit der Verwandlung der christlichen Kirche in eine Staatskirche, also seit der Zeit Constantins des Großen, sich als Sondergemeinen innerhalb der römischen Kirche unter mancherlei Namen erhalten hatten,) durch die schweren und grausamen Verfolgungen am Ende des fünfzehnten Jahrhunderts so zusammengeschmolzen und in ihrer Entwicklung gehindert waren, schienen sie einer durchgreifenden Einwirkung auf die ganze äußere Christenheit kaum mehr fähig, dennoch keimten wol manche verborgene Samenkörner auf allen Seiten von neuem, als der Frühlingswind des sechszehnten Jahrhunderts mit warmem Hauche sie anblies.

Fragen wir uns: Was verursachte die Reformation? so finden wir auf der einen Seite, daß das Bedürfnis nach einer Verbesserung der Kirche so dringend geworden war, daß der liebe Gott nach seiner Weisheit die Zeit für eine solche gekommen sah. Das sittliche Verderben der römischen Kirche war nach allen Zeugnissen der Zeitgenossen, katholischer wie protestantischer, ein so ungeheures, für uns fast unglaubliches, daß man versucht ist, einige Beispiele zu geben. Doch begnügen wir uns damit daran zu erinnern, da irgend eine Geschichte der Reformation die Verderbtheit der Kirche, wenn auch oft nur schwach, schildert.

Nur einige Verse aus Sebast. Brant's Narrenschiff vom Jahre 1494 möchte ich hierhersetzen.

„Es trachtet mancher nach geistlichem Stand,
Der anzieht Pfaffen= und Klostergewand
Und bald möcht' reuig ändern den Stand."

„Vom Geistlichwerden."

„Deß jedermann bedient sich gern:
Jeder Bauer will einen geistlichen Herrn, (in seiner Familie)
Der sich mit Müßiggang ernähr',
Ohn' Arbeit leb' und sei ein Herr.
Nicht, daß er dies aus Andacht wähle,
Oder aus Achtung für's Heil der Seele,
Sondern zu haben einen Herrn,
Der die Geschwister mög' ernähr'n.
Er läßt ihn wenig sehn ins Buch
Man spricht: Er weiß dazu genug!
Braucht nicht auf größre Kunst zu sinnen,
Kann er nur eine Pfründ' gewinnen!"

„Man schätzt die Priesterschaft gering,
Als ob es sei ein leichtes Ding.
Drum gibt es jetzt viel junge Pfaffen,
Die so viel können wie die Affen,
Und Seelsorg', sieht man, treiben die,
Denen man vertraute kaum ein Vieh;
Sie wissen so viel von Kirchenregieren,
Als Müllers Esel kann quintiren." (Laute schlagen.)

..... „Wenn auch Gewohnheit viel vermag,
Reut es doch viele manchen Tag,
Die fluchen denen aller Orten
Die Ursach' des Gelübdes worden.
Gar wenig jetzt ins Kloster gehn
Zu solcher Zeit, wo sie's verstehn;
Gar wenig kommen durch Gottes Willen,
Die meisten um ihren Hunger zu stillen.
Des Standes haben sie nicht Acht
Und tuen alles ohn' Andacht."

Auf der andern Seite war eine Ursache frischeren, freieren, geistigen Lebens, die Neubelebung des Interesses an den Schriften der alten Griechen und Römer, zugleich aber auch an dem griechi=

schen Neuen und Hebräischen Alten Testament. Männer, wie Erasmus (der bei den Täufern in großem Ansehen stand,) und Reuchlin verdienen hier genannt zu werden. Besondern Einfluß übte aber die Erfindung der Buchdruckerkunst aus. So viel Unheil und Unsegen schon durch schädliche Bücher und Blätter gestiftet worden ist, so ist doch die Buchdruckerkunst ein Hauptmittel gewesen, die Wahrheit zu verbreiten. Grade die großen Buchdruckereien waren es, welche die altevangelischen Gedanken und Schriften verbreiteten. Wir erinnern nur an das Erscheinen der deutschen Theologie und ihren Einfluß auf Luther. Ein altevangelischer (Waldenser) Katechismus erlitt in acht Jahren zehn Auflagen. Ganz besonders bereitete aber die Bibel, das gedruckte Wort Gottes, der Reformation den Weg und durchsäuerte das ganze Volk.

Wir sind so gewohnt, die lutherische Bibelübersetzung als die erste deutsche Bibel zu betrachten und demgemäß ihren allerdings großen Einfluß zu überschätzen, daß es vielen etwas ganz neues ist, von deutschen Bibelübersetzungen vor Luther zu hören. In lutherischen Kirchengeschichten heißt es: „Zwar gab es vor Luther auch schon mehrere deutsche Bibelübersetzungen, aber dieselben waren teils so fehlerhaft, teils so unbeholfen und ungenießbar, daß sie gar keinen Eingang unter dem Volke fanden", dagegen sagt obiger Sebastian Brant (1494):

> „Alle Land' sind jetzt voll heiliger Schrift
> Und was der Seelen Heil betrifft:
> Voll Bibeln, heiliger Väter Lehr'
> Und andrer ähnlicher Bücher mehr,
> In dem Maß, daß man sich wundern mag,
> Weil niemand bessert sich darnach."

Dr. Keller sagt darüber: „Es sind zwischen den Jahren 1466—1518 nicht weniger als vierzehn vollständige deutsche Bibeln Alten und Neuen Testamentes in hochdeutscher Sprache und vier in niederdeutschem Dialekt, also im ganzen achtzehn Ausgaben im Druck erschienen; außerdem aber sind bis zum Jahre 1518 die Evangelien etwa fünf und zwanzigmal, der Psalter bis zum Jahre 1513 etwa dreizehnmal und andere Teilausgaben in unberechneter Anzal herausgegeben worden." „Aus Koburgers Pressen sind im Laufe der Jahre nicht weniger als dreißig verschiedene lateinische, deutsche und böhmische Bibelausgaben hervorgegangen; bis zum Jahre 1500 hatte er bereits 15 Ausgaben veranstaltet." — Der Beweis für eine umfassende Benutzung der früheren deutschen Bibelübersetzung durch Luther ist in jüngster Zeit erbracht worden. Auch die erste vollständige deutsche Bibel nach der Reformation war nicht die lutherische, sondern die täuferische von 1529, die sogenannte Wormser Bibel, welche verschiedene Auflagen erlebte, aber jetzt auch in den Kreisen der Taufgesinnten durch die lutherische Uebersetzung so ganz verdrängt worden ist, daß man kaum eine einzige solche Bibel in täuferischen Kreisen mehr finden kann, außer in Büchersammlungen.

Schon vor Luthers Angriff auf die Mißbräuche der römischen Kirche, waren dieselben von andern Seiten vielfach angegriffen, und wenn auch Luther als der Hauptverfechter der Reformation und Hauptfeind der römischen Kirche dasteht, so war seinem Eingreifen doch schon sehr vorgearbeitet und seinen Schriften ein fruchtbarer Boden bereitet.

Vor allen ist hier Johann von Staupitz, Luthers geistlicher Vater, wie er selbst ihn nannte, zu verzeichnen, welcher anfangs so voll und ganz mit Luther übereinstimmte; später suchte, ihn auf der Bahn des Evangeliums zu halten, und als ihm das nicht gelang, wünscht er in seinem letzten Briefe an Luther: "Möge Christus helfen, daß wir nach dem Evangelium, das jetzt vor unseren Ohren tönt und das viele im Munde führen, endlich leben; denn ich sehe, daß Unzälige das Evangelium mißbrauchen zur Freiheit des Fleisches. Möchten meine Bitten, der ich einst ein Vorläufer der heiligen, evangelischen Lehre gewesen bin, doch etwas bei dir vermögen." Staupitz letztes, erst nach seinem Tode erschienenes Werk, trägt den Titel: "Von dem heiligen, rechten, christlichen Glauben." In diesem stellt er dem Namenchristen den rechten Christen gegenüber und ruft schmerzlich aus: "O List des Feindes, o Verleitung des Volks. Derjenige glaubt gar nicht in Christum, der nicht tun will, wie Christus getan hat."

In den Jahren 1515—1524 fand sich in Basel ein Freundeskreis zusammen, der sich viel mit der Herausgabe altevangelischer Bücher und mit der Pflege altevangelischer Gedanken beschäftigte. Auch die Kindertaufe wurde lebhaft besprochen. 1524 sagte Erasmuß: „Schon sind viele Gegner der Kindertaufe", und am 6. Februar 1525 klagte Ökolampad: „In der Frage der Kindertaufe habe ich nichts als einige Briefe an Freunde, in welchen sie begründet wird, aber es will fast keiner auf mich hören." Außer Leuten wie Denk, Hübmaier, Grebel und andere, von denen wir später noch als Täufer hören werden, fanden sich in Basel Franzosen, Italiener, Niederländer, Engländer, Böhmen und Sachsen ein, die, wenn nicht selbst Glieder der vorreformatorischen, altevangelischen Gemeinen, denselben doch sehr nahe standen.

Heberle sagt: „Die praktischen Grundsätze des Anabaptismus sind sämtlich schon im Jahre 1524, noch vor dem wirklichen Übergang zur Wiedertaufe ausgesprochen worden, mit alleiniger Ausnahme der Verwerfung des Eidschwurs, welche erst im Jahre 1525 hinzugekommen zu sein scheint. Bekanntlich finden sich eben diese Grundsätze bei den Sekten des Mittelalters; es liegt daher die Voraussetzung nahe, daß zwischen diesen und den Wiedertäufern der Reformationszeit ein äußerer, geschichtlicher Zusammenhang werde stattgefunden haben. Die Möglichkeit hiervon kann, was die Schweiz betrifft, um so weniger bestritten werden, da sich gerade hier die Spuren der Sekten, namentlich der Waldenser, bis ans Ende des 15. Jahrhunderts herab verfolgen lassen."

Als das Obige geschrieben war, erschien in den Mennonitischen Blättern, Mai 1895, der Auszug aus einem noch nicht erschienenen Werke von Pfarrer E. Müller in Langenau über die bernischen Taufgesinnten, der mit fast völliger Gewißheit den unmittelbaren Zusammenhang zwischen den Täufern und den altevangelischen Gemeinen (Waldensern) nachweist. Wir entnehmen daraus das Folgende:

„Diese ganze Bewegung, die seit der Reformation durch Jahrhunderte fortdauerte, die sich durch alle Verfolgungen nicht ausrotten ließ, die so tief im Volke wurzelte, daß sie noch heute im Emmenthal den Charakter der Volksfrömmigkeit bestimmt und die auch heute nicht erloschen ist, diese ganze Bewegung kann nicht das Produkt dogmatischer oder ethischer Meinungsverschiedenheiten sein, die während der Reformation zu Zürich oder anderswo zu Tage getreten sind. Solcher Meinungsverschiedenheiten hat es genug gegeben, die viel tiefer begründet waren; sie haben das Volk nicht interessirt. Sie sind Gegenstand gelehrter Kontroverse geblieben. Solche Streitigkeiten haben jeweilen nicht lange angedauert; sie fanden auf den Hochschulen und Ratsälen ihre Erörterung. Die Taufgesinnten aber wohnen und erhalten sich in den abgelegenen „Gräben" des Emmenthals und hielten sich außerdem auf bernischem Gebiet am längsten im Oberland und im entlegenen Schwarzenburg, bei der Bevölkerung, die von Natur die konservativste ist. Und in keinem Punkt ist unser Volk konservativer als in der Religion. Nicht nur katholische, sondern heidnische Vorstellungen und Bräuche erben sich getreulich weiter. Aber für neue Gedanken geht keiner dieser konservativen Landleute ins Gefängnis, keiner aufs Schaffot, sondern nur für uralten Glaubensbesitz. Die guten und gelehrten Berner Prädikanten konnten sich nicht erklären, warum all ihre Beredsamkeit und Exegese von den harten Köpfen der Taufgesinnten abprallten. Deswegen, weil diese nicht gegen Meinungen des Tages und Behauptungen von gestern kämpften, sondern gegen uralte Tradition, die mit der Religion durch die Länge der Zeit in Eins verschmolzen war. Nur für diese kann der Emmenthaler Bauer einstehen und sich begeistern, nimmermehr für Theorien aus Zürich oder aus einer andern Stadt. Emmenthaler und Schwarzenburger Bauern haben wahrlich nicht gegen Zwingli und Haller gekämpft, weil sie ihnen zu wenig radikal reformirt haben. Diese Bauern waren konservativ und hielten am Alten, an der alten Tradition, die, durch die katholische Kirche nicht gestört, unter ihnen lebte. Es ist das die einzige Art, wie ich mir das Verhalten dieser ganz besonders religiös-konservativen Bevölkerung vorstellen kann.

Ein anderer allgemeiner Eindruck, den wir aus den Täuferprozessen und Disputationen gewinnen, ist der: Ihre Bibelkenntnis ist älter als die Reformation. In den wenigen Jahren seit dem Erscheinen der Reformationsbibeln gewinnt der Bauer nicht die Bibelkenntnis, die den gelehrten Prädikanten mattsetzt. Und wir beobachten, daß die Bibelkenntnis, die bei den ungelehrten Täufern zu Tage tritt, keine naive, sondern eine systematische ist. Uebereinstimmend erscheinen die Bibelstellen für jede dogmatische und ethische Frage, herausgesucht und zusammengestellt als Rüstzeug der mündlichen Apologetik und Polemik und übereinstimmend erscheint auch eine gewisse Exegese. Wir wissen aber auch, daß die vorreformatorischen Bibeln sehr starke Verbreitung hatten (Keller, „die Waldenser") und daß das auch in Bern so war, erfahren wir aus einem Fastnachtspiel von Niklaus Manuel von 1522, in dem die Mönche sich beklagen, daß jeder Bauer aus dem Neuen Testament Bescheid wisse. Wir sehen auch, daß grade wie bei den Waldensern die Auffassung der Bergpredigt und der apostolischen Ermahnungen als Statut der christlichen Gemeinschaft gilt.

Man mag finden, daß das keine zwingenden Beweise sind. Man hebt hervor, daß gleiche Ursachen stets gleiche Wirkungen hervorbringen.

Zu jeder Zeit gab es in kleineren oder größeren Kreisen Opposition gegen die herrschende Kirche. Diese Opposition wird, wenn sie gedrückt wird, überall und jederzeit gewisse, gemeinsame Merkmale an sich tragen; sie wird sich immer in ähnlicher Weise äußern müssen. Solche Familien-Aehnlichkeit gibt uns aber noch nicht das Recht, diese verschiedenen Oppositionsparteien zu identifizieren. Es wird sich deshalb fragen: Ist nur Familien- oder Gattungsverwandtschaft zwischen den „Täufern" und den „Waldensern" vorhanden, oder sind diese beiden Begriffe verschiedene Erscheinungsformen ein und derselben Gemeinschaft?

Um das zu erkennen, stellen wir dem, was wir quellenmäßig als Bekenntnisse der Täufer der Reformationszeit gefunden haben und aus späteren Bekenntnissen noch sehen werden, die gleichzeitigen Glaubensbekenntnisse der Waldenser und der böhmischen Brüder zur Seite.

Als die Waldenser von der Reformation hörten, suchten sie sich mit den Reformatoren schriftlich über ihr Bekenntnis auseinander zu setzen und damit sie die Antwort sicherer hätten, brachten die Waldenser Lehrer Georg Morell von Freissinieres und sein Begleiter Peter Masson die Briefe selbst nach Basel zu Ökolampad und brachten seine Antwort zurück. Auf der Rückreise in Dijon eingekerkert, starb Masson den Feuertod; Morell war mit dem Briefe entkommen. Ökolampad schreibt an die Waldenser:

„Diejenigen, welche von den Papisten getauft worden, taufen wir nicht wieder. Der weltlichen Obrigkeit sind wir in den Dingen, die nicht wider Gott sind, unterworfen. Wir ehren diesel=

ben und glauben, daß ein Christ eine Obrigkeit sein könne. Wenn sie einen Eid von uns fordert, so weigern wir uns nicht, denselben zu tun, ohngeachtet dessen, was Matthäus saget. Wir sind auch nicht so hart, daß wir diejenigen, welche etwas verlehnen und einen Zins dafür nehmen, Wucherer nennen. Wir halten auch nicht dafür, daß es dem Gesetz Gottes zuwider sei, wenn die Richter und weltliche Obrigkeiten die Lasterhaften strafen, und das Vaterland zu verteidigen und Witwen und Waisen zu beschirmen, Krieg führen. Was die Lehrer betrifft, so gefället uns wol, daß ihr nicht einen jedweden dazu annehmet, sondern Leute, die auf ihrem Alter und eines frommen Wandels sind. Aber mit eurer Erlaubnis zu sagen, dünkt uns, dieselben müssen sich bei euch mehr mit der Handarbeit beladen, als es ihrem Beruf zukommt, und die Zeit, welche sie auf Lesung guter Bücher wenden sollten, der Arbeit schenken." (Füßlin II. S. 112.)

„Das ist Punkt für Punkt zu den damaligen „Wiedertäufern" gesprochen, deren Bekenntnisse wir kennen gelernt haben." Da aber Ökolampad an die „Waldenser" schreibt, so ist damit der Beweis geleistet, daß in den erwähnten Punkten das Bekenntnis der Waldenser mit dem der Täufer identisch war.

Können wir Basel als die geistige Wiege des Täufertums bezeichnen, so ist Zürich die tatsächliche Wiege, indem hier zuerst die Bildung einer eigenen Sondergemeine vor sich geht.

Zweiter Abschnitt.
Die Schweizer Täufer bis 1528.

Zwingli in Zürich, Konrad Grebel, Felix Manz, Simon Stumpf. — Religionsgespräch vom 26. Oktober 1523. — Die neue Partei. — Cornelius Schilderung derselben. — Brief Grebels und Genossen an Thomas Münzer, 5. September 1524. — Die Kindertaufe nicht biblisch, doch die Gläubigentaufe nicht unmittelbare Folge der Verwerfung derselben. — Münzer kein Wiedertäufer. — Zwingli und die Täufer. — Religionsgespräch 17. Januar 1525. — Andr. Castelberg, Hans Brödli, Ludwig Hetzer, Georg von Chur (Blaurock). — Vertreibung der Täufer. — Die Gläubigentaufe von den Feinden Wiedertaufe genannt. — Aussprüche von Denk und Hetzer über die Gläubigentaufe. — Bann. — Täufer in St. Gallen. — Uliman, Vadian, Michael Sattler, Balth. Hübmaier. — Die Artikel von Schlatten am Randen 1527.

Zürich, unter der Leitung Ulrich Zwinglis, war die Anführerin der Reformation in der Schweiz. Zwingli griff in seinen Predigten die Mißbräuche der römischen Kirche an. Obwohl er selbst sich von der Zügellosigkeit der Geistlichkeit nicht frei gehalten hatte, übte er mit seinen immer schärfer werdenden Angriffen auch eine strengere Selbstzucht. Im Jahre 1522 kam von Basel ein junger Mann, Konrad Grebel, Sohn des Patriziers und Ratsherrn Jakob Grebel. Zwingli war mit Grebel schon seit 1517 bekannt. Ursinus nennt Grebel am 1. Oktober 1521 „einen in jeder Richtung ausgezeichneten, jungen Mann, welcher gegen alle höchst gefällig sei." Makrinus sagt am 15. Oktober 1522: „Ich höre, daß Grebel ein ausgezeichneter Patron des Evangeliums geworden sei." „Ich freue mich wahrhaftig nicht wenig, daß auch Jünglinge, welche an Geist und Bildung hervorragen, sich zu diesen Studien wenden." Vadian, Grebels Schwager, blieb immer mit Grebel in freundschaftlichem Verkehr, obgleich er die Täufer bekämpfte. Grebel hatte in Wien und Paris studiert, er hatte sich besonders mit der griechischen Sprache beschäftigt, und schrieb ein fließendes Latein. Wenn er auch im Wortgefecht nichts leisten konnte, wie er selbst später mehrmals sagte und erfur, so war sein glühender Eifer, seine gründliche Bildung und sein geistreiches Wesen wol angetan, ihn zu einem willkommenen Bundesgenossen und spätern, hervorragenden Gegner Zwinglis zu machen.

Neben Konrad Grebel nimmt Felix Manz eine hervorragende Stellung unter den Täufern ein. Er war ein gelehrter Mann, besonders tüchtig im Hebräischen. Als Züricher Patrizier hatte auch er großen Einfluß; die Versammlungen der Täufer fanden später in seiner Mutter Hause statt. Er war der erste der Schweizer Täufer, der seinen Glauben mit dem Tode besiegelte.

Während Anfangs Zwingli, Grebel, Manz und die andern Täufer Hand in Hand mit einander an der Verbesserung der Kirche arbeiteten, so daß sie Zwingli ihren Leutpriester, Hirten und Bischof nannten, wie auch ja Luther bis 1521 als Aufführer der altevangelischen Bewegung in Deutschland gelten kann, so zeigt sich bei dem zweiten großen Religionsgespräch am 26. Oktober 1523 der erste Unterschied. Zwingli wollte dem Rate, also der Obrigkeit, die Entscheidung in Glaubenssachen übertragen, da rief ihm Simon Stumpf, Pfarrer zu Höngg, zu: „Ihr habt des nicht Gewalt, meinen Herren (d. h. dem Rate) das Urteil in die Hand zu geben; das Urteil ist schon gegeben, der Geist Gottes urteilt."

Die neue Partei stellte als Hauptgrundsatz auf, die Kirche könne nur aus wahren Christen bestehen, man habe dem Beispiel der apostolischen Gemeinen zu folgen, von der Welt abzuscheiden und ein unschuldiges, heiliges Volk zu sammeln.

Cornelius beschreibt ihre sonstigen Ansichten kurz und treffend so: „Andacht und Liebe versenken sich in die Anschauung der ersten Christengemeinen, deren Bild die Apostelgeschichte entfaltet, und nehmen von dort die Regeln des eignen Lebens. Die Brüder finden, daß die Apostel und ihre Jünger nichts von Zins und Wucher, von Zehnten, von geistlichen Pfründen wissen. Sie erklären daher diese Einrichtungen und Gewohnheiten für verwerflich, und wollen statt ihrer vielmehr nach dem Beispiel der ersten Christen die rückhaltlose Mitteilung der irdischen Güter wieder herstellen. Jene führen kein obrigkeitliches Amt, noch brauchen sie das Schwert;

ihre einzige Waffe ist Geduld in Trübsal, und untereinander üben sie die brüderliche Ermahnung; wo diese nicht fruchtet, die Ausschließung aus der Gemeine. Also ist alle weltliche Regierung, aller Gebrauch der Gewalt und des Schwertes unter Christen unstatthaft und zu verbieten, ihr Loos ist Demut und Leiden, und unter den Brüdern selbst gibt es für Sünden und Unrecht kein Rechtsprechen noch Strafen, sondern nur Ermahnung zur Besserung und zuletzt den Bann, welchen die christliche Gemeine übt."

"Sie sehen sich ein kleines Häuflein, der ganzen feindlichen Welt gegenüber, aber in der Zuversicht, die Wahrheit zu besitzen, verachten sie die furchtsamen Ausleger des Wortes Gottes, die nicht gedenken, daß Gott heute wie gestern sei und verklären ihre Aussicht auf Angst und Not durch den Hinblick auf Christus und die Apostel, die auf demselben Weg der Leiden ihnen zur Herrlichkeit vorangegangen."

Ein Brief Grebels und Genossen an Thomas Münzer vom 5. September 1524 gibt uns Aufschluß über die meisten der täuferischen Lehrsätze. Sie schreiben, sie haben sich über Münzers Büchlein vom erdichteten Glauben und Taufe gefreut und glauben in ihm und Karlstadt Gesinnungsgenossen gefunden zu haben. Zuerst bitten sie und ermahnen ihn als einen Bruder, er wolle sich ernstlich befleißigen nur das Wort Gottes unerschrocken zu predigen, allein göttliche Gebräuche aufrichten und beschirmen, allein gut und recht schätzen, das in heiterer, klarer Schrift erfunden mag werden, alle Anschläge, Worte, Gebräuche und Gutdünken aller Menschen auch seiner selbst, verwerfen, hassen und verfluchen. Sie schreiben gegen die Messe und über das Abendmal. Auffallend ist ein Satz, wo es heißt: "Es soll auch nicht gebraucht werden in Tempeln nach aller Schrift und Geschicht, denn es bringt eine falsche Andacht." Von den Pfründen sagen sie: Sind eure Pfründe auf Zins und Zehnten gestiftet, beide wahrer Wucher, wie bei uns, und so nicht eine ganze Gemeine euch erzücht (erzieht, erhält), wollt ihr euch der Pfründe entziehen. Ihr wißt wohl, wie ein Hirt ernährt werden soll. — Ueber die Gemeinezucht, gegen die Todesstrafe der Bösen und Ungläubigen, für den Bann, gegen die Verteidigung des Evangeliums und seiner Anhänger mit dem Schwert schreiben sie und sagen: "Rechte, gläubige Christen sind Schafe mitten unter den Wölfen, Schafe der Schlachtung, müssen in Angst, Not und Trübsal, Verfolgung, Leiden und Sterben getauft werden. Sie gebrauchen auch weder weltliches Schwert noch Krieg, denn bei ihnen ist das Töten gar abgetan." In der Taufe und im Bann stimmen sie mit ihm überein. In einer Nachschrift ermahnen sie Münzer, falls er zum Aufrur gegen die Fürsten gereizt, es zu lassen. — Auch gegen den Gesang im Gottesdienst schrieben sie. Doch muß der Widerspruch gegen den Kirchengesang schon frühe gefallen sein, denn wir besitzen viele alte Märtyrerlieder von den Täufern und Manz starb singend.

Die Ansicht, daß die Kindertaufe nicht biblisch sei, teilten mit den Täufern viele andere, auch hervorragende, evangelische Geistliche. Obwol Zwingli später entschieden leugnete mit den Täufern einer Meinung gewesen zu sein, so sagt er in seinem Buche von der Taufe selbst: "Der Irrtum hat auch mich vor etwas Jahren verführt, daß ich meinte, es wäre viel „wäger", man taufte die „Kindli" erst so sie zu gutem Alter kommen wären." Jahrelang schrieben und stritten die Führer der späteren Täufer gegen die Kindertaufe, ohne zur Wiedertaufe zu schreiten. Nicht einmal Münzer, der doch die Kindertaufe für den Ursprung des Verderbnisses der Christenheit erklärte, schritt bis zur Forderung der Wiedertaufe, sondern übte die Kindertaufe bis an seinen Tod. In seinem Todesjahr schrieb er: "Wäre es nicht besser, daß die Taufe des Jahres zweimal mit solcher Andacht gehalten und den (zum Alter des Verstandes gekommenen) Kindern also überreicht würde, daß sie ein frisch Gedächtniß all ihr Lebenlang daran hätten, wie sie sie empfangen hätten? Das würde sie von Sünden abschrecken. Es wäre in der rechten Wahrheit viel achtbarer gehandelt und würde mehr zu Herzen gehen, denn daß man es will auf die Gevatter schieben." —

In mehreren Gesprächen suchte Zwingli die alten Genossen und jetzigen Gegner zu überwinden und als geübter und schlagfertiger Wortfechter behielt er immer das letzte Wort, während die Täufer klagten, er ersticke ihnen die Rede im Hals. Ihr Verlangen, sich schriftlich verteidigen zu dürfen, ward ihnen abgeschlagen, während Zwingli in Wort und Schrift gegen sie auftrat, und sie in gehässiger Weise darstellte, ohne daß sie sich verteidigen konnten.

Grebel beklagte sich Anfangs 1525 beim Rat, daß er als ein Aufrürer und Chumann von etlichen gehalten und angezeigt werde. Ihm geschehe damit Unrecht; es werde nicht erfunden werden, daß er je geaufrurt oder etwas gelehrt oder geredet habe, das Aufrur gebracht oder bringen möge; das werden alle bezeugen, mit denen er je zu schaffen gehabt. Grebel bringt dann die Schriftbeweise für die Tauflehre, erinnert daran, daß bürgerliche und stadtliche Rechte aus der Taufe weder geschwächt noch gebessert werden und ermant den Rat, seine Hände nicht mit unschuldigem Blut zu beflecken. „Zu reden ist mir nicht kommlich, kann nicht viel Disputirens: will sein auch nicht, sondern mit heiliger Schrift handeln."

Am 17. Januar 1525 fand wieder ein Gespräch zwischen den Führern der beiden Parteien statt. Auf Seiten der Täufer waren: Grebel, Manz, Reublin, Andreas Kastelberger, Hans Bröbli, Ludwig Hetzer und Jörg Blaurock. — Reublin war Pfarrer zu Wytikon bei Zürich, er hatte früher unter großem Zulauf zu St. Alban in Basel gepredigt. „Er legte", sagt ein Geschichtsschreiber, „die heilige Schrift so christlich und wol aus, daß dergleichen vorher nie war gehört worden, so daß er ein mächtig Volk überkam." Er war der erste Priester gewesen, der öffentlich die Fasten brach und sich verehelichte (1522 und 23). Bei einer Frohnleichnamsprozession trug er anstatt des Heiligen eine schön gebundene Bibel voran mit dem Ausruf: „Seht, das ist euer Heiliges, dies ist das wahre Heiligtum, alles andere ist Staub und Asche." — Andreas Castelberg, auch genannt Andreas auf der Stülzen, gehörte zu den Bekannten des Baseler Freundeskreises; er war ein Bücherhändler und nach Dr. Kellers Angabe Lehrer der altevangelischen Gemeine, welche die Spiritualen oder Ketzerschule in Zürich genannt wurden. Hans Bröbli, Helfer zu Zollikon, war wenigstens im Sommer 1524 zu den Täufern getreten, denn sein Name ist unter der Nachschrift an Münzer. Er lebte unter Verzichtleistung auf jede Besoldung von seiner Hände Arbeit. — Ludwig Hetzer war ein in den alten Sprachen sehr tüchtiger, junger Mann von Bischofszell im Thurgau. Anfangs, ein Freund Zwinglis, war er Schreiber bei der großen Disputation von 1523. Er war Kaplan in dem schönen Wädenschwyl. Er verlor diese Stelle, weil er einem Pfarrer in seine Predigt in der Kirche „öffentlich darein geredet", obwol der Rat ihn anfangs entschuldigte. Von Zürich ging er nach Augsburg, aber schon Ende des Jahres 1524 finden wir ihn wieder in Zürich. Georg, vom Hause Jakobs zu Chur, nach seiner Kleidung Jörg Blaurock oder Weißmantel genannt, war ein aus dem Kloster ausgetretener Mönch, der durch seinen Eifer, seine Beredsamkeit und Tatkraft jetzt in den Vordergrund tritt.

Die Täufer behaupteten bei dem Gespräch: „Die Taufe sollte gegeben werden den Gläubigen, denen das Evangelium gepredigt worden und die es verstanden und darum die Taufe selbst begehrt haben, und den alten Adam töten, in einem neuen Leben wandeln wollen; von dem Allem wissen die Kinder nichts, darum gehöre ihnen die Taufe nicht." Zwingli seinerseits brachte einen reichen Vorrat von Beweismitteln für die Kindertaufe mit. Grebel schreibt an Vadian, 14. Januar 1525: „Der Zwingli und die Zwinglischen haut 96 Gründ zu Schirm des endchristlichen Wasserbads: der heiter Tag muß sie verblenden." Zwingli selbst schrieb am Tage nach dem Gespräch über den Erfolg desselben an Vadian: „Wir haben am gestrigen Tage, an dem wir auf die Einwürfe der Gegner antworteten, uns so über die Taufe erklärt, daß die unparteiischen Zeugen versichern, die Welt müsse diese Ansicht von der Taufe hören."

Die Täufer waren nicht überzeugt, wohl aber die Regierung; diese erließ am folgenden Tage, 18. Januar, folgendes Mandat: „Nachdem eine Irrung von der Taufe wegen entstanden, als wenn man die jungen Kinder nicht taufen sollte, ehe sie zu ihren Tagen kommen und wissen, was der Glaube sei, auch Einige hierauf ihre Kinder wirklich ungetauft gelassen, haben unser Herr Bürgermeister, der Rat und der große Rat, so man nennt die Zweihundert der Stadt Zürich, ein Gespräch aus der göttlichen Schrift über diese Sache halten lassen, und nach demselbigen erkannt, daß man unangesehen dieser Irrung die Kinder, wenn sie geboren werden, taufen soll; auch sollen diejenigen, so ihre Kinder bisher ungetauft gelassen haben, dieselben innerhalb der nächsten acht Tage taufen lassen. Wer dieses nicht tun wollte, solle mit Weib und Kind und seinem Hab und Gut unserer Herren Stadt, Gericht und Gebiet räumen, oder erwarten, was ihm weiter begegne. Es sollen auch die von

Zollikon ihren Taufstein wieder machen u. s. w." Die Gemeine zu Zollikon hatte nämlich den Taufstein umgestürzt und aus der Kirche geschafft.

Am 21. Januar faßte der Rat weitere Beschlüsse: „Es zu vollstrecken, die besonderen Schulen, so in solchen Sachen handeln, abzustellen, und dem Grebel und Manz zu sagen, daß sie hinfüro von solchem ihrem Disputieren und Vornehmen abstehen, und ihnen des Rats Meinung gefallen lassen; denn man wolle hinfort keine Disputation mehr gestatten u. s. w., so ist weiter beschlossen, daß aus meiner Herren Gebiet schwören sollen: Der Pfaff von Wytikon, der Helfer von Zollikon, Ludwig Hetzer und Andreas auf der Stülzen, und sollen dieselben inner acht Tagen räumen."

Reublin, der in jeder Hinsicht ein Vorkämpfer der Täufer war, zog nach Waldshut und weiter nach Straßburg, dann in seine Heimat in Schwaben, hielt sich in mehreren schwäbischen Städten, dann wieder in Straßburg auf und beim Tode Michael Sattlers finden wir ihn wieder in Rotenburg, 21. März 1527. Am 26. Januar 1531 schrieb er von Auspitz in Mähren an Pilgram Marbeck, wurde aber aus der Gemeine ausgeschlossen, weil er trotz der Not der Gemeine 40 Gulden bei sich behalten, die er aus seiner Heimat mitgebracht hatte. Brödli, der Helfer von Zollikon, ging nach Hallau im Schaffhäuser Gebiet, wo er großen Anhang fand und sich als Pfarrer aus dem Stegreif niederließ, dort wurde er später vertrieben und ist wahrscheinlich später in Deutschland gefangen und umgebracht. Die Märtyrerbücher berichten von einem Pretle. Ludwig Hetzer ging nach Augsburg und werden wir später von ihm hören. Andreas Castelberg ging in seine Heimat nach Chur.

Ehe aber diese Brüder schieden, trat ein Ereignis von weittragender Bedeutung ein, nämlich die wirkliche Einführung der Taufe der Gläubigen. Wir geben dieses Ereignis in den Worten der alten Chronik:

„Es begab sich, daß Ulrich Zwingli und Conrad Grebl, einer vom Adel, und Felix Manz, all drei fast ersame und gelehrte Männer in deutscher, lateinischer, griechischer und auch hebräischer Sprache, zusammenkamen und anfingen, sich mit einander zu besprechen in Glaubenssachen, und haben erkannt, daß der Kindertauf unnötig sei und der Einsetzung Christi ganz zuwider und denselben für kein Tauf erkennt. Die zwei aber, Conrad und Felix, haben im Herrn erkannt und geglaubt, man müsse und solle nach christlicher Ordnung und Einsetzung des Herrn recht getauft werden, dieweil Christus selbst sagt: „Wer glaubt und getauft wird, der wird selig." Das hat Ulrich Zwingl, (welchem vor Christi Kreuz, Schmach und Verfolgung grauset) nit gewöllt, und fürgeben: Es würde einen Aufrur geben! Die andern zwei aber, Conrad und Felix sprachen: Man könne um des willen, Gottes lautern Befehl und Angaben nicht unterwegs lassen. Indem begab es sich, daß einer von Chur zu ihnen kam, nemlich ein Pfaff, mit Namen Geörg von Hans Jakob, den man sonst genannt Blaurock. Dieser Geörg ist aus sonderlichem Eifer, den er gehabt — auch zum Zwingel erstlich kommen, und von Glaubenssachen viel mit ihm gehandelt und geredt, aber nichts ausgerichtet. Da ward ihm gesagt, daß andere Männer da seien, die eifriger seien als der Zwingl, welchen Männern er fleißig nachgefragt, und ist zu ihnen gekommen, nämlich: zum Conrad Grebl und Felix Manz und hat mit ihnen geredt und sich besprochen wegen Glaubenssachen. Sind auch mit einander der Sachen eins geworden und haben in reiner Furcht Gottes erkannt und befunden, daß man aus göttlichem Wort und Predigt einen rechten in der Liebe tätigen Glauben müßt erlernen und auf den erkannten und bekannten Glauben den rechten christlichen Tauf in Verbindung mit Gott eines guten Gewissen empfangen in aller Gottseligkeit eines heiligen, christlichen Lebens, hinfortan Gott zu dienen, auch in Trübsal beständig zu bleiben bis ans Ende. Und es hat sich begeben, daß sie bei einander gewesen sind, bis sie die Angst anging und auf sie kam, ja in ihren Herzen gedrungen wurden. Da haben sie angefangen ihre Kniee zu beugen vor dem höchsten Gott im Himmel und Ihn angerufen als einen herzenskundigen und gebeten: daß Er ihnen Barmherzigkeit wollt beweisen. Denn Fleisch und Blut und menschlicher Fürwitz hat sie gar nicht getrieben, weil sie wol gewußt, was sie darüber werden dulden und leiden müssen. Nach dem Gebet ist der Geörg, vom Hans Jakob, aufgestanden und hat um Gottes willen gebeten, den Conrad Grebl, daß er ihn mit dem rechten christlichen Tauf taufen wolle auf seinen Glauben und Erkenntnis, und da er niedergekniet mit solchem Bitten und Begehren, hat der Conrad ihn ge=

tauft, weil dazumal sonst kein verordneter Diener solches Werks zur Hand war. Wie nun das geschehen, haben die andern gleicherweis an den Geörgen begehrt, daß er sie taufen soll, welches er auf ihr Begehren auch also tat, und haben sich also in hoher Furcht Gottes mit einander dem Herrn ergeben, einer den andern zum Dienst des Evangeliums bestätigt und angefangen den Glauben zu lehren und zu halten."

Mit diesem Schritte war die Trennung von den andern Kirchen vollzogen und die Kirche der altevangelischen Brüder als selbstständige Kirche gegründet. Wohl war dies eine ganz natürliche Folge des Grundsatzes, daß nur Gläubige zur Kirche gehören, auch war die Erwachsenen- oder vielmehr Gläubigen-Taufe seit der Zeit der Apostel immer wieder von verschiedenen Seiten gefordert und zu verschiedenen Zeiten geübt worden; so führte die böhmische Brüderkirche die Taufe der Gläubigen gleich bei ihrer Gründung als Sonderkirche 1467 zu Lhota ein und behielt sie bis 1536 bei, wo unter dem Druck von lutherischer Seite aus politischen Gründen an ihre Stelle die Confirmation trat, die dann in die andern Kindertäuferkirchen überging.

Nicht alle Brüder billigten die Einführung der Gläubigentaufe, der Zwingli den Namen Wiedertaufe gab. L. Hetzer sagt 1526: „Des Wiedertaufshalben, habe ich ihn nie gerühmt und hat mir von Herzen mißfallen." Auch H. Denk, von dem wir später noch viel hören werden, widerriet zuletzt die Wiedertaufe und wollte, er hätte nie getauft. Er sagt: „Ich würde (so Gott will) mit dem Taufen ewiglich still stehen, wenn ich keinen andern Beruf vom Herrn haben würde."

Rasch breitete sich die neue Kirche aus, in Zollifon wurden Taufe und Abendmal, sowie der Bann eingeführt, indem die Gemeinde beschloß, daß wer nach der Taufe aufs neue in Ärgernis und Sünde verfalle, von ihr ausgeschlossen werden solle.

Die Täufer in der Stadt Zürich bedrängt, verbreiteten sich um so mehr im Amt Grüningen, woselbst die Obrigkeit ihnen gewogen war und trotz der Befehle von Zürich mit der Verfolgung nicht recht Ernst machte.

Um diese Zeit schien es, als sollten die Täufer den in Zürich verlorenen Boden in St. Gallen wiedergewinnen. Dort hatte ein aus Zürich vertriebener Täufer eine Zeitlang gewirkt und es gelang ihm, den Sohn eines St. Galler Zunftmeisters, Wolfgang Schorant genannt Uliman, einen aus dem Kloster zu Chur ausgetretenen Mönch, für die Täuferlehre zu gewinnen; dieser ließ sich von Grebel in Schaffhausen weiter unterrichten und taufen, dann trat er als begeisterter Prediger mit großem Erfolg auf; Grebel wurde jubelnd empfangen, 800 St. Galler Bürger und viele aus der Umgegend ließen sich taufen. In St. Gallen lernte auch Joh. Denk die Täufer kennen, trat aber erst später zu ihnen über.

Da erwuchs den Täufern in dem hochangesehenen, gelehrten Bürgermeister von Watt, oder Vadian, ein um so gefährlicherer Gegner, da er selbst gegen die Kindertaufe war, „aber er wollte die Abstellung dieses Mißbrauchs und jede andere Verbesserung auf dem Wege allmähliger und regelmäßiger Reform erreicht wissen. Der Wiedertäufer Ordnung und Brauch zu predigen, erklärte er vor dem Rat, sei ein unordentlicher Frevel, wider der Apostel Brauch und Lehre, ohne Beruf und aus eigener Willkür unternommen; das wolle er aus göttlicher Schrift dartun." Gegen die Täufer trat Zwingli ein mit seinem Buch über die Taufe, welches er der Stadt St. Gallen in einer heftigen Vorrede widmete; für die Täufer trat Vadians Schwager und Freund Grebel ein und warnte ihn, andern Städten nicht das Beispiel der Verfolgung zu geben und seine Hände von unschuldigem Blut zu enthalten, seine Seele vor dem Gericht des Herrn und dem ewigen Verderben zu retten. Taufe und Brotbrechen wurden bei Gefängnis und Verbannung verboten, und für die Getauften eine Geldbuße bestimmt.

Dies war ein harter Schlag für die Täufer und nur der Anfang der Verfolgung. Überall wurden sie jetzt verfolgt. Zwingli sagte: „Wer getauft wird, wird ersäuft." Nach einem nochmaligen Gespräch im November 1526 vor Abgesandten der Grüninger wurden Zürichs Befehle verschärft. Waldshut fiel in die Hände der Oestreicher, Hübmaier floh nach Zürich, wurde gefangen genommen, erbot sich zum Widerruf, aber verteidigte statt dessen seine Ansicht; in strengerem Gewahrsam widerrief er aus Furcht vor der Auslieferung an Oestreich. Von Hübmaier oder Hübmör werden wir noch weiter hören.

Felix Manz wurde in Chur gefangen genommen und an Zürich

ausgeliefert. Grebel und Blaurock wurden gefangen. Manz wurde am 5. Januar 1527, im Beisein seiner Mutter und Brüder, nachdem er sich mit ihnen unterhalten, ertränkt. Er sang mit lauter Stimme auf lateinisch: „Vater, in deine Hände befehle ich meinen Geist", dann schlugen die Wellen des Zürichersees über ihm zusammen.

Grebel starb enttäuscht und durch Gefängnis geschwächt.

Georg Blaurock wurde mit Ruten aus der Stadt gepeitscht, daß das Blut herabfloß. Er ging nach Tyrol und erlitt dort den Märtyrertod 1528. Er erwarb sich unter den Täufern den Namen eines zweiten Paulus. Von ihm ist ein schönes Lied vorhanden, das sich im Ausbund S. 45 findet; ebenso eins von Felix Manz. Dies zeigt, daß die Brüder den Widerspruch gegen den Gesang aufgegeben hatten, denn von jetzt an bilden die Märtyrer- und Glaubenslieder eine Macht, und ein Mittel, die Lehren der Täufer auszubreiten.

Kurze Zeit stand an der Spitze der Schweizer Täufer Michael Sattler von Staufen in der Schweiz; ein ausgezeichneter, frommer und gelehrter Mann, der aus dem Kloster St. Peter im Schwarzwald ausgetreten; er war in Straßburg und dann in Schwaben, wo er am 21. Mai 1527 zu Rotenburg am Neckar nach grausamen Martern mit andern verbrannt, sein Weib nach einigen Tagen ertränkt wurde. Von ihm sagten die Straßburger Prediger, daß er „ein lieber Freund Gottes, wiewol er ein Vornehmer im Tauforden, gewesen sei." „Obwol Michael Sattler etwas Irrung im Wort gehabt, und die Unterweisung der Prädikanten zu wenig beherzigt, da er bei denen, welche Christen sein wollten, ein ärgerliches Leben befand, so habe er doch allemal einen trefflichen Eifer zur Ehre Gottes und der Gemeine Christi bewiesen, von der er wollte, daß sie fromm, ehrbar, rein von Lastern, unanstößig und den Draußenstehenden ein Vorbild zur Besserung durch gottseligen Wandel sein sollte."

Von ihm ist in Brachts Märtyrerspiegel ein schönes Sendschreiben, seine Verteidigung und Geschichte seines Todes und im Ausbund S. 54 ein hübsches Lied.

Ehe wir diesen Abschnitt der Geschichte der Schweizertäufer bis 1528 schließen, wollen wir noch der Lebensschicksale Balthasar

Hübmaiers erwähnen, der sowohl auf die Schweizer=, wie auf die Oberdeutschen=Täufer einen bedeutenden Einfluß ausgeübt hat.

Er war geboren um das Jahr 1480 zu Friedberg bei Augsburg, daher wurde er auch Dr. Friedberger (pacimontanus) genannt. Er studierte von 1503 an zu Freiburg im Breisgau unter Dr. Eck, Theologie und Philosophie, inzwischen war er eine zeitlang Lehrer in Schaffhausen, ward Lehrer an der Universität zu Freiburg, folgte seinem Lehrer, Dr. Eck, nach Ingolstadt als Pfarrer und Professor der Theologie. Er ward Doktor der Theologie. 1516 ward er als Prediger an die Domkirche zu Regensburg berufen, wo er unter ungeheurem Zulauf predigte; doch da er anfing das Evangelium zu predigen, so mußte er die Stadt verlassen. Kurze Zeit lehrte er wieder in Schaffhausen, wurde aber 1522 Pfarrer in Waldshut. Von hier kam er oft nach Basel und verkehrte mit Joh. Denk, Grebel, Manz, Ökolampad, Erasmus und andern.

Wieder nach Regensburg berufen, blieb er nur wenige Monate und kehrte nach Waldshut zurück. Von hier aus pflegte er auch Freundschaft mit Zwingli in Zürich und Vadian in St. Gallen. Er beteiligte sich an der Züricher Disputation über Bilder und Messen in ernster und milder Weise. 1524 veröffentlichte er: „18 Schlußreden so betreffen ein ganz christlich Leben, woran es gelegen ist." Er spricht sich über das Wesen des Glaubens aus. Derselbe äußere sich durch Werke brüderlicher Liebe, sei aber gegen alle von Gott nicht gebotenen Werke. Wir finden hier den allgemeinen Grundsatz der Täufer oder Taufgesinnten Glaube und Werke, nicht Glaube ohne Werke.

Am 14. Mai 1524 ward durch Beschluß der Bürgerschaft die evangelische Lehre angenommen. Am 16. Januar 1525 schrieb Hübmaier an Ökolampad und teilte ihm mit, er habe statt der Kindertaufe die kirchliche Kindereinsegnung eingeführt. Als die Brüder Anfang 1525 aus Zürich vertrieben wurden, kam Reublin nach Waldshut und nach einigem Sträuben ließ sich Hübmaier von ihm taufen. Hunderte folgten seinem Beispiel. Hübmaier legte sein Amt nieder und empfing es wieder aus den Händen seiner getauften Gemeindeglieder. Das Abendmal feierte er mit Osterlamm und Fußwaschung. Er schrieb eine Erwiderung auf Zwinglis Buch von der Taufe, und Zwingli selbst fühlte das Gewicht der Hüb=

maier'schen Gegenschrift so schmerzlich, „daß er" (wie ein neuerer Schriftsteller sagt), „aus der gewohnten Fassung geriet und in seiner Erwiderung den ehemals gepriesenen Genossen mit unwürdigen Schmähungen überhäufte."

Im Dezember 1525 mußte Hübmaier vor den östreichischen Truppen nach Zürich fliehen. Hier mit Auslieferung an Oestreich bedroht, versprach er zu widerrufen, verteidigte aber vielmehr seine Lehre. Durch hartes Gefängnis und Drohungen weich gemacht, widerrief er, wandte sich aber, sobald er entlassen, nach Augsburg, wo er mit Joh. Denk wieder zusammentraf, und diesen für die Täufer gewann. Etwa im Juli 1526 ließ er sich in Nikolsburg in Mähren unter Herrn Lienhart von Lichtenstein nieder. Hier bildete sich eine große Gemeine und bald mehrere. Hübmaier schrieb eine Flugschrift nach der andern. Im Jahre 1528 wurde er gefangen nach Wien gebracht und am 10. März daselbst verbrannt, seine Frau wurde drei Tage später in der Donau ertränkt. Vadian, obwol sein Gegner, nennt ihn einen sehr beredten und edlen Mann. In Betreff des Waffengebrauchs zur Verteidigung stimmte er mit den Schweizer Täufern nicht überein, indem er denselben für erlaubt hielt; seine Anhänger nannte man Schwertler, die andern Stäbler.

In den in den Beilagen gegebenen 7 Artikeln von Schlatten am Randen, vereinbart den 24. Februar 1527, haben wir, so zu sagen, ein Glaubensbekenntnis der Schweizer Täufer, und zwar das älteste seit der Reformation. Der erste Artikel handelt von der Taufe, der zweite vom Bann, der dritte vom Brotbrechen, der vierte von der Absonderung, der fünfte von den Hirten, der sechste vom Schwert und der siebente vom Schwören.

Blicken wir auf die ersten Jahre der Schweizer Täufer zurück, so finden wir, neben den biblischen Hauptgrundsätzen, manche örtliche Färbung, manches Hängen am Äußerlichen und Kleinlichen, sowie eine etwas politische Beimischung im Widerspruch gegen die Zinsen und Zehnten, obwol von den Gegnern diese Einseitigkeiten übertrieben und Aussprüche Einzelner allen zur Last gelegt sind. Den Täufern gegenüber schienen alle Mittel erlaubt.

Dritter Abschnitt.

Die Täufer in Oberdeutschland bis 1530.

Augsburg, Hans Denk in Nürnberg, St. Gallen, Augsburg, Denk getauft, Blaurer über jene Zeit, Cornelius ebenfalls. — Lehre und Leben der Täufer. — Versammlung in Augsburg, Frühjahr 1526. — Denk in Straßburg, Zustände dort, Capito, Cellarius, Matthäus Zell, Täufer in Straßburg nach Denks Vertreibung. — Denk in Worms, Jakob Kautz, Prophetenübersetzung von Denk und Hetzer, Vertreibung, Verfolgung in der Pfalz. — Die getreue Warnung der Prediger von Straßburg. — Denks Buch „von der wahren Liebe." — Große Versammlung in Augsburg, Herbst 1527. — Denk in Basel, Brief an Ökolampad, Denks Ende. — Hetzers Ende, 4. Februar 1529 zu Konstanz. — Langenmantels Tod. — Hans Hut, Leonhart Kaiser, Täufer in Mähren, Verfolgung auf allen Seiten. — Folgen derselben. — Schlußfolgerungen.

Während in der Schweiz die Täufer eine Niederlage nach der andern erlitten, und verfolgt, vertrieben, der Führer beraubt, sich mehr auf das Land und in abgelegene Gegenden zurückzogen, erhob dieselbe Partei unter andern Führern das Haupt in Oberdeutschland.

In Augsburg wurde die Gemeine, welche wol schon länger bestanden hatte, erst von größerer Bedeutung, als im Frühjahr 1526 Balthasar Hübmaier, der gelehrte, beredte, angesehene Führer der Täufer hinkam, und es ihm gelang, den geistesverwandten Hans Denk für die Täufer zu gewinnen.

Dieser Johannes Denk war ein geborener Baier, hatte in Basel studiert und als Corrector in einer Buchdruckerei gearbeitet, wo er eine bedeutende griechische Sprachlehre herausgab und mit einem griechischen Verse einleitete. Ökolampad empfahl ihn als Rektor der St. Sebaldusschule nach Nürnberg, wo er verwandte Geister fand, teils in den Resten der alten Brüdergemeine, teils in den Freunden des frommen, gelehrten und angesehenen Johann von Staupitz, zu denen auch der Dichter und Schuhmacher Hans

Sachs gehörte. Aus der Feder dieses Mannes haben wir „das Gespräch eines lutherischen, eines evangelischen und eines katholischen Christen", welches uns einen Einblick in die damaligen Verhältnisse giebt. Die schlimmen sittlichen Zustände veranlaßten Denk als Evangelischen gegen die lutherische Lehre vom Glauben und für ein entschieden christliches Leben einzutreten. Dies zog ihm den Haß des damals in Nürnberg allmächtigen Osianders zu, welcher den Rat veranlaßte, nach einem Gespräch, in welchem sich Denk, nach den Worten seiner Gegner: „dermaßen geschickt zeigte, daß mündlich mit ihm zu handeln für unnützlich ist angesehen worden," von Denk ein schriftliches Bekenntnis zu verlangen, welches noch vorhanden ist. Osiander und die andern Prediger antworteten darauf und gaben ihre Widerlegung dem Rat, nicht wie Osiander versprochen, Denk, weil sie nicht glaubten, daß bei Denk die Unterweisung etwas fruchten werde, „sonst würde es mehr Worte und Zeit bedurft haben."

Am 21. Januar 1525 ward beschlossen, „daß der Magister Johann Denk noch vor Nachts sich aus dieser Stadt zu begeben und sie auf 10 Meilen Wegs zu meiden habe." Obwol die Widerlegungsschrift der lutherischen Prediger zugibt, daß Denk „es recht meine, und daß seine Worte von ihm in solcher Meinung und christlichem Verstande geschrieben wären, daß man seinen Sinn und seine Meinung möchte bulden," so verfolgten Denk überall hin die gehässigsten Gerüchte, die ihn als einen verderblichen und gefährlichen Menschen hinstellten, und so irrte er umher, bis er in St. Gallen eine Zeitlang Ruhe fand. Osiander, sein Hauptverfolger, bekehrte sich später zu Denks Lehre von Glauben und Werken, und ward von den Lutheranern ebenso verfolgt, wie er Denk verfolgt hatte.

In St. Gallen lernte Denk die Täufer kennen, schloß sich ihnen aber noch nicht an. Vadian, der ihn hier kennen lernte, sagt von ihm: „In Denk, jenem ausgezeichneten Jüngling, waren wahrlich alle Anlagen so hervorragend entwickelt, daß er seine Jahre überwand und größer als er selbst erschien." Keßler, der Chronist von St. Gallen, sagt von ihm: „Er war eine gar gelehrte, redereiche, demütige Person und in hebräischer Sprache nicht ungeschickt. Dieser Hans Denk war des Buchstabens heiliger Schrift fürtrefflich geübt und der dreien Hauptsprachen genugsam unterrichtet. Nach seiner Person war er lang, ganz freundlich und züchtigen Wandels, ja hoch zu verrühmen, wenn er nicht sein Gemüt und Lehre so mit grausamen Irrlehren befleckt hätte."

Ein solcher Mann fehlte den Brüdern in Augsburg; er gewann zwei Mönche, Siegmund Salminger und Jakob Dachser, diese wurden zu Vorstehern der Gemeine erwählt; und dieselbe wuchs so, daß in 1527 dieselbe 1100 Seelen zälte, meist aus den untern Ständen, doch waren auch angesehene Kaufleute und Patrizier Glieder in der Gemeine. Unter letzteren tat sich Eitelhans Langenmantel, dessen Vater vierzehnmal Bürgermeister von Augsburg gewesen war, besonders durch Rede, Schrift und Lied hervor, wie auch Salminger und Dachser Liederdichter waren.

„Denks Wirken," sagt Urbanus Rhegius, sein heftigster Gegner, „hat bald um sich gefressen wie der Krebs, zu vieler Seelen jämmerlichen Schaden. Die Schlange hatte sich im Paradiese der neuen Kirche festgesetzt." Die sittlichen Zustände Augsburgs waren wenn möglich noch schlimmer als die Nürnbergs. Ein lutherischer Prediger sagt: „Allerlei Unzucht hat bei uns je länger, je mehr überhand genommen, daß wir gar keine Scheu gehabt haben, weder vor Gott noch vor den Menschen." Ein anderer sagte von der Kanzel: „Wenns so fort geht, schlagen wir uns alle einander selber todt; ich habe mein Messerlein mitgenommen." — Ist es ein Wunder, daß Denk und seine Brüder mit ihren ernsten, sittlichen Folgerungen bei den ernsteren Christen Anklang und Eingang fanden? Der Konstanzer Reformator Ambrosius Blaurer bekannte: „Wir selber tragen einen großen Teil der Schuld. Man will bei uns so wenig von wahrhafter Buße hören, daß unsere Lehre selbst dadurch verdächtigt werden muß. Arbeit und Leben wird mir zuwider, wenn ich den Zustand vieler, wenig evangelischen Städte betrachte, in welchen kaum irgend eine Spur echter Bekehrung sich aufweisen läßt. Aus der christlichen Freiheit wird durch eine gottlose Auslegung die Freiheit, Sünde zu üben, gemacht. Alles preist die Gnade des Heilandes. Es ist behaglich, umsonst gerechtfertigt, erlöst, beseligt zu werden. Aber da ist keiner, der gegen die Abtödtung des Fleisches, gegen Kreuz und Leiden, und gegen christliche Ergebung sich nicht mit Händen und Füßen sträubt."

Cornelius sagt über jene Zeit: „Als der Sturm dem Volk die Kirche raubte und jede alte Gewohnheit des religiösen Lebens und Denkens erschütterte oder zerriß, wurde der neue, ergreifende und beruhigende Inhalt des Glaubens, welchen das religiöse Bedürfnis der Menschen verlangte, bei weitem nicht überall und sofort dargeboten. In der großen Menge freilich übertäubte damals wie sonst der Lärm des Tages das religiöse Gefühl, aber in den edleren und frommeren Menschen lebte die Sehnsucht nach dem Himmel fort und wurde durch die unermeßliche Erschütterung der Zeiten zu stärkerer Glut angefacht. Der Zweifel an der Wahrheit des neuen Evangeliums wurde durch die Uneinigkeit unter den Lehrern und durch den dogmatischen Zank, mit welchem die Evangelischen in Wirtshäusern und an anderen öffentlichen Orten sich beschäftigten, verstärkt und oft zum Widerwillen gesteigert. Das Ende war Verlassenheit, Ratlosigkeit und Verwirrung im höchsten und unerträglichsten Maß grade für die redlichsten Seelen unter den Armen und Niedrigen."

Die Täufer sagten: „Nur dann kommen wir in das Reich Gottes, wenn wir von neuem geboren werden, d. h. wenn wir willig sind, zu tun nach dem Willen Gottes. Wer aber das Wort hört und will nicht tun, was ihn das Wort Gottes, das von Gott ausgegangen und durch Christum eröffnet ist, lehrt, der mag nimmermehr von neuem geboren werden."

In Bezug auf das Leben der Täufer sagte Rhegius: „So man dem Teufel zusieht, so mummelt er so greulich in den Winkeln, daß man wohl sieht, was er sich fürgenommen hat, nämlich durch ein Fastnachtspiel eines heiligen, apostolischen Lebens das ganze Evangelium verhaßt zu machen und auszutilgen, daß man in der ganzen Welt nicht wisse, wo man daran sei." Ein neuerer Schriftsteller sagt: „Wir haben keinen Grund, zu zweifeln, daß es in den meisten Fällen ein wirkliches, inneres Bedürfnis war, welches der Augsburger Gemeine ihre Mitglieder zuführte."

Im Frühjahr 1526 fand eine Versammlung bedeutender Leiter der täuferischen Bewegung in Augsburg statt. Balthasar Hübmaier, Joh. Denk, Hans Hut, ein früherer Anhänger Th. Münzers, den Denk um Pfingsten 1526 taufte, Ludwig Hetzer, Jakob Groß aus Waldshut, Caspar Färber aus dem Innthal.

Auf Färbers Veranlassung ward die Taufe der Gläubigen auch für Oberdeutschland eingeführt.

Urbanus Rhegius, der angesehenste Prediger in Augsburg, sah, wie sein Einfluß unter dem Wachsen der Täufergemeine litt, und wandte alle Mittel an, um dieselbe zu unterdrücken. Mit Denk hielt er ein Privatgespräch, und eine Disputation, bei der von Denks Partei niemand zugegen war. Rhegius schrieb sich den Sieg zu. Denk nahm eine Herausforderung vor den Rat mit Freuden an; da er aber seines Lebens nicht sicher war, so hielt er es für notwendig, zu fliehen. Rhegius sagte: „Dieser Wiedertäufer hat das Evangelium geschmäht und das Gesetz der Liebe wüst übertreten, daß er spricht: Man sehe niemand, der ob unserer Predigt besser geworden sei, darum daß nicht gleich Engel aus uns werden. — Er muß eine christliche Gemeine glauben, wo man das Evangelium predigt, man wird sie ihm nicht zu prüfen geben."

Wahrscheinlich im Spätherbst 1526 zog Denk nach Straßburg, wo sich für seine ungestörte Wirksamkeit ein besseres Feld zu bieten schien.

Die einflußreichsten Prediger in Straßburg waren Wolfgang Capito und Martin Butzer. Ersterer war der angesehenste, beliebteste, letzterer der entschiedenste, politisch und dogmatisch gewiegteste. Auch der Prediger Matthäus Zell, ein milder, frommer, ernster Mann, war sehr beliebt. „So fest auch Zell in seinem evangelischen Bekenntnis war, so war er doch mild und versöhnlich gegen solche, die anders dachten als Luther, wofern er nur den Glauben an Christum bei ihnen fand. Im Jahre 1529 beherbergte er den flüchtigen Schwenkfeld, die Schweizer wollte er wegen ihrer Meinung vom Abendmal nicht verdammen. Seine Gattin Katharina überlebte ihn und starb in hohem Alter, sie war eine fromme Wohltäterin aller Notleidenden und derer, die um ihres Glaubens willen nach Straßburg geflüchtet waren; selbst die Wiedertäufer wies sie nicht ab."

Die Straßburger Kirche stand zwischen Luther und Zwingli, beide rechneten Straßburg zu ihrer Partei, mit beiden stand Capito in lebhaftem Briefwechsel, mehr und mehr neigte sich Straßburg, besonders durch Butzers Einfluß, Zwingli zu. Es gab aber eine Zeit, wo Capito den Täufern näher stand als Luther oder Zwingli.

Im Herbst 1526 kam Martin Cellarius nach Straßburg, ein Gesinnungsgenosse Denks, der wegen seiner Lehre vom innern Wort aus Wittenberg hatte fliehen müssen. Dieser gewann die Freundschaft Capitos, der ihm ein sehr günstiges Zeugnis ausstellte. Butzer sagt von ihm, daß er vom catabaptistischen Geiste in Wahrheit ganz erfüllt gewesen sei, doch mußte er selbst Cellarius Verhalten loben. Er schrieb an Zwingli: „Weil man das helle Sonnenlicht finster nennen müßte, wenn man nicht gestehen wollte, daß der Mann eine ausgezeichnete Frömmigkeit besitzt, so werden wir uns hüten, daß wir Verdächtigungen, die der Liebe fremd sind, gegen ihn zulassen. Doch ich gestehe dir, daß ich einen großen Gewinn darin erblicken würde, wenn er unserer Ansicht von der Taufe — denn ich hege mit dir die gleiche — beiträte." Capito schrieb von ihm an Zwingli: „Es seien von Wittenberg her unentschuldbare Vorurteile gegen Cellarius erweckt worden. Infolge davon habe er ihn, bevor er ihn gesehen, auf das ärgste gehaßt. Torheit, Stolz, Übermut, Unverstand und Aufrur habe man ihm nachgesagt." Dieser Haß verwandelte sich bei näherer Bekanntschaft in innige Freundschaft, so daß Capito Cellarius in sein Haus aufnahm. Er schrieb über Cellarius nach Zürich: „Er ist ein gottergebener Mann, weit entfernt von jenen Schwächen der Seele, denen ich und meines Gleichen ausgesetzt sind. Was ihm auch begegnen mag, er weiß die gute Seite desselben hervorzuheben. Die Wittenberger reden ihm Übles nach, er seinerseits redet ihnen Gutes nach, soweit es mit Wahrheit geschehen kann. Während man ihn mit Schmähungen überhäuft, pflegt er zu antworten: Selbst bei den Auserwählten Gottes wird man Mängel finden, und er pflegt dasjenige als leichten Fehler auszulegen, was in Wahrheit, wie ich glaube, ein schweres Vergehen ist. Denn den Ruf eines unschuldigen Menschen zu untergraben, fällt kaum jemals unter die Kategorie des Guten, vielmehr halte ich es bei einem Christen für ein nicht zu duldendes Vergehen. Die Liebe ist ihm der oberste Grundsatz; sein ganzes Dichten und Trachten geht dahin, daß wir unter Wahrung der Hauptsätze christlicher Lehre unsere Fehler und Irrtümer gegenseitig tragen und ertragen; er hofft, daß Gott eine höhere Einsicht zukünftigen Geschlechtern gnädig verleihen werde."

Matthäus Zell sprach sich öffentlich von der Kanzel dahin aus, daß die Obrigkeit in Sachen des Glaubens zur Anwendung von Gewaltmaßregeln nicht berechtigt sei.

Es gelang Denk bald, Capito für sich zu gewinnen, dieser schrieb an Zwingli, daß Denks musterhafter Lebenswandel, die Geschicklichkeit seines Geistes und die Würde seiner persönlichen Haltung in wunderbarer Weise das Volk anzöge. Denk genieße das größte Vertrauen, und rings umher fielen ihm die Diener des Wortes zu.

Die Zal der Täufer in Straßburg mehrte sich von Tage zu Tage; da sah Butzer, daß wenn man Zwinglis Freundschaft nicht verlieren wolle, ein entscheidender Schlag geführt werden müsse. Jakob Groß von Waldshut und andere wurden ins Gefängnis geworfen, der Hauptschlag aber traf den anerkannten Führer der Täufer, Denk. Am 22. Dezember 1526 fand auf Butzers Veranlassung ein öffentliches Religionsgespräch zwischen ihm und Denk statt, am 23. Dezember erhielt Denk den Befehl, Straßburg sofort zu verlassen. Der Obrigkeit gehorsam zog er abermals als armer Verbannter in die Ferne.

Während seines Aufenthalts in Straßburg arbeitete er mit Ludwig Hetzer eifrig an der Übersetzung der Propheten aus dem Hebräischen ins Deutsche.

Die Gemeine in Straßburg litt wol unter den Verfolgungen, aber die Täufer waren und blieben mächtig. Im Juli 1527 schrieb Capito an Zwingli: „Die Täufer beunruhigen uns heftig." Und später: „Gerade die besten Herzen werden von dieser Seuche angesteckt." Butzer selbst schrieb 1528: „Das Laster hat nicht wenig zugenommen, außer diesen Übeln aber machen die Täufer die Meisten bei uns wankend." Melchior Hofmann, von dem wir später noch mehr hören werden, bezeichnete Straßburg als das neue Jerusalem. Noch im Jahre 1555 und 1557 fanden große Synoden der Täufer in Straßburg statt.

Denk begab sich nach Bergzabern und Landau und endlich nach Worms. In Worms hatte ein Hoffmann den Prediger Jakob Kautz für die Täufer gewonnen, nun kamen Denk und Hetzer, und es gelang auch, den Prediger Hilarius zum öffentlichen Übertritt zu bewegen. Während Denk und Hetzer fleißig an ihrer Übersetzung arbeiteten, und dieselbe wol im April fertig stellten, so daß sie im Druck erschien, und als ein anerkanntes Meisterwerk und Denkmal der Tüchtigkeit der Führer unserer Gemeinschaft zu jener Zeit dasteht, arbeiteten Kautz und Hilarius unbeirrt der Angriffe der Feinde und Drohungen der Obrigkeit mit solchem Erfolge, daß Capito am 9. Juli 1527 an Zwingli schrieb, die Stadt Worms habe sich durch ein öffentliches Übereinkommen von dem Worte Gottes (von der lutherischen oder zwinglischen Lehre) losgesagt.

Auch in Worms war es wieder die Obrigkeit, welche den Aussichten der Täufer ein Ende machte. Kurfürst Ludwig von der Pfalz trat entschieden gegen die Täufer auf, der Magistrat von Worms rief die Zünfte zusammen, es schien zu Blutvergießen kommen zu sollen, da kam im Juli 1527 ein Vergleich mit den Täufern zu Stande, wonach diese ihrem Grundsatz gemäß freiwillig die Stadt verließen; aber in der ganzen Pfalz brach überall die Verfolgung aus. 350 wurden hingerichtet, so daß selbst ein lutherischer Geistlicher, Johannes Odenbach aus Moscheln unter Landsberg, hieß der brave Mann, in einem Buche energisch für menschliche Behandlung der Täufer eintrat.

Im Juli 1527 erließen die Prediger von Straßburg eine getreue Warnung gegen Kautz und Denk. In diesem Buche wird Denk bewußter und gehässiger Weise verleumdet und seine Lehre falsch dargestellt.

Denk erwiderte nichts darauf, gab aber um dieselbe Zeit sein Buch „von der wahren Liebe" heraus und es ist äußerst woltuend, hier einen so ganz andern Geist wehen zu fühlen. „Die Liebe," sagt Denk, „vergißt sich selbst," und wer sie besitzt, dem gilt aller Schaden nichts, den er um des Gegenstandes seiner Liebe willen leiden muß. Ja der Liebende strebt darnach, seine Liebe zu beweisen in Gefaren, und wenn es notwendig ist, gibt sich „der Liebende für das Geliebte willig und fröhlich in den Tod" u. s. w.

Was die Schmähungen seiner Feinde betrifft, so sagt er: „Ich bin damit herzlich wol zufrieden, daß alle Schmach und Schande, es sei mit Wahrheit oder mit Unwahrheit, über mein Angesicht falle, allein daß Gott dadurch gelobt werde; denn er ist wahrlich lobens- und liebenswert. Aber da ich anfing, ihn zu lieben, fiel ich in vieler Menschen Ungunst und zwar von Tag zu

Tag, je länger je mehr. Und wie ich nach dem Herrn habe geeifert, also haben auch die Menschen wider mich geeifert. — Ich will hier niemanden weder beschuldigen noch entschuldigen, wiewol ich dieses (mit Gottes Gnade) allwege lieber tun will, als jenes." Sein Buch von der wahren Liebe nannte er: „Eine Manung an alle Menschen zur Liebe gegen jedermann, auch gegen ihre Widersacher." Doch sagt er, „daß es selbst einem sanften und demütigen Herzen schwer sei, gegenüber den Angriffen, wie er sie erfaren, sich im Zaum zu halten."

Von Worms zog Denk über Zürich, Schaffhausen, Konstanz nach Augsburg, wo im Herbst des Jahres 1527 eine große Versammlung der Häupter der Täufer war. Außer Denk, Hetzer und Groß waren die Augsburger Brüder Eitelhans Langenmantel, Dachser und Saiminger, dazu kam Hans Hut, Hans Gulden, Ulrich Drechsel, Peter Scheppach, Gregor Maler von Chur, Hans Beckenknecht von Basel und viele andere. Hans Denk führte den Vorsitz und leitete die Verhandlungen.

Hans Hut war ein Anhänger Münzers gewesen und wenn auch vor einem Jahre von Denk getauft, so hatte er im Verkehr mit seinen früheren Genossen manche Münzer'schen Gedanken mit den Denk'schen vermischt. Es ist sicher, daß Hut einen Aufstand geplant hatte, und daß der Same, den er gesäet, später Frucht trug. Allerdings gab er bei dieser Versammlung den Denk'schen Lehren vom friedfertigen Dulden und Tragen recht, allein später kehrte er zu seinen alten Gedanken zurück und gab durch seine Lehren der Obrigkeit Veranlassung, alle, auch die friedlichen Täufer, zu verfolgen.

Auf dieser Versammlung wurde beschlossen, daß die Christen sich nirgends des Regiments auf ungesetzlichem Wege bemächtigen sollten. Es wurden Apostel in verschiedene Gegenden ausgesandt. Denk und Beckenknecht nach Basel. Die Reise ging über Ulm, wo Reublin Vorstand der Gemeine war.

Die Obrigkeit zu Basel hatte einen scharfen Befehl erlassen, daß kein Täufer im Gebiet der Stadt leben und niemand einen solchen behausen solle, dennoch hofften die Brüder bei ihren Freunden Unterkunft zu finden.

An Körper und Geist leidend kam Denk nach Basel und fand bei seinem Freunde Bentinus Unterkunft. Hier erkrankte er, und

schrieb an seinen alten Freund und Lehrer Ökolampadius, mit der
Bitte, ihm die Erlaubnis zum Bleiben zu erwirken. Dieser eilte
zu ihm und fand ihn so krank, daß es leicht war zu sehen, daß von
Denk keine Gefar mehr drohe. Fleißig unterhielt er sich mit ihm
über religiöse Gegenstände. Vor seinem Tode übergab Denk dem
Ökolampad sein Glaubensbekenntnis, das dieser unter der Über=
schrift: „Hans Denkens Widerruf" nach dessen Tode herausgab.
Ein Widerruf seiner Gedanken und Lehren ist dies Bekenntnis
aber keineswegs.

In seinem Briefe an Ökolampad sagt er: „Um keine andere
Frucht aber ist es mir zu tun (Gott weiß es), als daß recht viele
eines Herzens und Mundes Gott, den Vater unseres Herrn Jesu
Christi, rühmen, ob sie beschnitten oder getauft sind, oder keins von
beiden. Denn ich bin ganz anderer Ansicht als die, welche das
Reich Gottes allzusehr an die Ceremonien und die Elemente dieser
Welt binden, wer sie auch sein mögen."

Dieses Bekenntnis ist eine kurze und klarere Zusammenfassung
der Lehren Denks. Sanft und ruhig soll er entschlafen sein. Den
Ruheplatz, nach welchem er sich gesehnt, fand er erst droben in der
ewigen Heimat, im November 1527. Die Feinde sagten: „Denk,
der Anabaptisten Apollo, ist gestorben."

Ludwig Hetzer, Denks Mitarbeiter an der Übersetzung der
Propheten (welche in drei Jahren in 13 verschiedenen Ausgaben
erschien), scheint, wenn nicht auch da die Feinde seinen Charakter
so angeschwärzt haben, daß man ihn verkennt, — sittlich weit unter
Denk gestanden zu haben. Obwol ein gelehrter, beredter Mann,
der in Wort und Schrift auf ernsten, sittlichen Lebenswandel
drang, scheint er selbst in Unsittlichkeit gefallen zu sein. Er soll
wegen Ehebruch und Doppelehe am 4. Februar 1529 zu Konstanz
mit dem Schwert hingerichtet worden sein.

Thomas Blaurer beschreibt seine Hinrichtung. Als er zum
Tode geführt wurde, bat er das Volk mit ihm zu beten und sprach:
„Gott wolle seine Augen nicht abkehren von seinem geringen Werk=
zeug, Ludwig Hetzer, welcher auf heute wird hinausgeführt um
seiner Sünde willen; erzeig dich ihm und erhalt ihn." Viele
tapfere Männer mußten ob seiner Rede weinen; die Freunde an=
sprechend, Gott dankend mit seinem Gebet, freundlich auch mit dem

Nachrichter redend, dem Volk statt unnützen Getümmels Unterredung in göttlichen und fruchtbaren Dingen anempfehlend, ging er dahin. Auch der Mitbrüder gedachte er, die auch mit dem Tode gerichtet: Manz, Hut, Langenmantel, Sattler, Hübmaier.

Joh. Zwick schrieb an Ambrosius Blaurer: „Summa, er ist geschickter gewesen, dann ichs ihm vertraut hätte. Item, wer nicht gewußt, daß er der Hetzer gewesen und ein Täufer, der hätte ihm nichts können anmerken. Item, herzlicherer und männlicherer Tod ist in Konstanz nie gesehen worden und viele, viele der Widerpartei waren zugegen und meinten, er werde vielleicht unsrer Lehre halb uns angefochten haben, aber nicht mit einem Wort. Der allmächtige Gott wolle mir und allen Dienern seines Wortes solche Gnade geben zu der Zeit, da er uns auch will heimsuchen." „Alles Volk", sagt Blaurer, „lobte Gott über diesen Tod. Christo sei die Ehr und Danksagung."

Eitelhans Langenmantel, aus Augsburg vertrieben, ward am 12. Mai 1528 zu Weißenhorn enthauptet. Hans Hut fand seinen Tod, indem er im Rauch in seinem Gefängnis erstickte, da man ihn von der Marter scheinbar tot aufs Stroh legte und ein Licht daneben stellte. Sein Leichnam ward im Dezember 1527 auf der Richtstatt zu Augsburg verbrannt.

Melchior Rink starb im Gefängnis in Hessen. Melchior Hoffman im Gefängnis in Straßburg. Auf seine Geschichte und Wirksamkeit, die sich mehr auf Niederdeutschland erstreckte, kommen wir im nächsten Abschnitt.

Leonhart Schiemer, der erste Täuferbischof in Oberöstreich, ward zu Rattenberg hingerichtet. Hans Schlaffer zu Schwatz.

Leonhart Kaiser, den Luther, in der irrigen Meinung, er sei ein Lutheraner gewesen, einen heiligen Märtyrer nennt, der mit Demut und großer Sanftmut gegen seine Feinde gestorben sei, ward 1527 verbrannt. Die Täufergeschichte berichtet, er habe unterwegs ein Blümlein abgebrochen und zum Richter gesprochen: „Da brech' ich ein Blümlein ab, wofern das und ich verbrennen, so sei euch das ein Zeichen, daß mit mir recht gehandelt worden ist. Wo aber ich und das Blümlein nicht verbrennen, sondern das Blümlein in meiner Hand unverbrannt behalten wird, so gedenkt, was ihr gehandelt habt!" — Darnach hat man viel Klafter Holz mit ihm verbrannt, aber er ist nicht verbrannt. Demnach aber hat man noch einmal so viel Holz genommen, aber man konnte ihn nicht verbrennen, allein sein Haar verbrannte und die Nägel an den Fingern wurden etwas braun. Das Blümlein hatte er noch so frisch in der Hand, als er es abbrach. Und da man seinen Leib wischte, ging Ruß herab und war darunter noch schön weiß. Darnach ward er in Stücke gehauen und die Stücke ins Feuer geworfen. Die sind auch nicht verbrannt. Da haben die Henker sie in den Fluß Inn geworfen. Den gemeldeten Richter überkam dadurch ein solcher Schrecken, daß er nimmer in seinem Amt bleiben wollt, übergab's und zog sich weg."

In Mähren fanden die Brüder eine zeitlang einen Zufluchtsort, viele aus Deutschland, besonders aber aus Tyrol und der Schweiz zogen dort hin. Hier fanden die Ansichten der äußersten Partei der Schweizerbrüder in der Gütergemeinschaft eine Verwirklichung. In Nikolsburg erhielt sich die gemäßigtere Partei Hübmaiers, aber in Austerlitz, Auspitz und andern Orten gründeten die Täufer Haushaben (gemeinsame Wohnungen), später auch in Nikolsburg. Nach schweren Verfolgungen blühten in Mähren die Gemeinen eine zeitlang und wurden ein Sammelplatz für die verfolgten Täufer. Über die weiteren Schicksale der Täufer in Mähren werden wir später hören.

Die Verfolgung wütete nun auf allen Seiten. In Tyrol waren bis zum Jahre 1531 schon 1000 hingerichtet, zu Ensisheim 600, zu Linz in sechs Wochen 73; Herzog Wilhelm von Baiern gab den entsetzlichen Befehl: „Wer widerruft, wird geköpft, wer nicht widerruft, wird verbrannt." Auch in der Schweiz, Schwaben und Sachsen wurden die Brüder hart verfolgt, ja oft wie das Wild gehetzt. „Doch," sagt Cornelius, „wurden die Brüder durch die Verfolgung nicht erschreckt, noch niedergebeugt; hunderte ertrugen, wie Spitlmaier von Nikolsburg, die grimmige Pein der Folter, ohne ein Schmerzgefühl zu äußern, nur Gott preisend und lobend, daß er ihnen solches zuschicke; und Hunderte, ohne Unterschied des Alters oder Geschlechts, verschmähten ihr Leben durch das Wort des Widerrufs zu erkaufen, und gingen fröhlich, wie der schöne Jüngling Joachim zu Eßlingen, unbewegt von den Schrecken des Todes wie von den Tränen der Ihrigen, Psalmen singend, zum Richtplatz."

"Indem der Tod ihre Reihen hinmähte, sproß aus dem Blut wieder eine lebendige Saat empor. ‚Ihre Kirche,‘ erzält Sebastian Frank, ein Zeitgenosse, ‚nahm zu und wurde groß, denn da sie so geduldig litten, meinte jedermann, ihre Sache wäre recht und sie allein die wahren Christen.‘ Der Geist aber, der sie beseelte, wurde stärker und unüberwindlicher mit jedem Haupt, das zum Opfer fiel. Denn mächtiger noch als die Lehre wirkten die Taten der Vorangegangenen, und enger noch als durch die Werke der Liebe wurden die Brüder vereint durch das Bewußtsein ihres gemeinsamen Schicksals und durch die Geschichte ihrer Kirche, so kurz an Zeit, so reich an Leiden, so eintönigen und so ergreifenden Inhalts." Ein Täufer schreibt: „Die Welt tobt und dichtet Lügen auf uns und erschreckt uns mit Brennen und Morden. Wir sind zerstreut wie die Schafe, die ihren Hirten verloren; wir schweifen in den Wäldern umher; wir haben in Felsen und Steinklüften, gleich den Nachtraben, unser Gemach. Man stellt uns nach wie den Vögeln in der Luft, man spürt uns auf mit Hunden, man führt uns gefangen und gebunden wie die stummen Lämmer. Durch Todesangst und Jammer eilt die Braut des Herrn zum hochzeitlichen Abendmal."

Verlor die Gemeinschaft der Täufer so zunächst nicht an Zal, so war eine natürliche und sehr nachteilige Folge, daß sie aller Führer und bedeutenden Männer beraubt wurde, daß ihr die Übereinstimmung in Lehre und Leben verloren ging und sich anstatt einer großen Gemeinschaft, viele selbstständige Einzelgemeinen bildeten, denen einzelne Männer, Orts= und Zeitverhältnisse, ihren Stempel aufdrückten, so daß es bis auf den heutigen Tag den Brüdern aus verschiedenen Gegenden mit verschiedenen Ansichten, Sitten und Gebräuchen oft schwer wird, sich ineinander einzuleben und die besondere Eigenart nicht als Trennungsgrund zu betrachten. Grade dieser Mangel an hervorragenden Führern ließ Verführer bei den armen und gehetzten Verfolgten um so leichter Eingang finden, und bereitete den Boden für die Wirksamkeit eines Melchior Hoffman und seiner Prophezeiungen; eines Hans Hut, und endlich jener schändlichen Verführer, des Jan Matthys und des Johann Bockelson von Leyden, der so viele, arme Betrogene mit seinen zuchtlosen Schaaren ins Elend brachte.

„Während es in gewissen Momenten", sagt Keller, „den Anschein gehabt hatte, als könne die neue Gemeinschaft der Brüder in Kirche und Staat zu dauerndem Einfluß gelangen, sah man jetzt den ehemaligen Schwung der religiösen Begeisterung hinsiechen und ermatten. Im Jahre 1530 war das Schicksal der oberdeutschen Täufer entschieden; zerstreut, vernichtet, zersprengt, fristeten die überlebenden Genossen ein kümmerliches Dasein; in abgelegenen Winkeln, unter dem Schutz des Waldes und der Nacht vereinigten sich die Reste zu traurigen Zusammenkünften und gedachten mit Schmerz der Brüder, welche für die gemeinsame Sache in den Tod gegangen waren."

Vierter Abschnitt.
Melchior Hoffman und sein Einfluß.

Sein erstes Auftreten in Livland in Holstein, Vertreibung vom dänischen Königshof. — In Straßburg, Täufer. — In Emden, Befehl gegen die Täufer dort. — Hoffman in Straßburg gefangen. — Kaspar von Schwenkfeld, Religionsgespräch. — Hoffman und die Münsterschen. — Sein Tod. — Obbe Philipps Urteil über ihn.

Der Mann, welcher in Niederdeutschland am meisten zur Bildung von Täufergemeinen beigetragen und anfangs auf dieselben den größten Einfluß ausgeübt hat, ist Melchior Hoffman. Eine eigentümliche Persönlichkeit, die eine segensreiche, aber unlengbar auch eine höchst schädliche Einwirkung auf die Täufergemeinen Niederdeutschlands hatte.

Melchior Hoffman war geboren in Hall in Schwaben, betrieb das Kürschner-Handwerk in Waldshut, wo er sich in das Studium der heiligen Schrift vertiefte und anfing, mit Ernst, Eifer und sittlicher Strenge das Evangelium zu verkündigen. Er kam nach Zürich, fand aber bei Zwingli keine gute Aufnahme. Er reiste nach Emden, von da mit Knipperdolling aus Münster nach Schweden, floh nach Livland, wo er dem Evangelium oder der Reformation zum Durchbruch verhalf, obwol er sehr verfolgt wurde. In Dorpat befreite ihn das Volk, stürmte das Schloß und plünderte die Kirchen. Hoffman ging nach Wittenberg und mit Empfehlungen von Luther und Bugenhagen versehen wieder nach Livland. Indem er sich viel mit den Propheten beschäftigte, hielt er sich selbst für einen Propheten. Mit glühender Begeisterung, heiligem Eifer und ernster Sittenstrenge predigte er das Wort Gottes. Er mußte nach Schweden und von da nach Holstein fliehen. Hier erwarb er sich die Gunst des Königs von Dänemark, der ihn zum

Prediger für Holstein in Kiel ernannte. Zwei Jahre arbeitete er
nun in Ruhe mit gutem Erfolg durch Wort und Schrift. Da zog
er den Haß der Lutheraner auf sich, indem er eine der zwinglischen
ähnliche Lehre vom Abendmal entwickelte, und leugnete, daß das
Brod im Abendmal Christi Leib sei; es bedeute ihn nur, sei ein
Bild oder Zeichen des Leibes Christi.

Der Kronprinz berief eine Versammlung, zu welcher auch
Bugenhagen kam. Hoffman blieb bei seiner Lehre und verteidigte
sie gut. Der König, wenn auch ungern, verwies ihn des Landes
und er ging den 9. April 1529 nach Straßburg.

Wie wir schon früher sahen, war hier eine große Täufer=
gemeine. Hoffman kam als Zwinglianer hin; am 30. Juni 1529
schrieb Butzer an Zwingli: „Es ist jetzt einer hier, der in Däne=
mark, Schweden und Livland Luthers magische Meinung mit Eifer
und Glück bekämpft hat. Der König von Dänemark selbst, viele
von den Dienern der Kirchen und von den Vornehmen, und der
gemeine Mann fast insgesamt, verehren jetzt den Heiland zur
Rechten des Vaters. Der Sohn des Königs mit etlichen anderen
leisteten Widerstand, nahm Bugenhagen zu Hülfe und wies diesen
Bruder, darum weil er ein Laie ist, aus dem Lande. Es sind
aber dort noch sehr viele vorhanden, welche die Wahrheit kennen."

Die neue Freundschaft dauerte jedoch nicht lange, da die Pre=
diger von seinen Weissagungen nichts wissen wollten und ihm
rieten, zu seinem Handwerk zurückzukehren.

So erkannte Hoffman, daß er weder mit dem lutherischen noch
zwinglischen Kirchentum Hand in Hand gehen könne, und als er
nun mit den Täufern bekannt wurde, die in manchen Hinsichten
seinen Ansichten, namentlich von der christlichen Gemeine und Kir=
chenzucht entsprachen, so schloß er sich im Jahre 1530 bei seiner
Rückkehr von Emden ihnen an, und reichte am 23. April 1530 eine
Bittschrift an den Rat ein, er möge den Täufern eine Kirche über=
lassen. Bald machte sich seine Wirksamkeit in der Gemeine geltend,
da aber nicht alle Glieder seine Weissagungen und seinen Beruf
anerkennen wollten, so gab es eine Spaltung. Der größere Teil
der Gemeine schloß sich Hoffman an, dessen Einfluß zunahm, als
Pilgram Marbeck, der tüchtige, bisherige Vorstand, vertrieben
wurde, und als nach jeder Wanderung Hoffmans in die Nieder=

lande begeisterte Jünger mit ihm zurückkehrten und von seinen Siegen und Erfolgen erzählten.

Im August 1529 taufte er in Emden 300 Personen. Vor seiner Ankunft in Emden hatte Hoffman, wie es scheint, nicht getauft. Wahrscheinlich wurde er von Melchior Rink getauft, der vor Hoffman in Emden wirkte.

Obwol Hoffman mehrmals Veranlassung zu Aufrur gab, und durch seine unklaren, oft kriegerischen Weissagungen die Keime zu späteren Mißverständnissen und Aufrur legte, war er selbst doch entschieden gegen den Aufrur. Er sagt: „Wer mit dem Schwert ficht, wird mit dem Schwert gerichtet, wo sie nicht mit herzlichem Leid wiederkehren; denn der Christ, welcher voll ist des Glaubens, tut niemand Böses, ist auch kein Vergelter des Übels, denn er weiß, daß Gott spricht: „Mir gehört die Rache, ich will vergelten Böses und Gutes." — In Bezug auf die Obrigkeit sagt er: „Soll man die Obrigkeit nicht fürchten? Soll man ihr nicht gehorsam sein? Du sollst sie fürchten, wenn du Böses tust, aber wenn du Gutes tust, nicht. Du sollst ihr auch im Guten, das nicht wider Gott ist, gehorsam sein. Wären lauter Christen in der Welt, so würde man des Schwertes nicht bedürfen. Da aber das nicht ist, so muß das Schwert Gottes Dienerin sein, es soll aber allein bei den Übeltätern gebraucht werden."

Auch was die Gemeine und das Schwören betrifft, stimmte er mit den Täufern.

Im Januar 1530 erließ der Graf von Ostfriesland, der bisher Hoffman, welcher sich vor ihm verantwortet hatte, und die Täufergemeine geduldet hatte, ein Mandat gegen sie, doch nach Hoffmans Abreise. „Jederman, der mit der Sekte der Wiedertäufer behaftet sei, solle vor dem 2. März, bei Verlust Leibes und Vermögens, die Grafschaft Ostfriesland verlassen."

Hoffman war nach Straßburg gegangen, aber noch zweimal zog er nach Norddeutschland, und seine begeisterten Predigten fanden begeisterte Anhänger, sowie auch seine prophetischen Schriften viele Leser. Doch auch jetzt lehrte er: „Daß einige die Obrigkeit nicht in ihrer rechten Verordnung respektiren wollen, ist solche Blindheit, daß sie den Unterschied nicht sehen können in den Ämtern. Das Schwert und die Strafe ist eine Notwendigkeit über strafwürdiges Tun, deshalb darf und soll auch jeder Rechtschaffene der Obrigkeit förderlich und solcher Notwendigkeit halber nicht hinderlich sein, damit sie erhalten bleibe und nicht geschädigt werde, obwol ein rechter Christ ihrer nicht bedarf. Dieser wird der Obrigkeit nicht allein um des Schutzes willen und um anderer Dinge willen dienen und gehorsam sein, sondern auch Gewissens halber."

Hoffman ward in Straßburg 1533 gefangen genommen, doch wurde sein schriftlicher und mündlicher Verkehr mit den Brüdern anfangs nicht verhindert, nachher wurde aber seine Haft verschärft. Mit Eifer studierte er die Offenbarung Johannes und suchte sie auf die Jetztzeit anzuwenden. Propheten und Prophetinnen standen in Straßburg auf. Hoffman legte ihre Worte und Geschichte aus und sandte sie nach Niederdeutschland. Es scheint, daß er eine zeitlang nicht geisteszurechnungsfähig war. Im Verkehr mit Kaspar Schwenkfeld von Ossing und Sebastian Frank, beruhigte er sich etwas. Auf Schwenkfelds Veranlassung wurde ein Religions= gespräch zwischen Hoffman und Schwenkfeld einerseits und den Straßburger Predigern andererseits, am 11. Juni 1533, gehalten. Hoffman verteidigte sich mit gewohnter Gewandtheit. Er vertrat hier eine Lehre von der Menschwerdung Christi, die auch Menno später mit Wort und Schrift verteidigte. Die Folge des Gesprächs war, daß Schwenkfeld verbannt, Hoffman zu lebenslänglichem Gefängnis verurteilt wurde.

Als Hoffman erfuhr, wie schrecklich sich die Dinge in Nieder= deutschland gestalteten, und was zu Münster geschah, da donnerte er mit heiligem Zorn gegen die Rotte Korah, sagte, derselbe Unter= gang, der Dathan und Abiram ereilt, werde auch sie treffen; aber ein neuer Prophet hatte dort Einfluß gewonnen und Hoffmans Worte verhallten ungehört. Die Prediger Zell und Hedio besuchten Hoffman fleißig, suchten sein Gefängnis zu erleichtern, und wie es scheint, sah er den Irrtum seiner Weissagungen ein. Er lebte noch im Jahre 1543 im Gefängnis. Seiner Anhänger wird in 1555 bei der großen Versammlung von Täuferlehrern Erwähnung getan.

An vielen Orten hat er durch seinen Ernst, seinen Eifer, seine selbstaufopfernde Treue Segen gestiftet, aber dadurch, daß er seine Schwärmereien nicht in Zucht hielt, hat er durch seine Weissagun=

gen auch manchen Schaden angerichtet, und wurde die Ursache, daß Verführer, wie Jan Matthys und Johann von Leyden, so viele arme betörte und durch diese Weissagungen erregte Seelen in ihr Netz und ins Verderben ziehen konnten.

Obbe Philipps, der selbst ein Anhänger Melchior Hoffmans war, schreibt von ihm: „Der allergnädigste Gott mag seiner armen Seele gnädig sein, und sich über dieselbige erbarmen; denn ein jeder verständige Mensch kann leicht erachten, wie ihm muß zu Mute gewesen sein, da die Zeit der Prophezeiung verlaufen war, und er keine Erlösung, Hülfe noch Trost bekam; auch von allem dem, was er aus der Propheten und Prophetinnen Mund vorgab, nichts erfolgte: sondern er endlich alles in der Tat falsch und lügenhaft befand, daß er mit all ihren Geschichten, Prophezeiungen, Sendungen, Träumen und Elias-Amt betrogen war. Daher auch mein Herz bis auf den heutigen Tag mit ihm und aller Betrübnis seiner Seele Mitleiden trägt, so ihm fürwahr viel weher getan, als alle Verfolgung und Tyrannei, wie alle Verständigen bei sich selber leichtlich werden ermessen können. Dieser Melchior, so Elias sein sollte, wurde gänzlich verachtet und von den Brüdern vergessen."

Fünfter Abschnitt.
Die Täufer in Niederdeutschland und die Ereignisse von Münster in ihrem Einfluß auf die Täufer.

Vorbereitung des Bodens für die Täufer in Niederdeutschland. — Gerhard Groote, Brüder des gemeinsamen Lebens. — Thomas a Kempis. — Johannes Wessel und die Zwinglische Abendmahlslehre. — Heinrich Rode. — Jan Volterts, genannt Trypmaker. — Sein Tod. — Jan Matthys, — Obbe Philipps. — Zustände in Münster. — Bernhard Rothmann. — Rothmann Täufer. — Jan Matthys in Münster. — Jan Bockelson von Leyden. — Sind die Mennoniten Abkömmlinge der Münsterschen? — Folgen der Münsterschen Greuel für die friedlichen Täufer.

In Niederdeutschland traten die Täufer erst später hervor als in Oberdeutschland, nicht daß nicht ebenso früh schon die Grundsätze der Taufgesinnten verbreitet waren, aber zu Gemeinebildungen kam es, wie es scheint, erst später.

Schon lange war der Boden für die Grundsätze der Täufer hier vorbereitet. Seit Jahrhunderten waren in den Niederlanden Waldenser- oder Brüdergemeinen, wenn auch aufs äußerste verfolgt, so scheinen sich doch, wie in der Schweiz, Reste dieser Gemeinen der Gläubigen erhalten zu haben, und viele spätere taufgesinnte Schriftsteller leiten die Entstehung der Taufgesinnten Gemeinen in Niederdeutschland auf diese Reste der Waldenser zurück. Wie dem auch sei, daß hier eine evangelische Strömung vor der Reformation bestanden, ist sicher. Zu Anfang des fünfzehnten Jahrhunderts war es Gerhard Grote von Deventer, welcher es wagte zu behaupten, daß: „Die Wurzel des Studiums und der Spiegel des Lebens in erster Linie das Evangelium Christi sein müsse."

Er wurde der Gründer einer Genossenschaft, die sich „Brüder des gemeinsamen Lebens" nannten. Sie hatten weder Regel noch Gelübde, gründeten aber in vielen Städten Brüderhäuser. Sie beschäftigten sich hauptsächlich mit dem Unterricht der Jugend und legten demselben die heilige Schrift zu Grunde, und das Abschreiben der Bibel war eine häufige Arbeit, wie sie denn nach der

Erfindung der Buchdruckerkunst diese betrieben. Sie hielten auch Versammlungen, in welchen das Evangelium in der Landessprache verlesen wurde. Thomas a Kempis, ein Zögling der Brüder zu Deventer, gestorben 1471, schrieb die berühmte „Nachfolge Christi", nächst der Bibel das weitverbreitetste Buch. Einer der Brüder, Johannes Wessel von Groningen, schrieb gegen die Kirchenlehre vom Abendmal und vertrat die Ansicht, welche später als die Zwinglische bekannt wurde. Zwingli erhielt Wessels Buch im Jahre 1521 und scheint seine Ansicht daraus entnommen zu haben, daß nämlich Brot und Wein Zeichen der Gegenwart Christi sind, aber keine Verwandlung in Christi Leib und Blut stattfindet. Auch Erasmus war in einem Bruderhaus gebildet.

Im Jahre 1523 finden wir im Freundeskreise zu Basel Heinrich Rode oder Rodius, der die Schriften Wessels mitbrachte. Damals wurde eine niederländische Bibel und ein Buch von Hübmaier in niederländischer Übersetzung zu Basel gedruckt. Heinrich Rode wie Joh. Rode waren Brüder des Bruderhauses zu Utrecht gewesen. Heinrich Rode beredete Jürgen Wullenweber von Lübeck zur Wiedertaufe. Lubbert Kansen rüttelte schon 1525 in Münster an der Kindertaufe. Melchior Rink kam schon 1524 nach Emden, wo ihn 1529 Melchior Hoffman fand und wol durch ihn für die Täufer gewonnen wurde.

Von Hoffmans Wirksamkeit in Emden haben wir schon gesprochen. Bei seinem Weggange von Emden 1530 setzte er Jan Volkerts, genannt Trypmaker, als Ältesten ein. Dieser mußte fliehen und ging nach Amsterdam, wo im folgenden Jahre auch Hoffman erschien. Volkerts lehrte und taufte hier über ein Jahr lang ungestört, dann erhielt der Hof von Holland Kenntnis von seinem Wirken, das sich auch auf benachbarte Ortschaften des Waterlandes erstreckte und forderte den Bezirksrichter von Amsterdam zur Verfolgung auf. Dieser fand Volkerts nicht zu Hause, derselbe stellte sich darauf freiwillig, bekannte sich als Täufer und bot sich zur Haft an, worauf er nach dem Haag geschickt wurde. Von der jungen Frau des Richters gewarnt, entkamen die meisten Täufer, nur neun wurden zwei Wochen später mit Volkerts enthauptet. Ihre Köpfe wurden nach Amsterdam gesandt und an einer weit sichtbaren Stelle auf Stangen im Kreise um den hoch über den andern in die Mitte gestellten Kopf des Predigers aufgepflanzt. Trotz des Befehls der Regierung beteiligte sich der Bezirksrichter hierbei nicht, und der Bürgermeister gab laut seine Entrüstung zu erkennen.

Hoffman, der sich selbst den Elias nannte, prophezeite, es werde ein Henoch kommen. Von dieser Prophezeiung machte ein Bäcker, Jan Matthys von Haarlem, Gebrauch und gab sich für Henoch aus; er verstieß seine alte Frau und heiratete eine junge, schöne; sandte Apostel aus und gewann bald einen Anhang. Um die Möglichkeit dessen erklären zu können, wollen wir ein Wort Obbe Philipps aus seinem Bekenntnis hier anführen. Er sagt: „Indem nun diese Unterrichtungen und Vertröstungen mit allen Gesichten, Träumen und Offenbarungen täglich unter den Brüdern im Schwange gingen; so war bei uns nicht eine kleine Freude und Hoffnung, weil wir hoffeten, es würde alles wahr und erfüllt werden. Denn wir waren alle unerfaren, einfältig, ohne alle Arglistigkeit und wußten von keinen falschen Gesichten, Prophezeiungen und Offenbarungen zu sagen. Wir meinten in der Einfalt, es wäre alles gut, und dürften nirgends für sorgen, wenn sie sich nur hüteten vor den Papisten, Lutherischen und Zwinglischen. Deswegen bringt Erfarung einem Menschen große Weisheit."

Während M. Hoffman Gehorsam gegen die Obrigkeit und demütiges Leiden predigte, verkündigte dagegen Jan Matthys: „Es würde kein Christenblut mehr auf Erden vergossen werden, sondern Gott wollte in kurzer Zeit alle, die Blut vergossen hätten, alle Tyrannen und Gottlosen von der Erden ausrotten." Mit diesem Jan Matthys hätte es wol schnell ein Ende genommen, wenn nicht grade zur günstigen Zeit der Münstersche Aufrur entstanden wäre, wo er ein günstiges Feld für seine Prophezeiungen fand.

Es ist hier nicht der Ort, um näher auf die Münsterschen Greuel einzugehen, aber sofern sie mit der Geschichte der Täufer in ihrer Ursache oder in ihren Folgen sich berühren, müssen wir sie hier erwähnen.

Die Stadt Münster hatte sich gegen die katholische Partei, an deren Spitze der Landesherr, der Fürstbischof von Münster stand, die Freiheit des Evangeliums erkämpft. Im Vertrage vom 14. Februar 1533 wurde Münster eine evangelische Stadt. An der Spitze der evangelischen Prediger stand Bernhard Rothmann. Dieser war ein eigentümlicher Charakter, den Cornelius folgendermaßen beschreibt: „Bernt Rothmann war weder ein Apostel noch ein Schwärmer, sondern ein nüchtern, verständiger Mensch von kühlem Herzen und klarem Blick. Die außerordentliche Stellung, die er in Münster einnahm, verdankte er seiner vielgewandten, formenmächtigen Redekunst und dem Bunde mit den Leidenschaften des Volkes, nicht der Gedankenfülle und Willenskraft eines gewaltigen Geistes oder dem hinreißenden Schwung eines tief ergriffenen Gemütes. Solche Naturen aber sind nicht fähig, in den hohen Angelegenheiten der Menschheit eine selbständige Leitung zu übernehmen; indem sie zu führen glauben, dienen sie andern als Werkzeug. Fremder Einfluß, dem seine innere Haltlosigkeit den Zugang öffnete und sein Ehrgeiz den Bügel hielt, hatte ihn von einem theologischen Standpunkt zum andern, von der katholischen Lehre zur lutherischen, zur zwinglischen, zur wassenbergischen getrieben, ohne daß eine innere Entwicklung seines Geistes diesen Wandlungen entsprach. Nur die rationalistische (Verstandes=) Seite der neuen Anschauungen vom Abendmal und Taufe konnten seinem Wesen zusagen, aber der Kern der Theologie seiner wassenbergischen (Täufer) Freunde, ihre Mystik, blieb ihm unzugänglich. Dennoch schwang er sich an ihre Spitze und begab sich, um den Ruhm der Führerschaft zu genießen, der Tat nach in die Knechtschaft fremder Bestrebungen."

Er selbst war sich schon ziemlich früh seiner gefährlichen Stellung bewußt und riet seinem Freunde Cotius nach Lemgo zu gehen, denn „es will hier nicht gut werden."

In Münster hatte der Bürgerstand über Geistlichkeit und Adel gesiegt, nun erhob sich der vierte Stand, die Niedrigsten im Volk, um die Herrschaft zu erlangen, und da er glaubte, in den religiösen Bewegungen der Zeit einen Bundesgenossen zu finden, so zog die gesellschaftliche Umwälzung ein frommes Gewand an. Melanchthon sagte am 29. August 1530: „Den Reichsstädten ist es nicht um die Religion zu thun, sondern nur auf Herrschaft und Freiheit ist ihr Streben gerichtet."

Nachdem sich Rothmann den Wassenberger Täuferpredigern angeschlossen, machten sich auch die Lehren von der gegenseitigen Unterstützung auf Grund der christlichen Nächstenliebe geltend und wie diese biblische Lehre in Mähren in gezwungene Gütergemeinschaft ausartete, so auch in Münster. Was Anfangs in christlicher Liebe und Aufopferung geschah, ward später gefordert. Die Aussicht auf Teilung der Güter trieb den Rest der Münzerschen durch Hans Hut neuerregten Anhänger nach Münster, mit diesen trafen die Gesandten des Jan Matthys zusammen und verkündigten die Lehre des neuen Propheten. Er selbst kam und fiel später im Kampfe, seine Stelle nahm Johann Bockelson von Leyden, der sein Jünger gewesen, ein. Die Einwohner von Münster wurden nach und nach fast ganz vertrieben, die fremden Taugenichtse und die bethörten Holländer wurden Herren der Stadt. Der Communeaufstand in Paris bietet uns ein ähnliches Bild der Pöbelherrschaft unter ähnlichen Verhältnissen. Johann von Leyden machte sich endlich zum König des neuen Zion, Münster, und die Greuel seiner Herrschaft stehen als warnendes Beispiel der Pöbelherrschaft in der Geschichte da.

Daß die Lehren und Taten eines Johann von Leyden im stärksten Gegensatz zu den Lehren der sittenstrengen, wehrlosen Täufer standen, hindert die Feinde der Täufer nicht, dieselben für dessen wahnwitzige Greueltaten verantwortlich zu machen, oder gar ihren Ursprung daher zu leiten.

Auf die Frage: „Ob die Mennoniten oder Taufgesinnten mit der aufrürerischen Münsterischen Rotte als ein Volk anzusehen seien?" gibt ein lutherischer Prediger, Jehring, der sich mit ihrer Geschichte beschäftigt hat, folgende Antwort: „Daß die Taufgesinnten eben von der Münsterischen Rotte erst ihren Ursprung sollten genommen haben, wie einige wollen, kann nicht sein, indem schon vor derselben viele Taufgesinnte in den Niederlanden und den jetzt vereinigten Provinzen gewesen, wie bekannt ist. Es scheinet aber aus allen Umständen, daß die Münsterischen zum Teil vor ihrem Aufrur mit den übrigen Taufgesinnten einen Körper ausgemacht; hernach aber von diesen ausgegangen und abgetreten, und daher als ein besonderes Volk und Sekte anzusehen seien. Denn wie damals fast ein jeder Lehrer oder besondere Gemeine unter ihnen absonderliche Lehren trieben, also ist es auch der Münsterischen Gemeine gleichfalls ergangen, daß sie, da es ihr nach ihrem verkehrten Sinn ging, mit der Zeit für sich in die greulichsten Irrtümer und Laster verfallen, als zur Gemeinschaft der Güter, Vielweiberei, Empörung wider die Obrigkeit, Vorgeben eines sichtbaren Reiches Christi auf Erden und dergleichen. Welche vorhin die Taufgesinnten noch nie einstimmig gelehrt und gebilligt hatten; sondern unter den Münsterischen während der Zeit ihres Aufrurs bei dieser oder jener Gelegenheit nach und nach entstanden sind, wie aus der Geschichte des Aufrurs deutlich erhellt; denn die Gemeinschaft der Güter führte Jan Matthys ein, damit er einen großen Anhang bekommen könnte; die Vielweiberei wurde von Johann Bockelson gestiftet (um seiner Sinnenlust zu fröhnen); und so ists auch in den übrigen ergangen. Durch welche angenommene Irrtümer sie sich also von dem ganzen Körper der Taufgesinnten abgesondert. Auch haben die Mennonisten hernach niemals sich solcher Irrtümer teilhaftig gemacht, sondern vielmehr einen herzlichen Abscheu in ihren Schriften wider selbige bezeuget; ja gar von Waffen und Krieg zu führen jederzeit das Gegenteil gelehret; von den innerlichen Offenbarungen, so die Münsterischen sehr viel vorgegeben, schreiben sie auch rund heraus, daß sie niemals auf selbige etwas gehalten. Weswegen sie auch diejenigen, welche von den Münsterischen zu ihnen getreten sind, bei ihrer Aufnahme wieder getauft haben, womit sie also in der Tat selbst bezeuget, daß sie selbige nicht für Glaubensgenossen und Glieder ihrer Gemeine erkannt haben. Daher denn folglich die erschrecklichen Taten der Münsterischen den sämtlichen Taufgesinnten nicht zugerechnet, noch beide für ein Volk gehalten werden können."

Die Folge der Münsterschen Greuel waren aber für die friedlichen Täufer von der traurigsten Art, denn weil die Münsterschen und die Täufer beide die Erwachsenentaufe hatten, so mußten die armen, frommen, wehrlosen Täufer den Haß, der sich überall gegen die schändlichen Münsterschen bildete, in vollem Maße kosten; und wurden sie trotz aller Versicherungen, daß sie harmlos und wehrlos seien, bis aufs Äußerste verfolgt. Ja bis auf den heutigen Tag gibt es Feinde, die trotz besseren Wissens den Mennoniten oder Taufgesinnten die Schande der Münsterschen anzuhängen suchen.

Sechster Abschnitt.
Menno Simons und seine Wirksamkeit.

Menno und der Name Mennoniten. — Mennos Bedeutung. — Seine Geschichte. — Seine Unkenntnis der Schrift und seine Zweifel an der katholischen Abendmahlslehre. — Gewinnt den Namen eines evangelischen Predigers. — Sicke Snyders Tod. — Zweifel an der Kindertaufe. — In Witmarsum. — Mennos Auftreten gegen die Münsterschen. — Mennos Bekehrung. — Austritt aus der römischen Kirche, 1536. — Berufung zum Hirten der Täufer. — Er nimmt nach vielem Zagen mit Bangigkeit an, 1537. — Tjard Reinarts um Mennos willen getödtet, 1539. — Preis auf seinen Kopf, 1543. — Sein Mut, Geistesgegenwart und Bewahrung. — Religionsgespräch in Emden mit Joh. a. Lasco, 1543. — Menno in Köln, in Wismar. — Das Schiff im Eis. — Religionsgespräch, Wirksamkeit an der Ostsee. — Über die Menschwerdung Christi. — Versammlung in Straßburg, 1555 und 1556. — Briefe an Menno. — 50 Lehrer und Älteste. — Die Streitigkeiten über den Bann. — Leenert Bouwens.— Mennos Briefe und Stellung. — Seine letzten Lebensjahre auf dem Wüstenfelde bei Oldesloe in Holstein. — Armut und Kummer. — Menno als Redner und Schriftsteller.

Obwol wir schon genugsam gesehen haben, daß die altevangelischen Täufer oder Taufgesinnten nicht von Menno herstammen, sondern er vielmehr, wie wir sehen werden, zu ihnen übergetreten ist, so werden doch die meisten Taufgesinnten nach seinem Namen genannt; ja schon im Jahre 1544, also nur acht Jahre nach Mennos Übertritt, nennt die Gräfin Anna von Ostfriesland die Täufer Mennoniten, doch sagt van Huyzen um 1700: „Wer kann erweisen, daß Menno Simons unser Apostel ist, dem wir dergestalt nachfolgen müßten, daß wir nicht einen Nagel breit von ihm abweichen dürften oder könnten oder möchten. Wir erkennen zwar, daß er zu unserer Kirche gehöret, dennoch aber wird seine Meinung deswegen von uns nicht in allen Stücken angenommen."

Menno ist bei weitem nicht der bedeutendste Mann unserer Gemeinschaft gewesen, aber seine treue, aufopfernde, segensreiche Wirksamkeit hat mehr Spuren hinterlassen, als die irgend eines andern Mannes unserer Gemeinschaft.

Menno Simons wurde geboren zu Witmarsum bei Franeker in Friesland, im Jahre 1492 und starb, 66 Jahre alt, Freitags, den 13. Januar 1559. (Diese Angaben sind nach den entscheidenden Forschungen von Prof. de Hoop Scheffer.)

Menno war wahrscheinlich der Sohn eines Landmanns, in einer Klosterschule lernte er Lateinisch und ein wenig Griechisch. 1515 oder 1516 wurde er zum Priester geweiht. Er selbst schreibt über seinen Ausgang aus der römischen Kirche, wie folgt:

„Es ist geschehen im vierundzwanzigsten Jahre meines Alters, daß ich mich in meines Vaters Dorf in Friesland, Pingjum genannt, in den Priesterdienst begeben hatte, da auch zwei andere von gleichem Alter mit mir in gleichem Dienst stunden. Der eine war mein Pastor, zum Teil wol gelehrt, und der zweite war nach mir. Diese beiden hatten die Schrift zum Teil etwas gelesen, aber ich hatte sie die Tage meines Lebens nicht angerührt. Denn ich fürchtete, wenn ich sie läse, dann würde ich verführt werden. Siehe! ein solcher dummer Prediger war ich ungefär zwei Jahre lang. In dem darauf folgenden Jahre kam mir, so oft ich mit dem Brode und mit dem Weine in der Messe die Handlung vornahm, der Gedanke, es könne nicht des Herrn Fleisch und Blut sein. Ich hielt das für Einflüsterungen des Teufels, um mich von meinem Glauben abzubringen, beichtete es oft, seufzete und betete, konnte aber dennoch von diesem Gedanken nicht loskommen.

Die zwei vorher genannten Männer und ich haben unser tägliches Leben in Spielen und Trinken und sonstigen eiteln Werken in Gesellschaft Anderer hingebracht, wie denn leider solcher gottlosen Leute Art und Weise ist.

Wenn wir dann zuweilen etwas über die Schrift verhandeln sollten, so konnte ich nicht ein Wort ohne ihren Spott mit ihnen darüber sprechen, denn es mangelte mir gänzlich an einer eigenen Meinung, so verschlossen lag damals Gottes Wort vor meinen Augen. Endlich faßte ich den Vorsatz, ich wollte das neue Testament einmal mit Fleiß untersuchen; ich war noch nicht weit darin gekommen, als ich auch schon gewahr wurde, daß wir betrogen seien, und mein über Brod und Wein bekümmertes Gewissen wurde auch ohne alle Anweisung alsbald von seinen Zweifeln befreit, wozu jedoch insofern Luther mir hülfreich war, als er mich über-

zeugte, daß Menschengebote uns dem ewigen Tode nicht preisgeben
können. Ich schritt durch die gnadenreiche Erleuchtung des Herrn
fort, die Schrift von Tag zu Tage genauer zu erforschen und er-
langte schnell, wiewol mit Unrecht, bei einigen den Ruhm, ein
evangelischer Prediger zu sein; ein jeder suchte und begehrte mich,
denn die Welt hatte mich lieb und ich die Welt, und es hieß, daß
ich Gottes Wort predige und ein freisinniger Mann sei.

Darnach geschah es, daß ein gottesfürchtiger Held, Sicke
Snyder genannt, zu Leuwarden enthauptet wurde, weil er seine
Taufe erneuert hatte. Es klang mir wunderlich in die Ohren, daß
man von einer andern Taufe sprach. Ich untersuchte nun die Schrift
mit Fleiß, und dachte mit Ernst darüber nach, konnte aber über
die Kindertaufe keine Nachweisung finden. Wie ich dieses nun gewahr wurde, habe ich mit meinem vorgenannten Pastor eine Be-
sprechung über diesen Gegenstand gehalten, und es nach vielen
Worten soweit gebracht, daß er bekennen mußte, daß die Kindertaufe in der Bibel keinen Grund habe. Doch durfte ich meinem
eigenen Verständnis so noch nicht trauen, und habe deshalb bei
einigen alten Gelehrten gesucht, und diese lehrten mich, daß vermittelst derselben die Kinder von der Erbsünde rein gewaschen
würden. Ich prüfte es an der Schrift und fand, daß solche Lehre
gegen Christi Blut sei. Nachher ging ich zu Lutherus und wollte
bei ihm Gründe suchen; der belehrte mich, daß man die Kinder
auf ihren eigenen Glauben taufen solle; auch hier sah ich, daß es
mit Gottes Wort nicht übereinstimme. In dritter Stelle ging ich
zu Butzerus; dieser lehrte, man solle die Kinder deshalb taufen,
damit man ihrer um so sorgfältiger wahrnehme und sie in des
Herrn Wegen auferziehe. Auch hier fand ich für die Kindertaufe
keinen Grund. Bullingerus, als der vierte, wies mich auf die Beschneidung des alten Bundes hin, ich fand gleichfalls, daß diese
Meinung der Schrift gegenüber nicht haltbar sei. Als ich nun
überall fand, daß die Gottesgelehrten in ihren Ansichten so weit
auseinander gingen, und ein jeder seiner eignen Vernunft folgte,
sah ich offenbar, daß wir mit der Kindertaufe betrogen seien.

Einige Zeit nachher bin ich in ein anderes Dorf gekommen,
Witmarsum genannt, darin ich geboren bin, und zwar bin ich
aus Lust des Gewinns und aus dem Verlangen nach einem grö-

ßern Namen dahin gegangen. Ich habe dort viel ohne Geist und Liebe vom Wort des Herrn gesprochen, gleichwie alle Heuchler tun, und dadurch gleiche Jünger geweckt, eitle Prahler, leichtfertige Schwätzer, welche es ebenso wenig wie ich ins Herz aufnahmen.

Wiewol ich vieles aus der Schrift erkennen konnte, so ist mir doch diese Erkenntnis durch meine jugendlichen Begierden und unreines Leben ohne Frucht geblieben, ich suchte nur Gewinn, Menschengunst, Ruhm und Ehre, gleichwie alle tun, die in demselben Schiff fahren.

Dennoch, mein Leser, habe ich die Erkenntnis von der Taufe und dem Abendmal durch die Erleuchtung des heiligen Geistes und Gottes Gnade mit vielem Lesen und Nachdenken erworben und nicht durch andere verleitende Sekten, wie man mir Schuld gibt. Ich hoffe, daß ich die Wahrheit schreibe und keinen eiteln Ruhm suche; sofern indeß auch andere mir in dieser Sache in etwas förderlich gewesen sein mögen, so will ich dem Herrn ewig danken. Mittlerweile geschah es, wie ich beinahe ein Jahr dort war, daß etliche mit der Taufe der Erwachsenen hereinbrachen, von wo aber die Ersten, die damit anfingen, herkamen, ist mir nicht bekannt, ich habe sie auch mein Lebtage nicht gesehen.

Darnach ist die Münstersche Sekte hereingebrochen, wodurch viele fromme Herzen auch bei uns betrogen wurden. Meine Seele war in großer Traurigkeit, ich merkte, daß sie eiferten, aber doch in der Lehre fehlten. Ich habe mit meiner geringen Gabe mich dagegen gestellt, mit Predigen und Ermanen, so viel an mir war. Zweimal habe ich mit einem ihrer Lehrer Zwiesprache gehalten, einmal heimlich und einmal öffentlich. Aber meine Ermanungen fruchteten nicht, tat ich doch, wie ich selber wol wußte, was nicht recht war.

Das Gerücht ging von mir, daß ich ihnen den Mund sein stopfen könne. Sie beriefen sich alle auf mich; ich sah vor meinen Augen, daß ich der Unbußfertigen Vorfechter und Bürge war, und daß sich alle auf mich verließen. Das gab mir in meinem Herzen keinen geringen Schlag. Ich seufzete und betete: Herr Gott, hilf mir, daß ich doch nicht anderer Leute Sünde auf mich lade! Meine Seele wurde bekümmert, ich dachte an das Ende, was ich denn gewonnen hätte, wenn ich auch die ganze Welt gewönne und noch tausend Jahre lebte, zuletzt aber doch Gottes Zorn ertragen müßte?

Hiernach sind viele verirrte Schafe, die keinen Hirten hatten, nach vielen Verfolgungen, Würgen und Umbringen, auf einer Stelle, nahe bei meinem Orte, altes Kloster genannt, zusammengekommen, und haben leider in Folge der gottlosen Lehre von Münster, gegen Christi Geist, Wort und Beispiel das Schwert zur Gegenwehr gezogen, welches in die Scheide zu stecken dem Petrus durch den Herrn befohlen ward.

Wie nun dies geschehen war, ist das Blut derselben, wiewol sie verleitet waren, so heiß auf mein Herz gefallen, daß ich es nicht ertragen, noch Ruhe in meiner Seele finden konnte. Ich dachte über mein unreines, fleischliches Leben nach, sowie über die heuchlerische und abgöttische Lehre, welcher ich noch immer diente, wenn auch nur mit Widerstreben und ohne alle Lust.

Hierneben sah ich mit meinen Augen, daß diese eifrigen Kinder, ob sie auch einer irrigen Lehre folgten, ihren Leib und ihr Leben für ihre Überzeugung und ihren Glauben völlig hingaben. Ich war einer von denen, welche ihnen die Greuel der papistischen Lehre zum Teil mit aufgedeckt hatten, und ich blieb dennoch im Dienst dieser von mir als verwerflich anerkannten Lehre, allein darum, weil ich mein gutes, bequemes Leben nicht aufgeben und das Kreuz nicht auf mich nehmen mochte.

Als ich dies erwog, wurde meine Seele dermaßen davon gequält, daß ich es nicht länger ertragen konnte. Ich dachte bei mir, ich elender Mensch, was tue ich, wenn ich bei diesem elenden Wesen bleibe und des Herrn Wort und meine empfangene Erkenntnis nicht durch mein Leben wahr mache, der Gelehrten Heuchelei, ihre verkehrte Taufe und Abendmal, ihr fleischliches Leben und ihren falschen Gottesdienst nicht mit Gottes Wort nach meinen geringen Gaben Lügen strafe, den rechten Grund der Wahrheit nicht aufdecke, aus Furcht, mein bequemes Leben zu verlieren; die unwissenden, verirrten Schafe, die so gerne das Rechte tun würden, wenn sie es nur wüßten, nicht zur rechten Weide Christi, soviel an mir ist, führe; wie wird dann das im Irrtum vergossene Blut im Gericht des allmächtigen Gottes gegen mich auftreten, und über meine elende Seele Urteil und Recht sprechen! Mein Herz in mei-

nem Leibe zitterte, ich betete zu meinem Gott mit Seufzen und
Tränen, er möge mir betrübten Sünder seine Gnade geben, ein
reines Herz in mir schaffen, meine unreinen Wege, meinen Wan=
del mir um des Blutes Christi willen gnädiglich vergeben, mich mit
Weisheit, Geist, Freimütigkeit und einem männlichen Herzen be=
schenken, daß ich seinen anbetungswürdigen Namen und sein hei=
liges Wort unverfälscht predigen, und seine Wahrheit zu seiner
Ehre an den Tag bringen möge.

Ich begann darauf in des Herrn Namen das Wort einer
wahren Buße von dem Predigtstuhl zu lehren, das Volk auf den
schmalen Weg zu weisen, alle Sünde und gottloses Wesen, sowie
alle Abgötterei und falschen Gottesdienst, sowie Taufe und Abend=
mal nach dem Sinn und Grund Christi öffentlich zu bezeugen, in
dem Maße, wie mir zu dieser Zeit durch Gottes Gnade dazu Gabe
und Erkenntnis verliehen war.

Auch habe ich einen jeden vor den Münsterschen Greueln treu=
lich gewarnt, bis dahin, daß mir der gnädige Gott seinen väter=
lichen Geist, Hülfe und kräftigen Arm reichte, daß ich meinen
Ruhm, den ich bei Menschen hatte, sowie alle antichristlichen Greuel
und mein gutes, sorgenfreies Leben auf einmal ohne Bekümmernis
fahren ließ.

Darnach habe ich mich in Elend und Armut unter den Druck
des Kreuzes meines Herrn Christi willig gebeugt; nach meinem
schwachen Vermögen in Gottesfurcht gelebt, nach Gottesfürchtigen
gesucht, und einige wiewol wenige, in gutem Eifer für die Lehre
befunden, die Verkehrten zu überführen gesucht, einige durch die
Kraft und Hülfe Gottes und seines Wortes aus den Banden ihrer
Sünden erlöst, für Christum gewonnen und die Halsstarrigen und
Verstockten dem Herrn befohlen.

' Siehe, mein Leser, also hat Gott die Gunst seiner großen
Gnade an mir elendem Sünder bewiesen, zuerst mein Herz gerührt,
mir ein neues Gemüt gegeben, mich in seiner Furcht gedemütigt,
mich einigermaßen selber erkennen gelehrt und vom Pfade des
Todes auf den engen Weg des Lebens in die Gemeinschaft seiner
Heiligen aus Barmherzigkeit gerufen. Ihm sei Preis und Ehre
in Ewigkeit. Amen.

Nach einem Jahre geschah es, als ich schreibend und lesend in der Stille des Herrn Wort betrachtete, daß sechs bis acht Menschen zu mir gekommen sind, die mit mir ein Herz und eine Seele, daneben in ihrem Glauben und Lebenswandel, soviel als Menschen urteilen können, unsträflich waren; die sich von der Welt absonderten und nach dem Zeugnisse der Schrift lebten, das Kreuz auf sich nahmen und vor den Greueln der Münsterschen Sekte von Herzen Abscheu hatten. Diese haben auf Andringen anderer Gottesfürchtigen, die mit ihnen und mir in gleichem Geist und Sinn wandelten, mich dringend ersucht, ich möge doch den großen, schweren Jammer und die Not der armen bedrängten Seelen beherzigen (denn der Hunger war groß und der getreuen Haushalter wenige) und mein Pfund, welches mir der Herr ohne mein Verdienst verliehen, gewinnreich anlegen.

Wie ich dies hörte, wurde mir mein Herz sehr schwer. Bangigkeit und Bekümmernis erfüllten es allenthalben. Auf der einen Seite sah ich meine geringen Gaben und große Ungelehrtheit, die mir angeborene Blödigkeit, die große Bosheit, den Mutwillen, die Verkehrtheit und Tyrannei dieser Welt, die gewaltigen, großen Sekten, die Spitzfindigkeit vieler Geister und das jämmerlich schwere Kreuz, welches mich, so ich anfing, nicht wenig drücken würde; auf der andern Seite, den zum Erbarmen großen Hunger, Mangel und Not der gottesfürchtigen, frommen Kinder, denn es war mir offenbar, daß sie irrten, gleichwie unwissende, verlassene Schafe, die keinen Hirten haben.

Zuletzt habe ich mich ihnen, nach vielem Bitten, mit der Bedingung hingegeben, daß sie und ich zu dem Herrn eine zeitlang inbrünstig beten sollten. Wenn es alsdann sein heiliger Wille sei, daß ich ihm zu seinem Preise und Ehre dienen könne und solle, so möge seine väterliche Güte mir solch ein Gemüt und Herz geben, daß ich mit Paulo bezeugen müsse: "Wehe mir, wenn ich das Evangelium nicht predige" (Kor. 9, 16), wo aber nicht, daß er es verhindere. Denn Christus sagt: "Wo zwei unter euch eins werden auf Erden, warum es ist, das sie bitten wollen, das soll ihnen widerfaren von meinem Vater im Himmel. Denn wo zwei oder drei versammelt sind in meinem Namen, da bin ich mitten unter ihnen." (Matth. 18, 19—20.)

Siehe, mein Leser, also bin ich nicht von der Münsterschen,

noch von einer andern aufrürerischen Sekte, wie ich beschuldigt
werde, sondern von solchen Menschen zu diesem Dienst, wenn auch
unwürdig, berufen worden, die im Gehorsam Christi und seines
Wortes bereit standen, ein bußfertiges Leben in der Furcht Gottes
zu führen, die ihrem Nächsten in Liebe dienten, das Kreuz trugen,
aller Menschen Wolfahrt und Heil suchten, Gerechtigkeit und
Wahrheit liebten und Ungerechtigkeit und Bosheit flohen.

Dieses bezeugt kräftig, daß sie nicht eine so verkehrte Sekte
(wie sie gescholten wurden), sondern, wiewol von der Welt ver=
kannt, wahre Christen seien, wenn man anders glaubt, daß Christi
Wort wahrhaftig und sein unsträfliches, heiliges Leben und Vor=
bild unfehlbar und richtig sei.

Also bin ich, elender Sünder, vom Herrn erleuchtet zu einem
neuen Sein bekehrt, aus Babel geflohen und gen Jerusalem ge=
zogen, und zuletzt unwürdig in diesen hohen und schweren Beruf
getreten. Denn als nun die Vorhergenannten mit ihren Bitten
nicht nachließen und mich mein eigen Gewissen ängstigte, wie ich
den großen Hunger und die Not sah, gleichwie ich gesagt habe,
so habe ich mich mit Leib und Seele dem Herrn übergeben, mich in
seine Gnadenhand befohlen und zu seiner Zeit nach dem Gebot
seines heiligen Wortes begonnen, zu lehren und zu taufen, auf des
Herrn Acker mit meinen geringen Gaben zu arbeiten, an einer hei=
ligen Stadt und Tempel zu bauen, und habe gesucht, die ausge=
fallenen Steine wieder in ihre Stelle einzufügen.

Der große und starke Gott hat nun das Wort einer wahren
Buße, das Wort seiner Gnade und Kraft, nebst dem Gebrauch
seiner heiligen Sakramente, mittelst unseres geringen Dienstes,
unserer Lehre und ungelehrten Schreibens, neben dem sorgfältigen
Dienst, Arbeit und Hülfe unserer getreuen Mitbrüder in vielen
Städten und Ländern offenbar gemacht. Er hat die Gemeine so
gedeihen lassen, und sie mit solcher unüberwindlichen Kraft ausge=
rüstet, daß viele stolze Herzen nicht allein demütig geworden, die
Unreinen nicht allein keusch, die Trunkenen nüchtern, die Heftigen
und Hartherzigen milde und gütig, die Gottlosen gottesfürchtig,
sondern daß sie auch um des ihnen gegebenen herrlichen Zeugnisses
willen Gut und Blut, Leib und Leben getreulich verlassen haben,
gleichwie auch zu dieser Stunde noch täglich gesehen wird. Dies

nun sind doch keine Früchte noch Zeichen einer falschen Lehre, worin
Gottes Kraft nicht wirksam ist; sie hätte auch unter so schwerem
Kreuz nicht so lange bestehen können, wenn es nicht des Aller=
höchsten Wort und Kraft wäre, die sich in ihnen mächtig erzeigte."

Eine solche Wirksamkeit konnte nicht lange unbemerkt bleiben.
Auf den Kopf eines jeden Täuferpredigers war ein Preis von 12
Goldgulden gesetzt. Schon im Jahre 1539 wurde Mennos Freund,
Tjard Reinarts, weil er Menno beherbergt und sich vor Gericht
als Täufer bekannt, zu Leuwarden gerädert. Wenn man bedenkt,
daß Menno erst am 12. Januar 1536 sein Amt als Priester nieder=
legte und erst 1537 Ältester oder Bischof der Taufgesinnten wurde,
so sieht man, welche Bedeutung er in den Augen seiner Feinde in
den zwei Jahren bekommen.

In dieser Zeit war Menno keinen Tag seines Lebens sicher,
besonders nachdem im Jahre 1543 ein Preis von 100 Goldgulden
auf seinen Kopf gesetzt und allen Verbrechern für seine Einlieferung
Straffreiheit versprochen.

Aus dieser Zeit stammen wahrscheinlich jene Geschichten, die
seine Geistesgegenwart, seinen Mut und die göttliche Bewahrung,
die ihm zu Teil wurde, schildern.

Einst fuhr er, um seinen Verfolgern zu entgehen, auf einem
Wagen, diese holten den Wagen ein und fragten, ob Menno im
Wagen sei. Er drehte sich um und sagte: „Die Leute möchten
wissen, ob Menno im Wagen sei." Natürlich war die Antwort:
„Nein." Nun sprach er zu den Häschern: „Sie sagen, Menno ist
nicht im Wagen." Die Verfolger eilten weiter. — Einst kam er
an ein Kloster, an dessen Pforte eine Aufforderung und ein Preis
für seine Ergreifung angeschlagen waren. Menno ging hinein,
hielt den Mönchen eine ernste Bußpredigt und ging wieder von
dannen. Ein ander Mal hatte ein Verräter eingewilligt, ihn in
die Hände seiner Feinde zu überliefern; wie denn Menno mehr=
mals durch falsche Freunde verraten wurde, ohne doch gefangen zu
werden. Zuerst suchte er ihn bei einer Versammlung zu ergreifen,
dieses schlug jedoch fehl und Menno entkam in einer fast wunder=
baren Weise. Bald nachher fuhr ihm der Verräter, in Begleitung
eines Beamten, in einem kleinen Boote auf dem Kanale vorbei.
Aber der Verräter blieb ruhig, bis Menno eine ziemliche Strecke

von ihm entfernt, und bereits ans Land gestiegen war, um mit weniger Gefahr zu entkommen. Dann rief der Verräter aus: „Siehe, der Vogel ist uns entwischt." Der Beamte züchtigte ihn, nannte ihn einen Schurken — und fragte ihn, warum er ihm das nicht zeitig gesagt hätte; worauf der Verräter erwiderte: „Ich konnte nicht sprechen, denn meine Zunge war gebunden." Die Herren waren hierüber so entrüstet, daß sie den Verräter streng bestraften.

In 1543 wurde Menno von dem Superintendenten, Johannes a Lasco, in Emden zu einem Religionsgespräch aufgefordert. Menno kam mit seiner Frau Gertraud und Kindern. Das Gespräch verlief, wie immer, erfolglos, doch schieden sie als Freunde und a Lasco bewies sich später als Freund der Mennoniten.

Menno zog nach Köln, wo der Erzbischof Hermann von Wied der Reformation günstig war; doch als dieser 1546 entsetzt und mit Strenge der Katholicismus wieder eingeführt wurde, mußte auch Menno mit seiner kranken, schwachen Frau fliehen, und begab sich ins Holsteinische. Von hier aus bereiste er die Ostseeländer bis nach Livland mit großem Erfolge, indem er predigte, taufte und Gemeinen organisirte.

Eine zeitlang hielt er sich in Wismar auf. Im Winter 1554 saß ein Schiff mit reformirten Flüchtlingen aus England, welche in Dänemark nicht einmal eine kurze Zeit geduldet waren, im Eise vor Wismar fest. Niemand wollte ihnen helfen; da sammelte Menno Geld und Lebensmittel bei den Brüdern, ging mit seinen Gemeindegliedern hin und holten sie ans Land. Unter diesen Flüchtlingen waren a Lascos Kinder; als ein Taufgesinnter sie freundlich ins Haus nehmen wollte, sagte ihr Lehrer, das würde sich nicht schicken, denn a Lasco sei ein Mann, der viel mit Fürsten, Herren und großen Leuten zu tun habe, seine Kinder könnten bei solchen Leuten, wie sie, nicht sein; „da merkten wir wol", sagt Menno, „daß wir in ihnen die rechten, demütigen Christen nicht gekriegt hatten."

Die Reformirten verlangten ein Religionsgespräch mit Menno, das ihnen unter der Bedingung gewährt wurde, daß sie Mennos Aufenthalt nicht verrieten; sie versprachen es, hielten es aber nicht. Die Reformirten wurden als Sakramentirer von den Lutheranern aus Wismar vertrieben.

Im Jahre 1554 war eine Versammlung von Lehrern in Wismar; die sieben Ältesten, unter denen Dirk Philipps von Danzig, der durch seine Schriften, besonders das Handbüchlein, bekannt ist, faßte neue Beschlüsse über den Bann und die Meidung, oder die Kirchenzucht, über die Ehe, das Recht, Schuldforderungen einzuziehen und über das Waffentragen. Diese Beschlüsse waren den harten Bauern nicht strenge genug, den meisten, namentlich in Ober-Deutschland zu streng.

Im Jahre 1555 war eine Versammlung von Lehrern der Täufer in Straßburg, wo besonders die damals viele Gemüter bewegende Frage von der Menschwerdung Christi verhandelt wurde. Menno wie auch Melchior Hoffman hielten dafür, daß Christus sein Fleisch nicht von der Jungfrau Maria empfangen, sondern daß Gottes ewiges Wort von der Jungfrau Maria empfangen und genährt worden sei als das fleischgewordene Wort. Menno stritt über diesen Punkt mehrfach mit reformirten Predigern und schrieb auch darüber. Die Brüder in Straßburg sagen am Schlusse ihres Vertrages: „Auch wollen wir das gottlose Leben und alles Böse mehr durch das Beispiel eines christlichen Lebens und Wandels zu überwinden suchen, als durch Worte, und von nun an unterlassen, darüber zu reden, wie und auf welche Weise Christus Mensch geworden sei, statt dessen aber mit treuer Ermahnung zu solchen reden, welche neben dieser Schriftstelle noch von etwas anderem sprechen, gleichwie ihr auch bekannt und eingewilligt habt, mit uns zu tun. Über die Menschwerdung Christi sagt Menno selbst: „Ich weiß gewiß, daß, so jemand weiter laufen will, als wir ihm aus Gottes Wort bezeugt haben, der wird irre gehen u. s. w."; „es ist besser, daß man solche unermeßlichen Tiefen unergründet ließe, unter den Wolken bleibe, und nicht so mit der plumpen Vernunft in alle Himmel fahre." „Er bleibe in dieser Sache bei des Herrn Wort, durch welches er alles gemacht im Glauben empfangen habe."

In diesem Schreiben von Straßburg wird noch zum letzten Mal der Hoffmanschen Brüder Erwähnung getan, was zeigt, daß solche noch da waren, obwol seit dem Januar 1539 die meisten Vorsteher des taufgesinnten Bekenntnisses in Straßburg sich von Martin Butzer hatten überreden lassen, zur Straßburger Kirche überzutreten. Menno schrieb unter dem Eindrucke dieses Übertritts sein Buch: „Gegen das Hören der weltlichen Prediger, gegen die Kindertaufe, gegen weltliches Abendmal und solche Greuel mehr."

Im Jahre 1556 war eine abermalige große Täuferversammlung zu Straßburg. Es kamen hier 50 Lehrer und Älteste aus Würtemberg, Schwaben, Mähren, dem Elsaß, der Pfalz und der Schweiz zusammen. Einige von den Versammelten trugen noch die Malzeichen der Folter an sich und einer war dabei, in dessen Hause vor dreißig Jahren ein Vertrag mit Michael Sattler abgeschlossen worden war (von Schlatten am Randen, wahrscheinlich, Februar 1527).

In dieser Versammlung wurde über die Wismarer Beschlüsse verhandelt und an Menno deswegen geschrieben, was zeigt, in welchem Ansehen Menno auch bei den oberdeutschen Brüdern stand. Im ganzen stimmten sie den Beschlüssen bei, jedoch so, daß die Landesgebräuche dabei in Betracht gezogen werden müßten, im übrigen müsse alles nach Gottes Wort geschehen. „In Bezug auf die Meidung bei Ehegatten (daß wenn einer der Gatten von der Gemeine ausgeschlossen werde, der andere Teil ihn meiden solle), sagten sie, jeder besondere Fall müsse mit der größten Sorgfalt und nach den Worten Christi und der Apostel behandelt werden, und man müsse zuerst mit aller Bescheidenheit und nach dem Zeugnis der Schrift den schuldigen Teil zur Reue und Rückkehr zu bewegen suchen und nicht zu eilig in solcher Sache handeln. Namentlich widerrieten sie, daß in solchen Fällen von Seiten der Gemeine der Bann angewendet werde, weil dies mehr Schaden als Gewinn verursachen würde, denn das Gebot der Ehe gehe über das des Bannes."

Über den Bann oder die Kirchenzucht brachen jetzt Streitigkeiten aus. Anfangs war ein Streit zwischen den eingesessenen Friesen und den eingewanderten Flämischen, der aus der Eigenart der beiden Volksstämme entsprang, später aber bildeten die strengere oder weniger strenge Anwendung des Bannes die Ursache zu Spaltungen und gegenseitigen Ausschließungen, die bis zur Wiedertaufe der einen Partei durch die andere beim Übertritt ausartete. Die Friesen oder Groben waren später die mildere Partei, die Flämischen oder Feinen die strengere.

Leenert Bouwens vertrat die strengste Ansicht. Er war ein

tatkräftiger Mann, der über 10,000 Glieder in verschiedenen Orten
getauft hatte. Ihm zunächst stand Dirk Philipps, der anfangs mit
Menno zur milderen Ausübung neigte, gegen das Ende seines
Lebens unter Bouwens Einfluß wie Menno strenger wurde.
Menno suchte zu vermitteln und durch Briefe die aufgeregten Ge=
müter zu beruhigen, trotzdem er nach einem Beinbruche in Wismar
verkrüppelt war, besuchte er die Gemeinen in den Niederlanden
und Köln, aber ohne Erfolg. Leenert Bouwens sagte einmal zu
denen die um ihn waren, indem er seine Hand auf seinen Kopf
legte: „Menno ist uns noch nicht über den Kopf gewachsen, indem
er uns nicht folgen kann, so müssen wir ihm tun, wie andern
Lehrern getan ist." In seinen letzten Schriften merkt man den
Einfluß der harten Banner; doch soll er es auf dem Sterbebett
bereut haben, ihnen nachgegeben zu haben. Er sagte: „Wie leid
ist es mir, daß ich zur Ehemeidung meine Zustimmung gegeben
habe." In seinen früheren Schriften sagt er über den Bann: „Ich
weiß gewiß, daß, wenn wir nicht mit allem Ernste darauf gedacht
hätten, die Anhänger der münsterschen Schwärmer fern zu halten
durch das Mittel des Bannes, so wären wir jetzt nicht so rein von
den Greueln der verkehrten Sekten, welches wir jetzt vor aller Welt
bezeugen können. Ohne den Bann hätten unsere Gemeinen allen
Irrgeistern, allen Verächtern und mutwilligen Sündern offen ge=
standen, während nun das helle, klare Licht des Evangeliums in
dieser Zeit der antichristlichen Greuel uns geoffenbart wird." In
Bezug auf die Ehemeidung sagt er in einem Briefe: „O, sehet doch
zu was ihr tut, wie würdet ihr den Lästerern den Mund auftun
und welch einen schändlichen Ruf würdet ihr dem Worte des Herrn
und seiner Gemeine aufladen! Wir haben es deshalb nicht als
eine feste Lehre aufstellen wollen, weil wir wußten, was daraus
entstehen würde. Wollte man es doch dabei bleiben lassen, wie
würde ich mich freuen in meiner Trübsal. Ich will ja nach meinen
kleinen Gaben nicht ein solches Evangelium lehren, das da bricht,
sondern das da baut, und wol riecht und nicht übel. Nun habt
ihr meine bescheidene Antwort gehört, der Herr gebe euch, daß ihr
derselben nachkommen mögt in Eintracht und Frieden, nicht zu
hart und nicht zu schlaff. Zur Besserung und nicht zum Verderben
ist die Absonderung gegeben. Wenn alle mit mir eines Sinnes

wären, ach, wie sorgfältig würde dann in dieser Sache gehandelt werden! Nun aber will jeder seinem Kopf folgen, und meint, daß es der Geist der Schrift sei. O Herr, gib ihnen deinen Geist und deine Weisheit, daß sie recht sehen und urteilen mögen! Liebe Brüder, folgt meinem Rat um des Herrn willen! Der Geist der Weisheit sei mit Euch in Ewigkeit, Amen." „Der Krüppel, euer Bruder," unterschreibt er diesen Brief.

Mennos letzte Lebensjahre waren durch diese Streitigkeiten über den Bann sehr getrübt. „Ach mein Bruder Rein," schreibt er den 1. September 1557, „möchte ich einen halben Tag mit dir sprechen und dir ein wenig meiner Betrübtheit, Schmerzen und Herzeleid zu erkennen geben, und auch von meiner großen schweren Sorge, die ich noch in der Zukunft für die Gemeine trage, was würde das für ein angenehmes, sanftes Pflaster für meine bekümmerte Seele sein! Wenn mich der starke Gott der Kräfte im vergangenen Jahre wie auch noch, nicht bewahrt hätte, ich wäre meiner Sinnen ganz beraubt worden. Denn es ist nichts auf Erden, das mein Herz so sehr liebt wie die Gemeine; und ich muß noch diesen schweren Jammer an ihr erleben." „Meine Brüder! hütet euch vor der Zwietracht, jagt der Liebe und Eintracht mit vollem Herzen nach, gebraucht wenig Worte und erweist euch in allen euren Wegen als solche, die aus Gott geboren sind."

In den letzten Jahren seines Lebens scheint Menno einen Jahresgehalt von sechzig Thalern von den friesischen Gemeinen bezogen zu haben; er sagte in obigem Briefe: „Daß ich meinem secreten Bruder im letzten von den sechzig Thalern jährlich geschrieben habe, meine ich nicht, daß ihr damit (darüber) beunruhigt sein sollt, ich habe es nur aus Freiheit geschrieben, denn ich bin des wol bedürftig; der barmherzige Herr, mein getreuer Vater, wird mich versorgen nach seinem Willen. Wenn man mir was zu meiner Notdurft sendet, laßt solches mit dem Ersten geschehen, denn die Schlachtzeit ist bald da, und ist wenig da, womit ich kaufen möge. Ach, meine Brüder, haltet mir es zum Besten, die Not dringt mich." — Wir sehen hieraus, daß Menno am Ende seines Lebens in dürftigen Umständen war, wie auch, daß er an dem gegen Gellius Faber Geschriebenem festhielt. „Daß den aufrichtigen und treuen Dienern in der Schrift der Unterhalt versprochen ist, bekennen wir;" und „es ist offenbar, daß den Predigern, wenn sie solche Arbeiter sind, der notwendige Unterhalt vom Evangelium zukommt und verheißen ist."

Im Jahre 1555 erließen die Hansestäbte in Norddentschland einen Befehl gegen die Reformirten und Taufgesinnten, welcher Menno zwang, Wismar zu verlassen. Er fand Schutz beim Grafen von Ahlefeld auf Fresenburg, welcher die stillen Taufgesinnten, als er im holländischen Kriegsdienst stand, kennen und achten gelernt hatte. Der Graf wies ihnen das sogenannte Wüstefeld an, das bald von ihnen besiedelt wurde. Gegen billige Steuer schützte sie auch der Graf; er zwang z. B. einen benachbarten Edelmann, der Mennos Drucker gefangen genommen hatte, diesen wieder herauszugeben.

Menno war ein volkstümlicher Redner und Schriftsteller und einer der fruchtbarsten Schriftsteller seines Jahrhunderts in den Niederlanden. Menno schrieb in dem „Costersch", d. i. in einer niederdeutschen Mundart, welche in den Ländern an der Ostsee gesprochen wird (Plattdentsch), deshalb mußten seine Schriften für holländische und hochdeutsche Leser übersetzt werden. Diese Übersetzungen waren zum Teil sehr mangelhaft, und machen seine Werke zuweilen schwer verständlich, während Menno für seine Zeit einen sehr guten Stil schrieb, so daß wir uns nicht über das große Aufsehen zu wundern brauchen, das seine Schriften unter dem Volke machten und über den Einfluß, den sie ausübten.

Das erste Buch, welches Menno noch als Priester schrieb, war gegen die Münsterschen und namentlich gegen das Buch: „Von der Rache", gerichtet. „Beweis aus der heiligen Schrift, daß Jesus Christus der rechte, verheißene David im Geist ist, gegen die grenliche und größte Gottesläsierung des Johann von Leyden." Sein Fundamentbuch gab er 1539 heraus; 1541 schrieb er: „Liebliche Ermanung, wie ein Christ geschickt sein soll, und von dem Meiden und Abschneiden der falschen Brüder und Schwestern." 1544 schrieb Menno gegen a Lasco über die Menschwerdung Christi; Lasco antwortete und darauf wieder Menno. Gegen die Ansicht, welche die Dreieinigkeit Gottes verwarf, warnte Menno 1550 in seinem „vermanenden Bekenntnis zum dreieinigen, ewigen Gott." 1554 schrieb er seine ausführlichste Schrift: Eine Verteidigung seiner Glaubensgenossen gegen die heftigen Anklagen von Gellius Faber, Prediger zu Emden. Am 6. und 15. Februar hielt er mit Martin Mikronius von Emden ein Religionsgespräch in Wismar, das Ursache zu zwei Schriften von Mikronius und einer von Menno gab. In dieser Schrift wie in der gegen Gellius Faber ist Menno derber und ausfallender, als in seinen andern Schriften, wie er denn in seinem Tone überhaupt mehr an den groben Luther als an den sanften Denk erinnert. Über den Bann schrieb er in milderer Weise seine „Liebliche Ermanung über die Absonderung", seine Fragen „über Bann und Vermeidung", Brief nach Franecker und Emden. 1558 schrieb er streng und zehn Tage nach seinem Tode erschien noch eine schärfere Verteidigung seiner Ansicht. Außerdem schrieb er über die Taufe, Abendmal, Eid, Rechtfertigung, Predigtamt und anderes.

„Keiner seiner Amtsgenossen konnte sich in Beziehung auf Beredsamkeit mit ihm messen, mochten vielleicht auch einzelne ihn an Kenntnissen übertreffen. Daher kommt es, daß seine erbaulichen Schriften, aus denen eine innere Überzeugung und feste Glaubensgewißheit sprechen, unendlich höher stehen, als seine dogmatischen Abhandlungen. Hatte Menno lange mit seinem Übertritt gezögert, so war das nicht Wankelmut allein, es war auch übertriebene Demut und Verkennung seiner eigenen Kräfte, welche ihn so lange vom Handeln zurückhielten. Als er jedoch einmal die große Entscheidung getroffen hatte, beharrte er mit Preisgabe seines Amtes, seines Bestehens, seiner Ruhe und Sicherheit bis zum Ende. Entkam er auch, glücklicher als viele seiner Amtsgenossen, den Händen der Inquisition (Ketzerrichter), so befand er sich doch öfters in Lebensgefar und litt die bitterste Armut. Dieses unverdiente Leiden erhöhte die Liebe, welche die Seinen gegen ihn hegten."
(D. H. Sch.)

Siebenter Abschnitt.

Die Taufgesinnten in Nordwestdeutschland seit Mennos Übertritt.

Die Verfolgung. — Der blutige Alba. — Die Battenburger. — David Joris. — Die Friesen, Flaminger und Waterländer. — Vereinigungen. — Abteilungen. — Alte Flaminger. — Fußwaschung. — Duldung in Holland 1626. — Galenus Abrahams de Haan und Samuel Apostool. — Predigerbesoldung und Liebesprediger. — Schriftkenntnis. — Galenus Besuch in Altona und Beantwortung der ihm gestellten Fragen. — 1664, Aufrichtiger Bund der Einigkeit. — Annahme der Bekenntnisse von hundert Lehrern und Diakonen. — Theologische Schule unter Galenus Abrahams in Amsterdam. — Erneuerung der theologischen Schule in 1735. — Streit zwischen den Reformirten und Mennoniten. — Johannes Stinstra. — Bedeutende Männer unter den Mennoniten, Van Schyn, Joh. Deknatel u. s. w. Bekenntnis von Cornelis Ris und seine Entstehung. — 1675, Vereinigung zur Unterstützung von armen Predigern und Predigerwittwen. — Vereinigung fast aller Parteien. — Gemeine zu Altona. — Dompelaars (Untertaucher). — Gemeine zu Friedrichstadt. — Die Untertauchung und Entstehung der Baptisten. — Gemeinen zu Emden, Goch, Cleve, Crefeld und Neuwied.

———

Sehen wir zunächst die äußeren Zustände, so finden wir auch hier schwere und blutige Verfolgungen. „Es wurde in Friesland bei hundert Gulden Strafe untersagt, Land oder Haus an ‚Wiedertäufer‘ zu vermieten. Niemand sollte um Gnade oder Erleichterung für sie bitten dürfen, wenn sie zum Tode durch Feuer oder Schwert verurteilt seien; wer sie den Ketzergerichten anzeigte, sollte den dritten Teil ihrer Güter erhalten; wer Sachen, die einem Täufer gehörten, bei sich beherbergte, sollte sie sofort abliefern. Alle Täufer, die man finge, sollten mit dem Tode bestraft werden, auch dann, wenn sie bereut hätten." Besonders blutig hauste Herzog Alba. Er ließ Tausende hinrichten, aber besonders ließ er nach den Ketzern suchen, die man Wiedertäufer nannte, ihre Zal ist zu der der evangelischen Märtyrer wie 10 zu 1. Es war dem Herzog nebenbei auch um den Raub der Güter zu tun. Er ließ 1569 ein

Verzeichnis der Güter aller verurteilten Täufer aufstellen, damit ihm nichts entgehe. Unter denen, die mit Hinterlassung der Güter und Ehrenstellen ihr Leben retteten, war auch der Vorfahre des Schreibers dieses, Gysbert van der Smissen I., genannt Bogaardt. In Holland und Seeland allein wurden während Albas Herrschaft 111 Täufer hingerichtet.

Aber nicht nur die Katholiken verfolgten sie, sondern auch die Lutheraner und Reformirten, wie wir aus Mennos Leben sahen.

Um noch einmal auf die Münsterschen Wiedertäufer zurückzukommen, so stellte sich ein Battenburg an ihre Spitze. In 1538 wurde auf einer Versammlung zu Bockholt versucht, sie zu den stillen Täufern, damals Obbeniten genannt (Anhänger von Obbe Philipps, eines Freundes von Menno, der aber später austrat), herüber zu ziehen, aber sie wollten die Vielweiberei, den Gebrauch des Schwerts und ihre falschen Offenbarungen nicht aufgeben. Weder Menno noch Battenburg war dort. Ein gewisser David Joris brachte einen scheinbaren Vergleich zu Stande, fischte aber eigentlich Anhänger für sich selbst, da er sich für einen Propheten ausgab. Überall verfolgt, floh er nach Basel und lebte dort unter falschem Namen als reicher Mann, ward auch dort begraben. Drei Jahre nach seinem Tode erfur man in Basel, wer er gewesen sei, grub seine Leiche aus und verbrannte sie, nebst seinen Büchern, auf dem Richtplatz.

In Mennos Leben erwähnten wir schon der Streitigkeiten unter den Täufern. Es ist ziemlich schwer, jetzt noch den wahren Grund der Streitigkeiten zu erkennen. Zunächst waren es Eigentümlichkeiten der verschiedenen Stämme, Friesen und Flaminger und neben ihnen die Waterländer. Die Namen dieser Parteien blieben, aber die Parteien selbst verschoben sich, indem die Flaminger, die Feinen, den Bann und die Ehemeidung streng hielten, die Friesen, die Groben, nicht ganz so streng und die Waterländer noch gelinder, weshalb Leenert Bouwens die letzteren „Dreckwagen" nannte. Sie dagegen nannten seine Partei die „Bekümmerten." Nach und nach näherten sich die verschiedenen Abteilungen, die in ihrem Glauben eins waren, mit Ausnahme kleiner Abweichungen und alle die Kirchenzucht für notwendig hielten, nur in der Anwendung derselben waren sie verschiedener Ansicht. Schon 1560 bis 65 gab es bei den Waterländern eine Vereinigung von Gemeinen. Im Jahre 1579 wurde, unter Mitwirkung des tüchtigen Hans de Ries (Waterländer), ein Vertrag zu Emden gemacht und von acht Predigern unterschrieben. Vier weitere Gemeinen schlossen sich an. In 1639 bildete sich eine Verbindung (Societät) in Westfriesland, der sich viele Gemeinen anschlossen. Derselben lagen 12 Artikel zu Grunde, welche die Überschrift trugen: „Zwölf Artikel in 1639 durch die Landdiener der friesischen Gemeinen aufgestellt, um sie als guten Rat zum Wolstand der Gemeinen und zur Wahrung der guten Sitten unter einander dienen zu lassen." In 1647 vereinigten sich 41 waterländische Gemeinen. In 1649 kamen Abgesandte von 32 flämischen und hochdeutschen Gemeinen zusammen. Die Groninger Verbindung fing mit 40 Gemeinen an. 1640 kam eine Vereinigung der Flämischen, Friesen und Hochdeutschen zu Stande. Es waren 74 Lehrer der verschiedenen Parteien gegenwärtig. Die drei bestehenden Bekenntnisse wurden allgemein angenommen, nämlich „Der Ölzweig" (1627—30), der Flämischen und Friesen, das von „Jan Cents" 1630, der Hochdeutschen und Friesen, und das von „Adrian Corneliszoon" oder „Dortrechter" 1632, der vereinigten Flaminger. Schon in 1610 war ein Glaubensbekenntnis von Hans de Ries und Lubbert Gerritz aufgestellt, zu welchem Hans de Ries schon in 1580 den Auftrag erhalten, und welches bei den Waterländern und vielen andern in großem Ansehen stand.

Weder alle Friesen noch alle Flaminger waren bereit zur Vereinigung. Es bildete sich das Jan Jakobs-Volk oder Alte Friesen und die Uke Wallisten oder alte Flaminger. Außerdem gab es noch einzelne Gemeinen der Allerfeinsten oder Strengsten.

Von den alten Flamingern müssen wir noch etwas sagen, da sie den Amischen in der Schweiz ähnlich waren. Sie waren streng im Bann, trugen Bärte, keine Knöpfe, sondern Haften und übten die Fußwaschung vor oder nach dem Abendmal. Eine Abteilung, die Danziger, im Gegensatz gegen die ebenerwähnten Gröninger, wusch nicht die Füße beim Abendmal, sondern wenn Brüder oder Schwestern aus der Ferne kamen, tat es der Hausvater den Brüdern, die Hausmutter den Schwestern nach gemeinsamem, stillem Gebet vor dem Schlafengehen. Die alten Flaminger hatten das

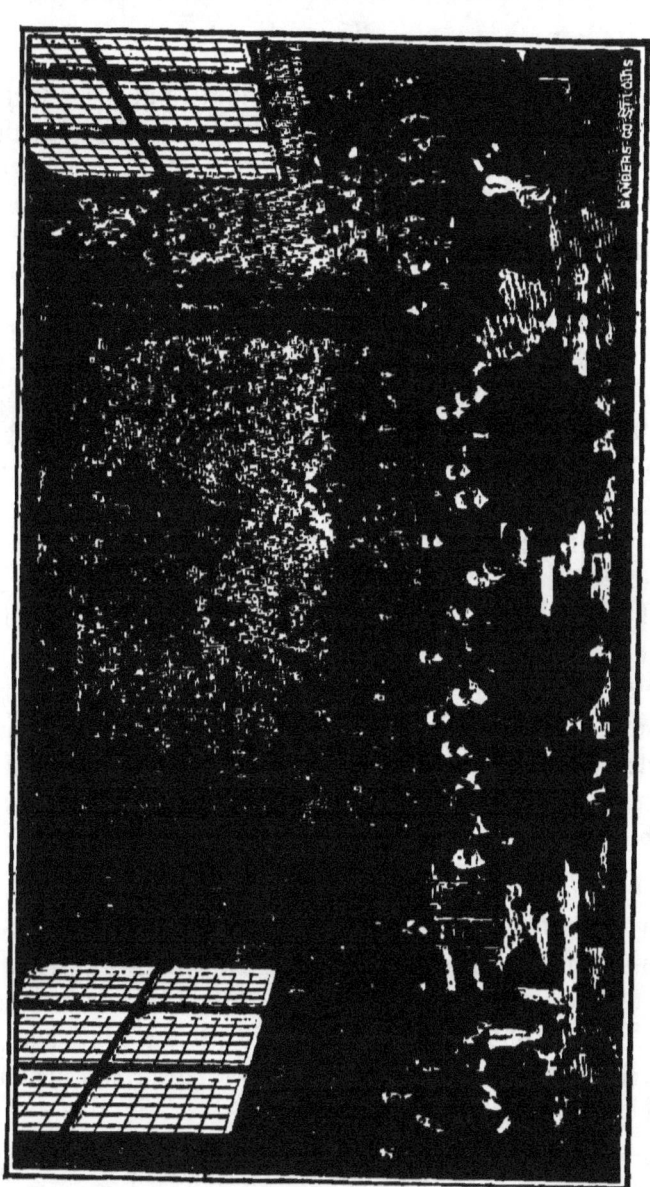

Die Feier der Fußwaschung bei den alten flamischen Taufgesinnten zu Zaandam in Holland. 1743.

stille Gebet in ihren Gottesdiensten. Sie tauften alle, die zu ihnen kamen, von woher es auch sei, die Gröninger, die nicht ganz so streng waren, sogar die Danziger, und umgekehrt. Sie übten zuweilen die Untertauchung, daher wurden sie Dompelaars genannt.

Während der Freiheitskämpfe der Niederländer unterstützten die Mennoniten, wenn sie schon sonst wehrlos waren, den Prinzen von Oranien mit reichen Geldmitteln, wie auch seinen Sohn Moritz nach des Vaters Ermordung. Im Jahre 1626 reichte Jakob Outermann nebst neunzehn andern Lehrern der Taufgesinnten ein Glaubensbekenntnis an die Generalstaaten ein und in Folge dessen und durch die Freundschaft des Prinzen von Oranien erhielten die Täufer in den Niederlanden Duldung. Nicht als ob sie nicht noch manche Beschränkungen und Bedrückungen hätten erfaren müssen, deren gab es viele bis tief ins 18. Jahrhundert hinein, aber trotz der Bemühungen der reformirten Prediger tat der Staat nicht viel gegen diese Leute, die sich ihm mehrmals in Zeiten der Not so nützlich erwiesen hatten, ja selbst ein reformirter Kirchengeschichtschreiber sagt: „Man hält diese Leute für Honigbienen des Staates und fürchtet sich vor ihnen nicht. — Man kann viel Gutes von ihnen lernen, als Demut, Zufriedenheit, Mäßigkeit und sonderlich tätige Liebe gegen die Notdürftigen."

Was die Liebe gegen die Notdürftigen betrifft, so finden wir dieselbe überall bei den Taufgesinnten. Nicht nur, daß sie ihre Armen und Waisen versorgten, sondern auch nach außen sandte man den unterdrückten Brüdern Hülfe. So 1680 nach Danzig, 1663 nach Polen, 1665 nach Mähren, 1678 für die Pfälzer 50,000 Gulden. Für die verfolgten Reformirten in Frankreich hielten sie zwei, für die Waldenser eine Sammlung.

Als sich die Brüder der verschiedenen Abteilungen vereinigten und die meisten einander als Brüder ansahen und behandelten, wozu besonders die große Amsterdamer Gemeine, die eine Zwischenstellung einnahm, sehr viel beitrug, drohte plötzlich dem Frieden und der Einigkeit, gerade von Amsterdam aus, eine neue Gefar und es kam zu einer Trennung, die fast alle norddeutschen Gemeinen in Mitleidenschaft zog.

Diese Trennung hatte ihren Ursprung in der großen Amsterdamer Gemeine. Hier lehrten zwei Ärzte, Galenus Abrahams de Haan und Samuel Apostool, und von ihnen ging der Streit aus.

Bisher hatten die Mennoniten lauter aus der Gemeine gewälte Lehrer und Ältesten, teils weil sie keine besonders für das Amt vorbereiteten Männer bekommen konnten, teils weil ihre Prediger unbesoldet waren, also immer wolhabend sein, oder ein Gewerbe daneben betreiben mußten, teils weil sie oder viele unter ihnen es für Unrecht oder wenigstens für eine Gefar hielten, den Predigern einen Gehalt zu geben. Mennos Ansicht darüber sahen wir in seiner Lebensbeschreibung. Der Älteste, Abr. Dirks, der das Bekenntnis von 1626 mit unterschrieben, sagt in seinem „Formular", so bei Einsetzung und Einsegnung (ordination) der Lehrer und Ältesten unter den Mennoniten gebräuchlich ist, unter den Pflichten der Gemeine: „Daß sie für seine leibliche Notdurft Sorge tragen müssen." Im Gespräch zu Emden 1578 antworteten die Mennoniten auf die Frage: „Ob auch die Gemeine schuldig sei, ihre berufenen Diener mit christlicher notwendiger Notdurft zu versorgen?" „Ja", jedoch setzten sie hinzu, „daß eben keine gewisse jährliche Einkünfte dazu nötig wären."

Mit zunehmender Duldung, Wolstand und Bildung suchten die Gemeinen auch die tüchtigsten und gebildetsten Männer als Lehrer zu wählen, aber auch schon vorher, da so viele ihrer Lehrer ihren Glauben mit dem Tode besiegelten, waren diese meist sehr tüchtig; waren sie auch zum Teil in weltlichen Dingen und den alten Sprachen ungelehrt, so übertrafen sie dagegen ihre Gegner an Schriftkenntnis und Schriftverständnis, so daß ein Mönch zu ihnen sagte: „Ihr Wiedertäufer seid geschwinde Gesellen, um die heilige Schrift zu verstehen. Ja, ja, bevor ihr Leute wiedergetauft wurdet, konntet ihr kein A von einem B unterscheiden, aber sobald ihr neu getauft wurdet, konntet ihr lesen und schreiben." Der Hausvater war Hauspriester und führte schon frühe die Kinder in die Schrift ein; sobald die Verfolgungen etwas nachließen, wurde aber auch der religiöse Unterricht der Jugend von Seiten der Gemeine nicht versäumt, wenn auch verschiedene Gemeinen hierin treuer oder nicht so treu waren.

In der Kleidung waren sie einfach, nicht nur in den Gemeinen, wo Gesetze darüber herrschten, sondern auch in den freieren

Die Austeilung des Brodes beim heiligen Abendmal in der Taufgesinnten-Gemeine „zur Sonne" in Amsterdam. 1743.

Gemeinen. Mit wachsendem Wolstand wuchs auch der Luxus in den Kleidern und Häusern, so daß mehrmals von Seiten der Prediger gewarnt wurde, der Pracht, Hoffart und Weltlichkeit doch nicht so Tür und Tor zu öffnen, doch war es mehr die Güte der Stoffe als die Pracht derselben, welche man bei den Mennoniten fand, deshalb sagten die Holländer "mennisten infyn", Mennoniten durch und durch sein oder von seinem Gehalt.

Doch wir kehren zu Galenus und Apostool zurück. Während Galenus, ein persönlich sehr liebenswürdiger, beredter Mann, in Glaubenssachen freier und gegen den Bekenntniszwang war, stand Apostool auf Seiten der Bekenntnisse gegenüber den Neuerungen, die von andern Gemeinschaften kamen. Die Gemüter erhitzten sich und Apostool, mit etwa 700 Gliedern der Gemeine, schied aus und hielt in Zukunft in einem Hause, mit dem Zeichen der Sonne, Gottesdienst, daher hieß seine Partei Sonnisten oder Apostoolen, die andere Partei behielt die Kirche mit dem Zeichen des Lammes, und hießen daher Lammisten oder Galenisten. Über die Gegenstände des Streits, sowie über Galenus de Haans Art und Glauben scheint uns am besten ein Gespräch zwischen diesem und dem Ältesten, Gerrit Roosen in Hamburg-Altona, Aufschluß zu geben.

Galenus Abrahams de Haan kam zum Besuch nach Altona und fragte an, ob er predigen dürfe, da die Gemeine sich den Sonnisten angeschlossen hatte. Der Kirchenvorstand legte ihm mehrere Fragen vor, die er zur Genüge beantwortete und zu aller Erbauung und Segen dreimal predigte. Die Fragen und Antworten waren folgende:

1. „Ob er glaube, daß die äußerliche Wassertaufe eine Anordnung und Befehl Christi sei, die notwendig an solchen Personen, welche durch die Lehre des heiligen Evangeliums zum Glauben und Gehorsam gegen Jesum Christum gelangt seien und um dieselbe anhielten, müsse bedient werden?"

„Galenus bejahte dies, wies nach, daß hieran nie in der wahren Kirche sei gezweifelt worden bis auf Socinus, und führte an, daß in seiner Gemeine, namentlich viermal des Jahres, die heilige Taufe bedient werde, nachdem die Diener im Worte die Täuflinge wol geprüft und lange in der christlichen Religion und den Fundamenten des Glaubens unterrichtet hätten."

Galenus Abrahams de Haan.

Prediger der großen Mennoniten-Gemeine zum Lamm in Amsterdam.
Gründer der ersten Schule für Taufgesinnte Prediger 1675.

Bedienung der heiligen Taufe in der Taufgesinnten-Gemeine „zum Lamm" in Amsterdam. 1743.

2. „Auch über das Halten des heiligen Abendmals in seiner Gemeine seien verschiedene Gerüchte; daher die Frage: ‚Ob er nicht glaube, daß man nur mit solchen, die auf das Bekenntnis ihres Glaubens hin die Taufe empfangen hätten und als Glieder der Gemeine angenommen seien, das Abendmal halten müsse, und daß man keine andere als solche zur Tafel einladen dürfe?‘"

Antwort: „Sie erkennten keinen an als Glied ihrer Gemeine, der nicht bei ihnen durch die äußerliche Wassertaufe es geworden sei. Wol habe er selbst früher geglaubt, die Teilnahme am Abendmale auch etlichen andern nicht verweigern zu können, aber doch erst, nachdem er sie zu ernstlicher Prüfung ermant habe. Auch seien deren nicht mehr als drei oder vier Personen gewesen, die später auf die Ermanung anderer, nicht wieder zu kommen, entweder weggeblieben seien, oder sich hätten taufen lassen."

3. „Ferner sei verlautet, er zweifle an der ewigen Gottheit Christi. Deshalb fragten wir, obwol das eine hochwürdige, ja hochwichtige Sache sei, von der man nur mit aller Ehrerbietigkeit und Ehrfurcht reden dürfe: ‚Ob er nicht glaube und bekenne, daß der Herr Christus der Sohn Gottes sei, durch den Alles geschaffen und gemacht, der von Ewigkeit her bei dem Vater gewesen und mit demselben eins sei?‘"

„Hierauf erwiderte Galenus, daß er glaube und mit aller Ehrerbietigkeit bekenne, Gott, den Vater und den Sohn, als durch welchen alles gemacht sei; daß er der Erstgeborne vor allen Geschöpfen, ein wahrer Sohn des Vaters und der Vater ein wahrer Vater des Sohnes sei; aber daß er den Vater für das Haupt des Sohnes erkenne und den Sohn für einen wahren Abbruck des ewigen, götlichen Wesens und Ebenbild des Vaters, das nicht erst in der Zeit der Empfängnis und Geburt von Maria seinen Beginn genommen, sondern von Anfang an, vor der Schöpfung dieser gegenwärtigen sichtbar erschaffenen Welt, bei dem Vater gewesen sei."

4. „Endlich müsse man ihn fragen: ‚Ob er wirklich die Bekenntnisse der Taufgesinnten, welche bei unsern Glaubensgenossen für die Fundamente unseres Glaubens gelten, für ein unnützes Werk achte und für zusammengeraffte Artikel ausgebe, was uns, die wir in eben der Gegend wohnten, wo Menno Simons gelebt und gelehrt habe und gestorben sei, befremdend erscheine u. s. w.‘"

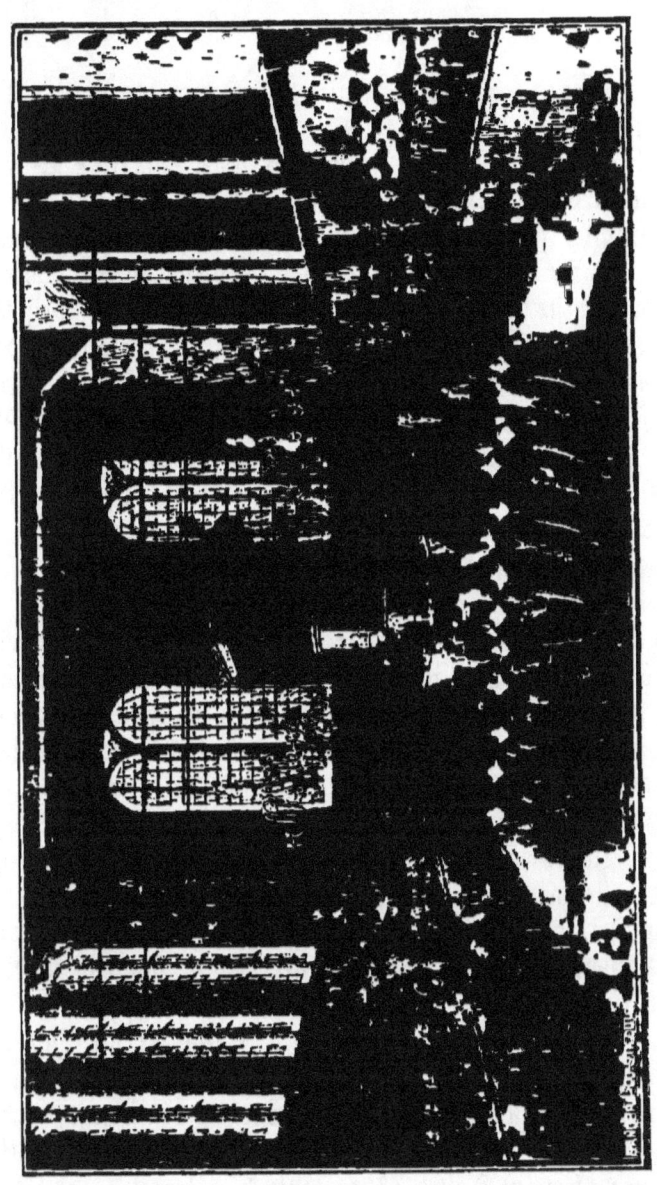

Die Austeilung des Kelches beim heiligen Abendmal in der Taufgesinnten-Gemeine „zur Arche Noah" in Amsterdam. 1743.

Er antwortete: „Daß er allerdings einigen, die auf die Bekenntnisse zu strenge, nach seinem Urteil, gedrungen hätten, als wollten sie die Menschen daran mehr als an die heilige Schrift binden, widersprochen habe, daß er jedoch die Bekenntnisse durchaus nicht verachte, sofern sie ausgesprochene Regeln wären, nicht über, sondern unter oder neben der heiligen Schrift, welche Schrift allein die vornehmste Richtschnur sei und bleiben müsse. Übrigens achte er die Bekenntnisse der Taufgesinnten dienlich für eines jeden Menschen Gemüt, damit man, wie es nötig sei, sorgfältig und mit Unterscheidung von jeglicher Sache oder jeglichem Artikel sprechen könne. Er erklärte ferner gradezu, daß er die Bekenntnisse der Taufgesinnten im allgemeinen unter allen menschlichen Schriften für die der heiligen Schrift am nächsten stehenden erachte."

Hieraus erkennen wir die Streitpunkte, und da dies im Mai 1678 war, die Trennung aber im Jahre 1664 geschehen war, so sehen wir, wie Galenus de Haan einige Fehler zugibt, zugleich sieht man aber auch, daß es ihm nun um den Frieden zu tun war.

Im Jahre 1664 kamen zu Utrecht und nachher zu Leyden etwa hundert Lehrer und Diakonen zusammen und machten den „aufrichtigen Bund der Einigkeit", und nahmen die alten Bekenntnisse an, nicht um ihre Bekenntnisse über die heilige Schrift zu erheben, sondern nur die weitere Entfremdung vom Glauben und der Liebe, die sie mit großer Betrübnis und herzlichem Leidwesen von Zeit zu Zeit gewahr geworden seien und die auch jetzt noch unter dem Namen christlicher Verträglichkeit drohe, dadurch zu hindern und aufzuhalten.

Die größte Anzal der Gemeinen erklärte sich für die Lammisten. Diese übten wegen ihrer großen, reichen Gemeine und durch ihre Schule, da Galenus junge Leute zum Predigtdienst vorbereitete, einen großen Einfluß aus. Diese Schule hörte mit Galenus Tode auf; aber im Jahre 1735 stellte die Gemeine der Lammisten einen eigenen Lehrer an und seitdem besteht das Seminar, dem im Jahre 1811 auch andere Gemeinen ihre Unterstützung zuwandten, bis sich die sogenannte allgemeine Societät der Taufgesinnten bildete, welche dann für das Seminar und sämtliche bedürftige Gemeinen sorgte.

Auch im 18. Jahrhundert wurden die Mennoniten von den

Johannes Deknatel.

𝔊eboren 1698. 𝔊eſtorben 1759. — 𝔖ein 𝔎atechismus erſchien 1746.

Reformirten vielfach bedrückt und beschränkt; z. B. wurden im Jahr 1719 den Mennonitenpredigern in Friesland vier Glaubensartikel zur Unterschrift vorgelegt, sämtliche Prediger aller Parteien weigerten sich und alle Mennonitenversammlungshäuser wurden geschlossen. In Folge von Bittschriften an die Stände wurde die Ausführung suspendirt. 1738 ging der Streit von neuem an. Unter dem Vorsitz von Johannes von Stinstra, einem der angesehensten Prediger, fand eine Versammlung statt, zu der 38 Gemeinen Abgeordnete sandten, und man beschloß, eine Bittschrift an die Regierung einzureichen. „Die Gemeinen ersuchten darin in aller Bescheidenheit, man möge sie in Zukunft mit Prüfungen über Glaubenssachen und mit der Zumutung, menschliche Glaubenserklärungen zu unterschreiben, sowol von weltlicher als von geistlicher Seite, verschonen." In Folge dessen beschloß die Regierung, den Mennoniten solle die freie Ausübung ihres Gottesdienstes belassen bleiben. Aber von Stinstras Schriften und Predigten erregten die reformirten Geistlichen so, daß, trotzdem Prinz Wilhelm IV. für ihn eintrat, ihm das Predigen 1742 verboten ward. In 1757 durfte er seinen Dienst wieder antreten und der Provinziallandtag ließ ihn sogar nach Leuwarden einladen, um allsonntäglich, so lange der Landtag dauerte, den Mitgliedern desselben in der dortigen Mennonitenkirche zu predigen. Stinstra starb in 1800.

In dieser Zeit, Mitte des 18. Jahrhunderts, lebten und wirkten auch Männer, wie van Schyn und Maatschoen, welche Geschichten der Mennoniten schrieben. M. Schagen und besonders Prediger Joh. Deknatel, welcher auch als Schriftsteller in holländischer und deutscher Sprache wirkte, eine Anleitung zum christlichen Glauben schrieb und bei den Schweizer- und Pfälzer-Brüdern in hohem Ansehen stand.

„Im Jahre 1747 (schreibt Stark 1789) vereinigten sich auch zu Hoorn die dortige Friesische Gemeine mit der Waterländischen, die das von Hans de Ries aufgesetzte Bekenntnis hatte. Beide behielten zwar damals noch ihre besonderen Bekenntnisse, setzten aber im folgenden Jahre eine besondere Kommission nieder, von welcher einer ihrer vornehmsten Lehrer, mit Namen Cornelis Ris, der Auftrag gegeben wurde, ein gemeinschaftliches Lehrbuch zu verfertigen. Sein Plan ward vor dem Kirchenrat und von mehreren Gemeinen der sogenannten Apostoolen oder mennonitischen Taufgesinnten, die zu Amsterdam in der Sonne ihre jährlichen Zusammenkünfte halten, genehmigt, und das Buch kam endlich 1766 in holländischer Sprache zum Vorschein. Jeder Gemeine ward hierauf aufgegeben, ihre Anmerkungen und Verbesserungen an die allgemeine Versammlung einzuschicken, welche nach der Mehrheit der Stimmen von Ris aufgenommen wurden, worauf nochmals das Buch mit seinen Verbesserungen von einer besondern, 1772 niedergesetzten, Kommission untersucht und 1773 von der Versammlung zur Sonne in Amsterdam feierlichst genehmigt wurde." Freiherr von Reiswitz, in seinen „Beiträgen zur Kenntnis der Mennonitengemeinen", widmet der Entstehung dieses Glaubensbekenntnisses 24 Seiten und läßt dasselbe in deutscher Sprache dann folgen.

Der zweite Teil dieses Werkchens enthält dies Glaubensbekenntnis von meinem lieben, verstorbenen Vater, neu übersetzt und von ihm und Herrn Pastor Roosen in Hamburg-Altona mit Beweisstellen versehen.

„Schon 1672 ging von Seiten der Sonnisten ein Friedensantrag aus; die Lammisten aber konnten sich nicht dazu verstehen, sich einem bindenden Glaubensbekenntnis zu unterwerfen." 1687 vereinigten sich zu Zaandam, 1700 zu Rotterdam und Leyden, Waterländer, Friesen und Flaminger.

„1675 kam in Haarlem eine Versammlung zusammen und legte den Grund zu einer Vereinigung, welche sich das Ziel setzte, besoldete Prediger statt der bisherigen Liebesprediger anzustellen, und deren Wittwen und Waisen angemessen zu unterstützen. Die bisherige unbeschränkte Freiheit der Gemeinen, ihre Prediger nach Belieben zu wählen, sollte damit selbstverständlich nicht angetastet werden. Noch in demselben Jahre hatten sich zwölf Gemeinen der lammistischen Societät angeschlossen." Veranlaßt wurde diese Vereinigung durch den Rückgang vieler Gemeinen in Folge von Predigermangel und Mangel am notwendigen Unterricht der Jugend, der viele zu andern Kirchen hintrieb. Es bildeten sich mehrere solche Vereinigungen in verschiedenen Gegenden.

Im 18. Jahrhundert verloren die Mennonitengemeinen in den Niederlanden durch Predigermangel, Weltlichkeit, Gleichgültig-

keit, Trachten nach Staatsanstellungen (die nur Glieder der Staats=
kirche erhalten konnten) und dergleichen fast vier Fünftel ihrer
Glieder.

Nach und nach vereinigten sich fast alle Parteien, in 1801
auch die Gemeinen zum Lamm und von der Sonne, das Versamm=
lungshaus zur Sonne ward aufgegeben, das zum Lamm wurde
die große, die zum Turm die kleine genannt, um die Erinnerung
an den alten Streit leichter vergessen zu machen. Sie meinten bei
dieser Vereinigung, „daß verschiedene Begriffe über göttliche Wahr=
heiten kein Hindernis an einer engen Vereinigung der Christen mit
einander seien."

Zu diesen Vereinigungen half besonders mit die gemeinsame
Hülfe, die man den notleidenden Glaubensbrüdern in andern
Ländern zu Teil werden ließ. Wir erwähnten schon verschiedener
Hülfeleistungen. Als die Hülferufe kamen, vereinigten sich Män=
ner von ganz verschiedener Denkungsart und lernten sich gegenseitig
kennen, hochachten und lieben; sie bildeten den „Fond für aus=
wärtige Not", der 90 Jahre lang seine segensreiche Wirksamkeit
übte, auch später noch erhielten Prediger in der Pfalz Unterstützung
von Holland.

Da die Gemeinen zu Altona und Friedrichsstadt in so inniger
Verbindung mit den holländischen Gemeinen standen, ja eigentlich
holländische Gemeinen waren, in denen bis zu Anfang dieses Jahr=
hunderts holländisch gepredigt und unterrichtet wurde, so wollen
wir hier ihrer kurz erwähnen.

In Hamburg waren schon vor 1580 unter den niederländischen
Flüchtlingen Taufgesinnte. Solche ließen sich auch in Altona
nieder. 1601 gab der Graf von Schauenburg den Mennoniten
Erlaubnis, in Altona zu wohnen, Geschäfte zu betreiben und im
Stillen ihre Religionsübungen zu halten.

Im September 1608 ward zu Schleswig ein öffentliches Ge=
spräch abgehalten, in welchem Joh. Clausen Kotte erwähnte, daß
die Eiderstädter Mennoniten sich zur Gemeine in Hamburg hielten,
deren Gottesdienst bald in Hamburg, bald in Altona, bald in der
Vorstadt bei den Mauern stattfinde. Ein Ältester, Michael Stef=
fens, „war der dritte, von Menno in dem vollen Dienst befestigte,
aus Oldesloe."

Bedienung des heiligen Abendmahls in der Taufgesinnten-Gemeine „beim Turm" zu Amsterdam. 1743.

Die Gemeine wuchs durch Zuwanderung von verschiedenen Seiten. — Anfangs war sie eine Flaminger=Gemeine, später vereinigte Flaminger, Friesen und Hochdeutsche mit dem „Ölzweig" als Glaubensbekenntnis. Am 6. Juni 1641 erhielt die Gemeine das erste Privilegium vom dänischen Könige, Christian dem Vierten, das alle seine Nachfolger erneuerten.

In der Altonaer Gemeine brach der erste Streit über die Untertauchung aus, denn während nach alten Nachrichten die alten Flaminger sowol wie die vereinigten Gemeinen, wenn es gewünscht wurde, in Badewannen und Färberkesseln untertauchten, so wurde dies doch nie ein Streitpunkt, wenigstens habe ich keine Berichte über solche gefunden, aber in Altona entbrannte der sogenannte Dompelaars Streit aufs Heftigste. Da diese erste feindliche Berührung mit den Baptisten vielen interessant sein mag, so will ich aus meines lieben, väterlichen Freundes, B. C. Roosen, Geschichte der Gemeine Hamburg=Altona, Folgendes entnehmen: „Im Jahre 1648 traten siebenzehn Personen innerhalb der Gemeine mit der Forderung auf, daß die Taufe vermittelst Untertauchung vollzogen werden, vor dem Abendmal das Fußwaschen stattfinden, sowie das Abendmal bei Nacht und mit ungesäuertem Brote genossen werden müsse. Ob sie diese Neuerung in der Gemeine allgemein durchgeführt wissen wollten oder dieselben nur für sich beanspruchten, ist nicht klar zu ersehen. Der Prediger, Jakob Beerens aus Lübeck, war nach G. Roosen der Urheber dieser Neuerungen, und der Prediger, Jan Borchers, der Hauptbetreiber derselben. Neuerungen aber waren es, denn unsere Gemeine stand ja in innigem Zusammenhange mit der Fresenburger, in welcher Menno selbst lebte und lehrte, und hatte also auch dieselben gottesdienstlichen Einrichtungen, wie jene. Hätte Menno selbst, wenigstens noch in der letzten Zeit seines Wirkens, die Taufe durch Untertauchung vollzogen (wie einige Baptisten behaupten), „so würden die hiesigen Dompelaars sich in ihren Schriften sicherlich darauf berufen haben. Woher die Mitglieder unserer Gemeine auf diese Forderung gekommen sind, ist ungewiß. Volten führt eine vierfache Möglichkeit in dieser Beziehung an, nämlich: sie könne von den Kollegianten in Holland herrühren, oder Abraham de Voß, der in Colchester sich aufgehalten habe und bei den dortigen Baptisten getauft sei, könne den Anstoß dazu gegeben haben, oder die 1646—47 erschienene Schrift des Holsteiners Mehrning über die Geschichte der Taufe sei die Veranlassung gewesen, oder jene Ansichten seien vielleicht von Polnisch-Preußen hierher gekommen. Bald nahmen die Streitigkeiten einen sehr gereizten Charakter an, wobei besonders auf Seiten der am Alten festhaltenden Mitglieder mit großer Härte verfaren zu sein scheint. Einer der tatkräftigsten und eifrigsten Gegner der Neuerer war Gerhard Roosen, seit Februar 1649 zum Diakon an seines, eben zuvor verstorbenen Vaters Paul, Stelle erwählt."

Dieser Gerhard oder Gerrit Roosen ist der später so berühmte Verfasser von „Unschuld und Gegenbericht" und des „christlichen Gemütsgespräch." Letzteres ein Katechismus, der auch in Amerika 1796 nebst dem Dortrechter Glaubensbekenntnis gedruckt wurde, das viele holländische Gemeinen und auch die Elsässer angenommen hatten.

Die Dompelaars traten aus und hielten ihre eigenen Versammlungen. Ihr berühmtester Prediger war später Jakob Denner, ursprünglich ein Blaufärber; weshalb seine Kirche die Blaufärberkirche genannt wurde. Dieser predigte von 1684 bis zu seinem Tode 1746. Seine gedruckten Predigten sind in vielen Familien. Er predigte unter großem Zulauf und wirkte aufs segensreichste in Altona und Friedrichsstadt, wo sich auch eine Dompelaar-Gemeine gebildet hatte.

Zu Denners Zeiten „hatte die Feindseligkeit der Flaminger gegen die Reste der Dompelaars-Gemeine schon seit längerer Zeit aufgehört, und so hat Denner auch mehrmals in der Flamingerkirche gepredigt, ja er wäre von den letzteren zu ihrem Prediger erwählt worden, was namentlich auch der alte Gerhard Roosen so dringend wünschte, wenn er seine abweichenden Gebräuche hätte aufgeben wollen." 1774 und später unterrichtete Pieter Beets junge Leute für das Predigtamt.

Welchen bedeutenden Einfluß die Altonaer Gemeine in der zweiten Hälfte des 17. Jahrhunderts ausübte, zeigt folgendes Verzeichnis der von auswärts gekommenen und dort getauften 77 jungen Leute, nämlich 20 aus Lübeck, 13 aus Danzig, 9 aus Friedrichsstadt, 9 aus den Niederlanden, 6 aus Glückstadt, 5 aus Westpreußen, 4 aus Ostfriesland, 2 aus England, 2 aus Kopen-

Gerhard Roosen.

Geboren zu Altona den 8. März 1612.
Gestorben den 20. November 1711 daselbst.

hagen und je 1 aus der Pfalz, Eiderstädt und Ovenborp. Daniel Kreyenbül (Krehbiel) kam 1693 mit einem Kirchenzeugnis von der Pfalz. Das Vorstehende zeigt, wie lebhaft der Verkehr zwischen den Mennonitengemeinen war.

Als Altona durch den schwedischen General Steenbock im Januar 1713 zerstört wurde, litt die Gemeine ungeheuer, auch die Kirche brannte nieder, und sie benutzte die Dompelaar-Kirche. Gerhard Rosen erlebte die Zerstörung der von ihm erbauten Kirche nicht. Als 97jähriger Greis bediente er zuletzt Taufe und Abendmal und starb fast 100 Jahre alt. Vor diesem Unglück hatte die Gemeine andere notbürftige Gemeinen treulich unterstützt, so gab sie für die Schweizer 1711 die Summe von 1470 Fl. Auch später und bis in unsere Zeit bewies die Gemeine, wo immer Not sich fand, daß sie ein offenes Herz und eine offene Hand habe. Die Reste der Dompelaar-Gemeine schlossen sich der großen Gemeine an. Diese ist noch jetzt eine der bedeutendsten Gemeinen Deutschlands, aber jetzt ganz deutsch.

Die Gemeine zu Friedrichstadt ward mit der Stadt im Jahre 1623 gegründet und gab dadurch den in Schleswig zerstreuten Täufern einen Anhaltspunkt. Namentlich waren eine Anzal in Eiderstädt, einer Landschaft nahe bei dem späteren Friedrichstadt. Eiderstädt schützten sie nach holländischer Weise mit Dämmen oder Deichen gegen die See. Anfangs waren es drei Gemeinen, in 1708 hatten sie sich nach und nach zu einer vereinigt, die Dompelaar-Streitigkeit ward von Altona auch hierher verpflanzt, aber nach und nach vereinigten sich die Gemeinen wieder. In 1703 waren es 178 Abendmalsgäste, aber die strengen Gesetze, welche die Gemeine auf das Stadtgebiet beschränkten und Kinder aus Mischehen der Staatskirche zusprachen, brachten die Zal bis Anfang dieses Jahrhunderts auf etwa 40 und jetzt, 1895, werden wol nur etwa 20 Seelen mehr vorhanden sein. 1888 waren es 22.

Schon öfter haben wir der Gemeine in Emden Erwähnung getan, die mit den Gemeinen in den Niederlanden in so engem Zusammenhang stand, daß sie die ganze Entwicklung mit den niederländischen Taufgesinnten teilte. Hier wurden mehrere Religionsgespräche gehalten, Verträge abgeschlossen; hier lebte zeitweise Menno, Leenert Bouwensz, Dirk Philipps und Hans de Ries, später Gerrits und van Huyzen. Auch jetzt noch ist dort eine bedeutende Mennonitengemeine. Die ehrwürdige Verfasserin der Geschichte der Mennoniten, Frau Anna Brons, ist ein Glied dieser Gemeine.

Auch die Gemeinen zu Norden und Leer waren mit den Niederländern eng verbunden, ebenfalls die Gemeinen zu Cleve, Goch und Crefeld. Aus Crefeld kamen die ersten Ansiedler nach Germantown, Pennsylvanien, und in der ersten Zeit dieser Ansiedlung waren die Crefelder die einflußreichsten Glieder.

Früher bestand auch in Emmerich eine Gemeine, ebenso in Neuwied, diese standen auch mehr unter holländischem Einfluß, aber natürlich im Verhältnis ihrer Entfernung von den Niederlanden.

Die Freunde oder Quäker übten auf die niederländischen Gemeinen, sowie auf die in Emden, Altona und Friedrichstadt einen Einfluß aus, an letzteren drei Orten bildeten sich Quäkergemeinen, die einzelne Glieder aus den Mennonitengemeinen zogen, was bei ihren so verwandten Grundsätzen ja nicht zu verwundern ist. William Penn selbst besuchte Mennonitengemeinen und lud die verfolgten Mennoniten nach seiner neuen Kolonie Pennsylvanien ein, wo er ihnen, wie allen Religionsgesellschaften, freie Religionsübung zusicherte.

Auf die Frage: „Haben die alten Täufer untergetaucht?" antwortete mir Herr Prof. Rauschenbusch (früher am Baptistenseminar zu Rochester), einer der besten Kenner unserer Geschichte: „Nie, niemals." Den Beweis sucht er dafür in einem interessanten Aufsatz im deutschen Baptistenkalender von 1887 zu führen; doch wollen wir bemerken, was wir gefunden, wenn auch vielleicht Prof. Rauschenbusch bei näherer Untersuchung an Ort und Stelle die Nachrichten unrichtig gefunden hat.

Die Täufer legten auf die äußere Form der Taufe keinen Wert, wie ja schon die Apostellehre (spätestens 165 geschrieben) die Begießungstaufe erlaubt, wo die Untertauchung nicht gut stattfinden kann; doch ist berichtet, daß die Täufer in St. Gallen zur Sitter gingen, also wahrscheinlich im Wasser tauften, wenn auch nicht notwendig untertauchten; dagegen wird uns von Augsburg berichtet, daß die Täufer im Lech untergetaucht hätten, wenn auch die Besprengungs- oder Begießungstaufe das Gewöhnliche gewesen sei, da die Verfolgung eine öffentliche Taufe nicht oft zuließ. (Jahrbücher f. d. Th. 1856. St. 287. Keim, L. Hetzer.)

Bei der Dompelaar-Streitigkeit kamen wir auf die Untertauchung zu sprechen und wollen hier beifügen, was Prof. de Hoop Scheffer in Herzogs Realencyklopädie über das Verhältnis der Taufgesinnten und Baptisten zu einander sagt:

„Merkwürdig war besonders die Anziehungskraft, welche sie (die Waterländer Taufgesinnten) auf die Brownisten ausübten, die seit 1593, um der Verfolgung in England zu entgehen, sich in Amsterdam niedergelassen hatten; kein Wunder, denn R. Browne hatte im Jahre 1580 seine Ansichten über die Kirche von den Vorstehern solcher herübergenommen, welche nur Erwachsene nach abgelegtem Bekenntnis tauften; von 1535 an waren sie aus Holland und Flandern nach England geflohen und hatten hier (wiewol viele auf dem Scheiterhaufen starben) verschiedene Gemeinen, namentlich die zu Norwich. Einer dieser Brownisten, John Smyth, der 1606 nach Amsterdam übergesiedelt war, verließ 1608 mit seinem Freunde, Thomas Helwys, den Brownismus, taufte Erwachsene nach abgelegtem Bekenntnis und stiftete eine besondere Gemeinschaft; suchte aber 1609 sich mit den Taufgesinnten zu vereinigen, was seinen Anhängern 1615 auch glückte. Helwys hingegen erkannte die Taufgesinnten wol als eine Schwestergemeine an, wollte jedoch den besondern Bestand seiner Gemeine (wiewol sie nur 10 Glieder zälte) nicht aufgeben. Er kehrte 1611 nach England zurück und wußte hier, nachdem er die Taufgesinnten und viele Independenten in England für seine Ansichten gewonnen hatte, seinen Anhang zu vermehren, welcher endlich unter dem Einflusse von Eduard Barber (1641) zu der Überzeugung kam, daß keine Taufe gültig wäre, es sei denn, daß sie durch Untertauchen vollzogen würde. Von da an wurde die Glaubensgemeinschaft mit den Taufgesinnten aufgehoben und diese nannten sich nun Baptisten."

Achter Abschnitt.
Die Täufer in Mähren und ihre Schicksale.

Jakob Huter. — Sein Brief und Klage. — Sein Tod. — Fernere Geschichte bis zur Flucht nach Rußland.

Wie schon erwähnt, wanderten in den Jahren 1527—1531 viele Schweizer Täufer nach Mähren aus, wo sie allerdings nicht ohne Verfolgung, aber doch verhältnismäßig ruhig lebten.

In Mähren hatte Jakob Huter, nach der Verfolgung von 1528, die Täufer gesammelt und geordnet, sie führten Gütergemeinschaft und vollkommene Gleichheit ein. Selbst ihre Feinde konnten nicht umhin, das gute Verhalten, die Ordnung, die Stille, den Fleiß und die Arbeitsamkeit dieser Leute zu rühmen. 1531 schickte der König Ferdinand einen Befehl gegen sie an den Marschalk von Mähren; die Verfolgung wurde so stark, daß im Jahre 1534 Jakob Huter folgenden Brief schrieb: „Wir haben es euch mündlich gesagt, und geben es euch jetzt schriftlich, daß wir alles gottlose Leben verlassen und uns Gott, dem Herrn, ergeben haben, um seinem göttlichen Willen zu leben und seine Gebote zu halten, darum sind wir verfolgt und aller unserer Güter beraubt. Darum hat der Fürst der Finsternis, der grausame Tyrann Ferdinandus, der Feind der göttlichen Wahrheit, viele der Unsrigen unbarmherzig ermorden lassen, unsre Güter geraubt und uns von Haus und Hof vertrieben. Nun aber sind wir in das Land Mähren gekommen und haben hier eine Zeitlang gewohnt, und zuletzt unter dem Marschalk. Wir sind allen Menschen unbeschwerlich und haben uns durch harte Arbeit ernährt, dessen uns alle Menschen Zeugnis geben müssen. Nun aber hat uns der Marschalk mit Gewalt von unsern Häusern treiben lassen, nun sind wir da in der Wüste auf einer wilden Haide unter dem lichten Himmel! Weh und abermal Weh! allen denen, welche uns ohne alle Ursach, allein um der göttlichen Wahrheit willen vertreiben, Gott wird das unschuldige Blut von ihnen fordern.

Nun aber habt ihr uns befohlen, ohne Aufschub zu ziehen, darauf gaben wir euch die Antwort, daß wir nicht wissen, wo hinaus, und uns das schwer ist.

Um und um ist des Königs Land, und wo wir hinziehen, da ziehen wir den Räubern und Tyrannen in den Rachen mit unsern vielen Wittwen und unerzogenen Kindlein, welcher Vater und Mutter der gottlose Tyrann hat ermorden lassen.

Wir haben keine äußerliche Wehr noch Spieß, doch sagt man von uns, wir hätten uns mit so viel tausend Mann zur Wehr gelegt, als wollten wir kriegen. Gott im Himmel geb und zeig uns an, wohin wir sollen. Wir können uns doch das Erdreich nicht verbieten lassen, denn die Erde und alles was darinnen ist, das ist unsers Gottes, und wenn wir von Gott angewiesen werden, wohin wir gehen sollen, oder auch hier bleiben, so wollen wir seinem Willen folgen."

Jakob Huter, dem Ferdinand das Obige sehr übel genommen, ward am 3. März 1536 zu Innsbruck verbrannt.

Doch erhielten die Täufer in Mähren, auf des Marschalks Verwendung, wieder mehr Ruhe bis zum Jahre 1547, wo schwere Verfolgungen gegen sie ausbrachen. Die Soldaten nahmen ihnen Alles und in kleinen Abteilungen irrten sie umher, viele flohen nach Ungarn, doch in 1548 kehrten, auf Verwendung des Adels, der durch ihre Vertreibung großen Schaden erlitten, viele zurück, aber die Verfolgung dauerte fünf Jahre lang. Die Jahre 1554 bis 1565 waren die gute Zeit der Gemeine, 1565—1592 die goldene Zeit. Zu dieser Zeit bestanden 70 Haushaben mit je 400—1000 Einwohnern und aus Deutschland und der Schweiz kam immer neuer Zuzug. 1592—1618 brach Verfolgung herein. 1619—1622 war Kriegsnot und trat Ausweisung ein. 1623—1649 waren die meisten in Ungarn und Siebenbürgen. 1651—1664 blieben sie dort und erduldeten den Türkenkrieg. 1666—1695 hatten sie viel Not vom Kriegsvolk und dem großen Türkenkrieg. 1695—1792 verfielen die Gemeinen, die allgemeine Gütergemeinschaft hat ungefär im Jahre 1667 aufgehört, doch scheinen sie in Rußland und Dakota wieder Gütergemeinschaft zu haben.

Die holländischen Brüder standen durch Prediger Deknatel, die Pfälzer durch Peter Weber mit ihnen in Verkehr. Ein gewisser

Ruth war 1757 in Siebenbürgen der erste Diener des Worts; ihre Zal war in 1748 (in Trechin) auf etwa 147 zusammengeschmolzen. Außerdem waren Gemeinen in Sobotisch, St. Johann und Großschützen (Levar). Um diese Zeit brachen Religionsverfolgungen herein. 1764 flohen viele nach der Wallachei, dort ausgeraubt, nahm sie der russische General Romanzow auf seine Güter nach Wischinska, wo sie in Frieden und Ruhe wohnten und sich noch andere Brüder zu ihnen fanden. 1781 erließ Kaiser Josef II. von Östreich das Toleranzedikt, die Brüder in Ungarn bezogen es auch auf sich und erklärten zu ihrem Glauben, von dem sie zur römischen Kirche gezwungen worden waren, zurückkehren zu wollen. Da der Kaiser ihnen die Freiheit verweigerte, wurden alle wieder katholisch, mit Ausnahme von Jakob Walter, welcher, nachdem er 36 Jahre Prediger, 21 Jahre Ältester gewesen, 1855 in Rußland starb. Es waren 137 Personen, die so wieder katholisch wurden; sie mußten ihre Religionsbücher ausliefern, dafür bekamen sie katholische Erbauungsbücher, doch behielten noch manche ihre Bücher, andere flohen nach Rußland, besonders von Szobotist, in 1784 waren es 67 Personen. Die Huterischen Brüder in Rußland zogen später nach Hutersthal an der Molotschna, und im Jahre 1874 nach Amerika, wo sie sich in Süd=Dakota niederließen und fünf Gemeinen gründeten, die fünf Versammlungshäuser besitzen und 352 Glieder zälen.

Neunter Abschnitt.

Die Täufer in der Schweiz.

Wechselverkehr mit Mähren. — Einziehung der Güter in Zürich. — Zwinglis Tod. — Religionsgespräch zu Zofingen. — Verfolgungen und Befehle gegen sie. — Wehrlosigkeit, Hans Kägi, Hans Landis. — Hülfe der Niederländer durch Briefe und Geld. — Die Züricher Obrigkeit verteidigt sich gegen die Anklagen. — Auswanderung, neue Verfolgungen und Auswanderung. — Kräftige Verwendung der niederländischen Regierung für die Schweizer Täufer. — Brief. — Fortschaffung von Täufern. — Bekenntnis der Schweizer, ihre Befreiung in den Niederlanden. — Fortgesetzte Verfolgung und Auswanderung.

Wir haben der Schicksale der Mährischen Brüder erwähnt, weil ihre Geschichte in Wechselwirkung mit der der Schweizer Täufer steht. Wurden sie in der Schweiz verfolgt, so flohen sie nach Mähren, wurden sie in Mähren verfolgt, so flohen sie nach der Schweiz zurück.

Die Züricher Regierung beklagte sich bitter darüber, daß die Täufer ihr Vermögen nach Mähren nähmen und dann arm zurückkehrten und der Schweiz zur Last fielen. Deshalb zog die Züricher Regierung später die Güter der Täufer ein, unter dem Vorwand, arme Täufer aus dem Erlös dieser Güter zu unterstützen.

Die Verhältnisse in der Schweiz änderten sich etwas zum Bessern, als nach Zwinglis Tode in der Schlacht von Kappeln, 11. Oktober 1531, die Evangelischen vom Angriff zur Verteidigung gedrängt waren, und also die Täufer mehr Ruhe fanden.

1532 wurden zwei Religionsgespräche mit ihnen gehalten. Das von Zofingen dauerte acht Tage und waren dreiundzwanzig Täufer mit sicherm Geleit zugegen. „Man richtete aber diesmal ebenso wenig, als bei allen vormaligen Unterredungen, mit ihnen aus, und das Ende war, daß die Obrigkeit ihnen alles Lehren und alle weiteren Zusammenkünfte untersagte und alsdann zu Strafen griff, wodurch aber dem Übel keineswegs abgeholfen wurde. Da alle Strafen diese Partei nicht verringerten, sondern vielmehr vergrößerten, war man ihretwegen dergestalt in Verlegenheit, daß einige dafür stimmten, hinfort keinen Wiedertäufer mehr am Leben zu strafen."

Im Jahre 1548 erkannte die Regierung in Bern an, daß die Täufer den obrigkeitlichen Stand nicht mehr verwarfen, sondern für die Obrigkeit beteten.

Es scheint, daß sich im Jahre 1585 die Täufer mit der Bitte, um Gewissensfreiheit an den Berner und Züricher Rat wandten, sich erboten, der Obrigkeit unterwürfig zu sein, auch Abgaben, Zoll und andere bürgerliche Auflagen zu entrichten; in Zürich reichten sie ein Glaubensbekenntnis ein, aber alles vergebens. Bis zum Ende des Jahrhunderts hatten die Täufer in der Schweiz, trotz vielfältiger Wiederholung der Befehle gegen sie, doch so ziemlich Ruhe und breiteten sich aus, da die Geistlichen der Staatskirche vielfach ein schändliches Leben führten und dem Volke keine geistliche Speise boten. Die Regierung erließ scharfe Befehle gegen das liederliche Leben der reformirten Prediger und Kirchendiener und bei dem weltlichen Stand werde dergleichen auch gesehen. "Etliche seien gar unfleißig im Predigen und Haushalten, dem liederlichen Leben, der Trunkenheit und Völlerei ergeben. Daß Ehebruch, Geiz, Betrügen, Wucher und Hoffart, Fluchen und Schwören im Schwange seien, welches die Hauptursache sei, daß viele, fromme Leute, welche Christum von Herzen suchten, sich ärgerten und sich von der Kirche trennten."

In 1580 waren die Befehle gegen die Täufer erneuert. Wer Täufer beherberge oder Umgang mit ihnen habe, solle in hundert Pfund Pfennige Strafe verfallen, oder auf ein Jahr des Landes verwiesen werden. Wer ferner das Gut eines Täufers kaufe, oder um Zinsen zu sich nehme, soll es verwirkt haben und dasselbe der Obrigkeit anheimfallen.

Im Jahre 1612 erging in Zürich ein scharfer Befehl gegen die Täufer, aber diese fanden viel Teilnahme im Volk, das sie als Märtyrer betrachtete.

In Bezug auf die Wehrlosigkeit sagte "einer, Namens Hans Nägi, auf die Frage des Predigers Rogator, wenn einer ihm sein Weib und Kind umbringen wollte, ob er sie mit seinem Degen beschirmen würde?" „Es ist mir kein Degen gegeben worden, damit ich mich wehren sollte, ich wollte aber lugen, ob ich ihn finge"; und auf dessen weitere Frage, wenn einer ihm sein Kind ermordet hätte und das andere auch umbringen wollte, und er denselben nicht fassen und greifen könne, ob er dann nicht einen Stock erwischen und sein ander Kind damit beschirmen und den Mörder damit beschädigen wolle: „Ich wüßte nicht, was ich täte; jedoch wenn ich solches täte, sollte es doch nicht sein, denn es stehet geschrieben, wir sollen unsere Feinde lieben."

Oft brachen die Täufer, mit Hülfe ihrer Freunde, aus dem Gefängnis, wodurch ihre Haft, wenn wieder eingefangen, um so schwerer wurde.

Von Hans Landis berichtet Frau Brons Folgendes: „Ein bedeutender Lehrer der Taufgesinnten, Hans Landis, welcher gegen das Verbot der Regierung in Wald und Feld vor großen Versammlungen predigte, taufte und Ehen einsegnete, wurde deshalb gefangen genommen, und da er nicht versprechen wollte, dergleichen in Zukunft zu unterlassen, zu sechs Jahren Galeerenstrafe verurteilt. (Die Schweizer Regierungen benutzten die Ruderschiffe der italienischen Fürsten als Strafanstalten.) Auf den Galeeren zersägte er, mittelst eines Instruments, das die Brüder ihm zugesteckt hatten, seine Ketten, entschlüpfte und kam wieder ins Land zurück. Bald aber wurde er aufs neue ergriffen, worauf man ihn des Landes verweisen wollte; indessen weigerte er sich hartnäckig, dem Befehle zu folgen, indem er sagte: ‚Gott gönne ihm sowol das Land als allen andern, und die Erde sei des Herrn, auch wolle er lieber im Vaterlande bleiben, wisse auch nicht, wo er hin solle, überdies sei er alt und fürchte den Tod nicht.' Daraufhin wurde er vom großen Rat zu Zürich zum Tode verurteilt und 1614 enthauptet." Auf dem Wege zur Richtstatt bat ihn der Henker um Vergebung. Der Märtyrerspiegel berichtet darüber: „Hans Landis war eine lange, ansehnliche Person, er hatte einen langen, schwarzen, greisartigen Bart und eine männliche Stimme. Als er nach der Wolfsstatt (welches ein, zum Enthaupten eingefaßter, Richtplatz war) sehr ruhig und wolgemut an einem Seil hinausgeführt wurde, so hat der Scharfrichter, Paul Volmar, das Seil fallen lassen, seine beiden Hände gen Himmel aufgehoben, und diese Worte gesagt:

‚Ach, Gott müsse sich erbarmen, dem sei es geklagt, daß du, Hans, mir in solcher Gestalt in die Hand bist kommen, vergib mirs, um Gottes willen, was ich an dir tun muß, u. s. w.'

Hans Landis tröstete den Scharfrichter und sagte: er hätte es ihm schon vergeben, Gott wolle es ihm auch vergeben; er wisse es wol, daß er der Obrigkeit Befehl müsse ausrichten; er sollte unerschrocken sein, und sehen, daß ihn daran nichts verhindere, u. s. w.

Das Volk war der Meinung, daß der Scharfrichter, als er das Seil los ließ, dem Hans damit Anlaß habe geben wollen, davon zu laufen. Wisse auch, daß insgemein ist gesagt worden: wäre er davon gelaufen, es wäre ihm niemand nachgefolgt, um ihn aufzuhalten."

Als im Jahre 1643 eine neue Verfolgung ausbrach, schrieb jemand an den Mennoniten=Ältesten, Isaak Hattaver, zu Amsterdam: „.... worauf denn diese Verfolgung und tyrannische Gefängnis gefolgt, in welcher Zeit (wie glaubwürdig berichtet wird) diesen Leuten an 80,000 Reichstaler abgenommen worden sind. Dieser Leute Gefängnis ist allein für sich selbst greulich genug, ja so erbärmlich, als man kaum beschreiben kann. Um Ostern sind noch gegen 30 Männer und Frauen gefangen gelegt worden, die Übrigen sind mehrenteils so erkrankt, daß sie (wie man berichtet) mehr Todten als den Lebenden gleich sind. Eine schwangere Frau, die unlängst gefangen genommen, hat man, als sie entbunden werden sollte, aus dem Gefängnis ins Spital geführt, und mit ihren eisernen Ketten an den Füßen hat sie etliche Wochen ihr Kindbett halten müssen."

Dieser Brief brachte die Mennoniten in den Niederlanden in große Aufregung, sie zogen Erkundigungen ein, und sandten den Täufern einen Brief, in welchem sie dieselben ermanten, sich nicht zu widersetzen, wenn die Obrigkeit sie mit Weib und Kind samt Hab und Gut aus dem Lande ziehen lassen wolle, sonst würden sie, die Niederländer, sie nicht mehr als Brüder anerkennen, weil sie dann dem Befehl Christi zuwider handelten, der seinen Jüngern befohlen habe, wenn man sie in einer Stadt nicht dulden wolle, so sollten sie in eine andere fliehen. Dann sollten sie zu ihnen nach Holland kommen, als Reisegeld sollten sie 200 Taler erhalten.

Dabei schickten sie den Gefangenen im Zuchthause zu Ottingen 100 Taler zu ihrer bessern Verpflegung.

Die Züricher Obrigkeit verstand sich nicht dazu, ihnen dies Geld zukommen zu lassen, da es den Wiedertäufern an ihrer täglichen Notdurft nicht fehle, sie würden dadurch in ihrer Widerspenstigkeit nur bestärkt werden und desto weniger arbeiten wollen.

In einer Veröffentlichung verteidigte die Obrigkeit ihr Verhalten gegen die Täufer und suchte zu zeigen, daß hauptsächlich der Ungehorsam der Täufer die harten Maßregeln der Regierung hervorgerufen habe. „Es hieß ferner, alle Wiedertäufer sollten entweder zu bestimmter Zeit sich wieder in Gehorsam der Kirche zuwenden, oder das Land verlassen. Ihr Hab und Gut aber solle ihnen nicht verabfolgt, sondern verwaltet und den gehorsamen Kindern derselben gebührende Rechnung davon abgelegt und den ungehorsamen etwas zu ihrem Hinwegzug davon zugeteilt werden, während das Übrige bis zu ihrer Bekehrung unter Verwaltung der getreuen Väter des Landes bleiben solle. ‚Sollten sie nach Holland gehen, wo ihrer begehrt wird‘, so wollen wir sie keine Stunde mehr aufhalten, sondern ihnen noch einen Zehrpfennig mit auf den Weg geben."

Viele Täufer wanderten aus nach der Pfalz, dem Elsaß und Holland. Im 1660 verwandte sich die niederländische Regierung, sowie die Ritterschaft im Elsaß für die verfolgten Täufer dahin, daß man ihnen ihr Hab und Gut verabfolgen ließe, wenn sie aus dem Lande zögen. Die Züricher Regierung erwiderte darauf und suchte ihre Handlungsweise zu rechtfertigen, weigerte sich auch, das Hab und Gut der Täufer zu verabfolgen.

„In 1659 waren auch in Bern die Befehle gegen die Täufer erneuert und verschärft. Die Lehrer der Täufer namentlich sollten ernstlich aufgespürt und ergriffen, in Gewahrsam gebracht und ihre Bekehrung versucht, unterdessen aber ihr Hab und Gut in Verwahrung gebracht werden. Gegen die andern, bloße Anhänger oder wirkliche Täufer, sollte mit Unterschied verfaren werden, je nachdem sie hartnäckig seien oder nicht. Gelänge es, sie durch Belehrung auf den rechten Weg zurückzubringen, so sollten sie nach Bezalung der Kosten wieder auf freien Fuß gestellt und mit Ehren wieder in den Schoß der Kirche aufgenommen werden. Diejenigen

aber, welche hartnäckig blieben, sollten in Gewahrsam nach der
Grenze geführt und aus dem Lande gewiesen werden; wenn sie
aber unbekehrt dennoch zurückkehrten und in ihrem Irrtum beharr=
ten, sollten sie mit Ruten gepeitscht und aufs neue über die Grenze
gebracht werden. Denn alle diejenigen, welche der Landesobrig=
keit sich zu unterwerfen weigerten, könnten nicht geduldet werden.
Nun aber seien die Wiedertäufer solche Leute, welche sich den obrig=
keitlichen Ordnungen widersetzten, indem sie: 1. ohne Berufung
und Bestätigung der Obrigkeit predigten; 2. ohne Beruf und Be=
fehl der Obrigkeit in ihren Gemeinen tauften; 3. ihre Kirchenzucht
gegen die öffentlichen Satzungen der Obrigkeit selbst führten;
4. keine Versammlungen der Kirche, welche an Sonn= und Bet=
tagen gehalten würden, besuchten.

Mit dem Hab und Gut der verwiesenen Täufer solle es so ge=
halten werden, wie im Züricher Gebiet. Diejenigen Beamten,
welche dieser Verordnung nicht nachkämen, sollten 100 Gulden
Strafe bezahlen."

Im nächsten Jahre erlaubte die Regierung von Bern den Täu=
fern, wenn sie das Land verlassen wollten, mit ihrem Hab und Gut
abzuziehen, wenn sie sich bis zum Bartholomäustage entfernten.

Im Jahre 1671 zogen etwa 700 Täufer aus, die meisten
gingen nach der Pfalz.

1695 wurden die Befehle gegen die Täufer erneuert. 1709
wurde mit den härtesten Maßregeln gegen sie vorgegangen. „Wo
gemischte Ehen waren, trennte man sie, und der taufgesinnte Teil,
Männer oder Frauen, wenn sie sich nicht fügen wollten, wurde
gefangen genommen, auf die Galeeren geschickt, oder gegeißelt und
getödtet. Bern teilte der Züricher Regierung mit, welche Maß=
regeln es zur Vertilgung des Unkrauts ergriffen habe und letztere
ahmte ihm eifrigst nach. Die Gefängnisse in Bern wurden all=
mählig überfüllt, man mußte auf Entleerung bedacht sein. Der
eine Teil der Ratsherren stimmte für die Todesstrafe der Unglück=
lichen, während der andere Teil sich nicht dazu entschließen konnte."

Als die Nachricht von den neuen Verfolgungen nach Holland
kam, setzten die Gemeinen alle Hebel zur Hülfe in Bewegung, sie
sammelten 50,000 Gulden, wandten sich an die Regierung der
Niederlande, und am 15. März 1710 sandten die Generalstaaten

der Niederlande folgenden Brief an die Regierung von Bern:
„Die in unserm Staate wohnenden Mennoniten haben uns mit
Trauer gemeldet, daß sie durch Briefe und sonstige sichere Nach=
richten wüßten, daß ihre Glaubensgenossen in der Schweiz, ins=
besondere in Ihrem löblichen Kanton schwer verfolgt würden, und
zwar ihrer Religion halber, und daß gerade jetzt eine große Anzal
Personen, sowol Frauen als Männer, in verschiedenen Gefäng=
nissen eingeschlossen seien, welche außer den gelinderen Strafen mit
Verbannung auf die Galeeren, ja mit dem Tode bedroht würden.
Sie baten uns deshalb um unsere Fürsprache für ihre Glaubens=
brüder, um dadurch für dieselben Erleichterung der Verfolgung
und sichern Aufenthalt in ihren Wohnungen, nebst freier Aus=
übung ihres Gottesdienstes zu erlangen."

„Wir haben die Mennoniten seit langen Jahren geduldet und
durch Erfarung gefunden, daß sie treue Untertanen und Staats=
bürger sind, die still und einfach leben, sich nur mit ihren eigenen
Angelegenheiten und weiter mit nichts bemühen, weshalb wir so
guten Eingesessenen ihre Bitte um unsere Fürsprache bei Euch für
ihre dortigen Glaubensgenossen nicht abschlagen wollten."

„Wir halten zwar mit Euch die christlich=reformirte Kirche für
die beste und wahre Religion und wünschen, daß die Mennoniten
sowol hier als bei Euch zu derselben zurückgebracht werden könnten,
jedoch nur auf dem Wege der Überzeugung und nicht durch Zwangs=
mittel, welche in Glaubenssachen niemals angewendet werden
dürfen, weil Gott allein sich darüber die Macht vorbehalten hat,
dem jeder Mensch von seinem Glauben sowol als von seinem Tun
Rechenschaft zu seiner Zeit ablegen muß. Und da Ihr sowol wie
wir und andere Potentaten, welche der reformirten Religion zugetan
sind, uns mit Recht beklagt haben über die Verfolgungen, welche
unsere Glaubensgenossen in den Ländern, wo eine unerträgliche
Hierarchie die Oberhand hatte, erlitten, so scheint es uns in keiner
Weise in der Ordnung zu sein, denselben Weg der Verfolgung ein=
zuschlagen gegen diejenigen, welche nur in einigen Stücken von
uns abweichen, sondern vielmehr geboten, eine christliche Duld=
samkeit gegen sie zu betätigen, damit die Feinde der reformirten
Kirche keine Veranlassung erhalten, ihre harten Verfolgungen
gegen unsere Glaubensgenossen damit zu rechtfertigen, daß von

einer reformirten Obrigkeit dasselbe gegen andere geschieht, welche einen abweichenden Glauben haben."

„Es erscheint uns hartherzig, jemand um seines Glaubens willen, in welchem er seine ewige Seligkeit zu finden glaubt, mit Landesverweisung, Galeerenstrafe, ja selbst mit dem Tode zu bestrafen, und glauben wir, daß jedem darin seine Freiheit gelassen werden muß, sofern er nichts tut, was dem Lande zum Nachteil gereicht. In dieser Hinsicht sind wir der Meinung, daß von den Mennoniten weniger als von andern Konfessionen zu befürchten ist, denn sie sind der Obrigkeit gehorsam und untertänig in allen Dingen, welche nicht mit Gottes Wort nach ihrem Glauben streitig sind, und leben still und ernst."

„Obgleich ihnen bei Euch dreierlei zur Last gelegt wird, erstlich, daß sie die Obrigkeit nicht erkennen wollen als mit dem Christentum nicht vereinbar, daß sie zweitens ihre Treue gegen die Obrigkeit nicht mit einem Eide bekräftigen wollen, und daß sie drittens sich weigern, das Vaterland mit den Waffen zu beschützen, so scheint das erste nicht mit ihren Glaubensartikeln zu stimmen, wovon wir den 13. Artikel hier beigefügt haben, aus welchem hervorgeht, daß sie eine ganz andere Ansicht über die Obrigkeit haben, und was den Eid anbelangt, da sie der Meinung sind, daß er in Gottes Wort verboten ist, ihre Erklärung „auf Manneswort" dieselbe Kraft hat als ein Eid, so folgt daraus, daß ihre Ansicht wegen des Eides dem Staate keinen Nachteil bringen kann, und was den dritten Punkt betrifft, so haben wir das Vertrauen, daß er nicht auf die Spitze getrieben werden wird, weil sie sich nicht absolut weigern das Vaterland zu beschützen, indem sie die Waffen nur nicht ergreifen wollen zur Rache, und meinen, durch Darbringen ihnen auferlegter Geldbeiträge ihrer Bürgerpflicht in dieser Beziehung genügen zu können, wodurch der Staat auch beschützt und ihm geholfen wird."

„Wir ersuchen Eure Edlen deshalb freundlich, vorbenannte Menschen günstiger ansehen zu wollen und nicht allein die Gefangenen in Freiheit zu setzen und von allen weiteren Strafen abzustehen, sondern dieselben als gute Staatsbürger unter Eurem Schutz in Ruhe wohnen zu lassen. Wir sind der Meinung, daß Euer Edlen eignem Staat, welchem wir alles Gute gönnen, da=

durch kein Unheil, sondern Gutes geschehen wird, und daß hier die Regel am Platze ist, „was du nicht willst, daß man dir tu, das füg auch keinem andern zu.'"

„Außerdem würde es uns sehr lieb sein zu vernehmen, daß durch unsere Intercession diesen unglücklichen Menschen die gewünschte Erleichterung zu Teil geworden wäre, und würden wir bei allen vorkommenden Gelegenheiten dafür erkenntlich sein."

Auch König Friedrich I. von Preußen verwandte sich für die Täufer und bot ihnen in seinen Landen eine Heimat an, doch folgten der Einladung nur wenige. Ebenso verwandte sich auch die Königin von England für sie.

Die Antwort auf obiges entschiedene Schreiben der holländischen Regierung ist nicht bekannt, es hatte aber den Einfluß auf den Rat zu Bern, daß man beschloß, die Täufer unter militärischer Bedeckung nach Amerika zu senden.

Unter den Täufern befanden sich 32 Alte, Frauen und Kinder, durch die lange Gefangenschaft abgeschwächt und teilweise krank, dabei aller Mittel entblößt; diesen wurde von dem freundlichen Hauptmann erlaubt, in Mannheim ans Land zu gehen, und sie wurden von früher ausgewanderten Verwandten und Glaubensgenossen freundlich aufgenommen. Drei Männer eilten voraus nach Amsterdam und legten als Lehrer und Älteste dem Bürgermeister und Rat der Stadt Amsterdam folgendes Bekenntnis vor:

„Erstlich, daß sie glauben und bekennen, daß die Obrigkeit von Gott dem Allmächtigen verordnet sei, um die Bösen zu bestrafen und die Guten zu beschützen, und daß deshalb jeder Christ schuldig sei, sie als Gottes Dienerin zu erkennen und ihr nicht widerstehen dürfe, sondern vielmehr Gott für sie bitten müsse, auf daß man unter ihrer Regierung ein stilles, ruhiges Leben führen möge, und daß man ihr darum auch geben müsse, was man schuldig sei, Zoll dem Zoll gebührt, Furcht dem die Furcht gebührt, und Ehre dem Ehre gebührt."

„Zweitens, daß sie es dafür halten, daß es ihnen nach der Lehre Christi, Matth. 5, gezieme, keinen Eid zu schwören, sondern ja, was ja ist, und nein, was nein ist, und daß sie durch dieses sich so stark gebunden fühlen als alle andere, welche einen Eid leisten, und daß sie, wenn sie ihr Wort brechen, ebenso der Strafe der Obrigkeit unterliegen müssen als ein Meineidiger."

"Drittens, daß sie bereit seien, der Obrigkeit für ihre Protektion und Schutz Abgaben zu bezalen, so viel als ihnen nach ihrem Vermögen aufgelegt werde, und sie leisten könnten, und daß sie in Zeiten der Not statt des Waffendienstes an den Befestigungsarbeiten sich beteiligen wollten, so viel wie ihnen möglich sei."

Die Folge dieser Erklärung war, daß die Täufer, sobald sie niederländischen Boden in Nimwegen betraten, in Freiheit gesetzt wurden, indem die niederländische Regierung den Soldaten der Schweiz den freien Durchzug, um den die Berner Regierung nachgesucht, verweigerte.

Frau Brons beschreibt die Aufnahme der Schweizer in Nimwegen folgendermaßen: "Am 6. April erreichten sie den niederländischen Boden, traten zuerst in Nimwegen an Land und besuchten den Prediger der dortigen Mennonitengemeine. Dieser Mann war nicht wenig verwundert, als er einige fremdaussehende Männer mit langen Bärten, großen Hüten und schweren, mit Nägeln und Eisen beschlagenen Schuhen, in Begleitung zweier Soldaten in sein Haus treten sah. Doch kaum hörte er, daß sie zu den unglücklichen Schweizern gehörten, die nach Holland gebracht würden, um deportirt zu werden, als er sie freundlich aufnahm und die Diakonen seiner Gemeine von ihrer Ankunft in Kenntnis setzte. Mit diesen zusammen ging er zum Schiffe und wirkte beim wachthabenden Offizier die Erlaubnis aus, auch die Übrigen mitnehmen zu dürfen, um sie etwas zu erquicken. "Wir trösteten die Leute", schrieb der Prediger an den Gemeinerat zu Amsterdam, "nun sollen euch die Soldaten nicht wieder haben, und wenn sie Gewalt anwenden, so suchen wir Schutz bei den Generalstaaten. Als wir nun einen Tag vergnügt mit ihnen zusammen gewesen waren, haben wir sie aus der Stadt geleitet und unter Tränen Abschied von ihnen genommen. Sie sind nach der Pfalz zurückgekehrt, um ihre ausgesetzten Angehörigen, dort und im Elsaß, aufzusuchen. Es waren abgehärtete Gebirgssöhne, die Strapazen wohl ertragen konnten, und dabei fromm wie die Lämmer."

Die Verfolgung in der Schweiz dauerte fort. Hundert Familien zogen nach Holland, wo sie am 14. August 1711 ankamen;

sie wurden in und um Groningen angesiedelt und alle dortigen Gemeinen kamen ihnen liebevoll und freundlich entgegen. Sie bildeten eigene Gemeinen, da sie nur deutsch verstanden. 1713 kam neuer Zuzug. Natürlich machten diese Leute in ihrer Nationaltracht anfangs großes Aufsehen, nach und nach wurden sie holländisch und verschmolzen mit den holländischen Gemeinen. Einige wanderten auch nach Litthauen aus.

Aus Zürich scheinen um diese Zeit die Täufer fast alle vertrieben oder zur reformirten Kirche gezwungen zu sein, denn wir hören nun nur von Bern und Basel, wo sich noch jetzt einige kleine Gemeinen befinden. Die größte ist die im Emmenthal. In den dreißiger Jahren dieses Jahrhunderts wanderten viele Schweizer Täufer freiwillig aus und einzelne Familien kommen von Zeit zu Zeit noch jetzt. Neueren Nachrichten zufolge ist unter den kleinen Schweizergemeinen jetzt ein reges, geistliches Leben.

Zehnter Abschnitt.
Die Täufer in der Pfalz.

1527 Verfolgung. — 1557 Religionsgespräch zu Pfeddersheim. — 1571 zu Frankenthal. — Verhandelte Fragen. — Pfalzgraf Ludwig und die Täufer, „Abschied aus der Schweizer Heimat" (Gedicht). — Die Verwüstung der Pfalz, Hülfe aus den Niederlanden. — Dieselbe ist immer aufs neue nötig, erst leiblich, dann geistlich. — Valentin Dahlem. — Täufer in Nassau, Baden, Würtemberg, Baiern. — 1803 Versammlung in Ibersheim. — Wehrlosigkeit, gezwungener Dienst. — Formularbuch 1807, neue Ausgabe 1852. — Gesangbuch, Katechismus, Weierhöfer Anstalt. — Central = Hülfskasse.

Als 1527 Joh. Denk nebst Ludwig Hetzer und Jakob Kanz aus Worms wichen, brach die Verfolgung der Täufer, wie wir berichtet, auf allen Seiten in der Pfalz los, aber trotzdem 350 getödtet wurden, blieben doch manche, ja dieselben vermehrten sich bald wieder, so daß der Kurfürst sich veranlaßt sah, in 1557 ein Religionsgespräch zu Pfeddersheim mit ihnen anstellen zu lassen, dem scharfe Befehle gegen sie folgten. Im Jahre 1571 wurde ein Religionsgespräch in Frankenthal veranstaltet. Der Kurfürst selbst eröffnete das Gespräch und da die Täufer klagten, daß ihnen zu Pfeddersheim Unrecht geschehen und ihre Sache und das Protokoll falsch dargestellt sei, wofür sie hätten leiden müssen, so versprach der Kurfürst, daß das Protokoll jedes Tages ihnen mitgeteilt werden solle. Das Gespräch dauerte neunzehn Tage und es wurden folgende Fragen verhandelt:

1. Ob das Alte Testament den Christen ebensoviel gelte als das Neue, und ob die Lehre der Hauptstücke des christlichen Glaubens und Lebens sowol aus dem Alten Testamente bewiesen werden müsse als aus dem Neuen?

2. Ob der Vater, der Sohn und der heilige Geist ein göttliches Wesen seien, doch in drei Personen unterschieden?

3. Ob Christus seinen Leib aus der Substanz des Leibes der Jungfrau Maria, oder auf andere Weise empfangen habe?

4. Ob die Kinder in Sünden empfangen und geboren würden und deshalb von Natur Kinder des Zorns und ewig verloren seien?

5. Ob die Gläubigen im Alten Testament mit den Gläubigen im Neuen Testament eine Gemeine Gottes seien?

6. Ob der vollkommene Gehorsam Jesu Christi, durch den Glauben gefaßt, die einzige genügende Bezalung sei für unsere Sünde und die Ursache unserer ewigen Seligkeit, oder ob wir eines Teils durch den Glauben an Christus und anderen Teils durch Kreuz und gute Werke selig würden?

7. Ob unser Leib am jüngsten Tage auferstehen werde, oder ob uns von Gott ein anderer gegeben werde?

8. Ob der Gläubige sich von dem Ungläubigen in der Ehe scheiden solle?

9. Ob der Christ eigene Güter kaufen und besitzen dürfe ohne Schädigung der christlichen Liebe?

10. Ob der Christ Obrigkeit sein und mit dem Schwert strafen dürfe?

11. Ob dem Christen gestattet sei einen Eid zu schwören?

12. Ob die Kinder getauft werden müßten?

13. Ob das Abendmal allein ein Zeichen und Ermanung zum Glauben und zur Liebe sei, oder auch eine kräftige Besiegelung der seligen Gemeinschaft der Gläubigen mit Christus bis ins ewige Leben?

Alle Täufer erhielten 14 Tage vor und nach dem Gespräch freies Geleit durch das ganze Kurfürstentum.

Auf Seite des Kurfürsten waren sieben Redner, drei Präsidenten und drei Schreiber, auf Seite der Täufer vierzehn Redner unter denen Diebold Winter, Rauf Bisch und Hans Buchel die hervorragendsten waren. Letzterer scheint eine besonders bedeutende Stellung unter ihnen eingenommen zu haben, da man mit Verlockung und Drohung ihn zur Landeskirche zu bekehren suchte, wie er das in einem Gedichte erzält.

In dem Religionsgespräch hielten sich die Täufer den gelehrten Gegnern gegenüber tapfer mit dem Wort und an das Wort.

Der Zweck, sie zu der Landeskirche zu bekehren, wurde nicht erreicht. „Die Taufgesinnten wurden für unverbesserliche Irrlehrer erklärt, und mit der Hoffnung entlassen, daß Gott in seiner Gnade sie noch dereinst aus den Stricken des Teufels erlösen und daß das Licht des göttlichen Worts sie über ihre verstockte Blindheit und über ihren verdammlichen, falschen Gottesdienst aufklären werde."

Wir sprachen schon von der Auswanderung aus der Schweiz in 1660; von dieser erzält Frau Brons folgende Überlieferung: „Der Pfalzgraf Karl Ludwig habe eines Tages traurigen Mutes, in seinem Schlosse sitzend, die schrecklichen Folgen des dreißigjährigen Krieges vor seiner Seele vorüberziehen lassen, vergeblich sinnend, wie er das zu Grunde gerichtete Land wieder bevölkere. Im Begriffe, seine Diener und Räte zu sich zu berufen, um mit ihnen zu überlegen, sei ihm gemeldet, an der Grenze bei Bockenheim stehe eine Schaar vertriebener Leute, welche bereit seien, sich im Lande anzusiedeln, wenn sie Schutz finden und in Frieden leben könnten, denn die gestrengen Herren in der Schweiz und namentlich die in Bern hätten sie ihres Glaubens wegen vertrieben, man habe sie mit Gefängnis und Schwert bedroht und seien sie deshalb mit nur wenigem Gepäck geflüchtet.

Auf die Frage des Kurfürsten, weß Glaubens sie denn seien, habe er die Antwort erhalten, daß diese Leute zu den aller Orten vertriebenen Täufern gehörten. Darauf habe der Kurfürst sie willkommen geheißen, wenn sie ihm Treue und Gehorsam geloben und ehrbar und fleißig leben wollten."

Durch die fleißigen Hände dieser Leute seien bald das Unkraut und die Dornen auf den verödeten Feldern verschwunden, und Getreide an die Stelle getreten. Aller Orten sei durch ihren Fleiß der Wolstand wieder eingekehrt, bei ihnen selbst zuerst. Sie hätten das schönste Vieh gehabt und so reiche Ernten, wie nie zuvor gesehen worden. Dies habe den Neid und die Mißgunst vieler anderer erregt. Als nun eines Tages der Kurfürst durch das Land geritten und mit Freuden diese Umwandlung gesehen, und als da der blühende Zustand eines Hofes im Pfrimmtal ihm besonders aufgefallen sei, da habe man ihm gesagt, ja, wenn es alles nur mit rechten Dingen zugegangen wäre, der Mann sei ein Falschmünzer. Als nun der Kurfürst ihn darauf angefaßt habe und ihm gesagt, er solle ihm die Falschmünzer=Werkstätte zeigen, da habe der Mann ihm seine schwieligen Hände entgegen gehalten, mit denen er das Geld durch Gottes Segen in seinem Acker gefunden habe. „Steht so die Sache," habe der Kurfürst gesagt, „so möge deine Münze bestehen. Er solle seine Kinder solches Münzschlagen lehren, zu ihrem und des ganzen Landes Wol."

Die Verfolgung und wunderbare Errettung des Jost Crayen= bühl, sowie den traurigen Abschied von der Heimat in 1671 und die Wanderung und Ansiedlung in der Pfalz beschreibt Peter Crayenbühl (Krehbiel) in Ellenbergers „Bilder aus dem Pilger= leben." In einem hübschen Gedichte (ebendaselbst gegeben) be= schreibt ein Enkel dieses Peter Krehbiels den Abschied des Groß= vaters, aus welchem ich nur einige Zeilen hersetzen möchte:

Lebt wol, ihr Alpen, ihr geliebten Gauen,
Du heimatliches Dorf im stillen Tal!
Euch, traute Fluren, wird ein andrer bauen;
O Vaterhaus, dich werd' ich nie mehr schauen.
Behüt' dich Gott! Lebt wol, zum letzten Mal!

O Vaterhaus, ihr heißgeliebten Räume,
Wo ich empfand des Lebens Lust und Qual,
Leb wol, leb wol im Schatten deiner Bäume!
Es bricht das Herz mir, wenn ich länger säume.
O lebe wol, zum letzten, letzten Mal.

Noch einen Blick nach meiner Eltern Grabe,
Dort unterm frischbekränzten Todtenpfahl,
Wo ich, verfolgt, so oft gebetet habe!
Jetzt greif ich schmerzerfüllt zum Wanderstabe,
Und grüß dich noch zum letzten, letzten Mal.

Und ihr, die mich verfolgt mit Wut und Schnauben,
Indeß ich euch der Gnad' des Herrn empfal,
Meint ihr, ich ließ mir meinen teuren Glauben
An meinen Herrn und Heiland jemals rauben?
Lebt ihr auch alle wol zum letzten Mal.

Nehmt alles hin, nur laßt mir meinen Heiland!
Die Erdengüter sind ja öd' und schal.
Im Elend bin ich glücklicher als weiland,
Braust rings die Flut, ich bin auf sichrem Eiland,
So selig fühl' ich es zum ersten Mal.

So lebt denn alle wol! Ich muß jetzt scheiden,
Lebt wol! Es bleibt mir keine andre Wahl.
Der Herr ist ja mein Hirt, er wird mich weiden
Auf grüner Au; er bringt, wenn auch durch Leiden,
Mich doch dereinst zu seinem Abendmal.

Nur wenige Jahre konnten sich die Täufer der neuen Heimat erfreuen, denn bald brachen die wilden Kriegshorden Ludwig des XIV. von Frankreich in die Pfalz ein und verwandelten sie in eine Wüste. 240 Familien wurden von Haus und Hof getrieben, ihrer Habe beraubt und flohen auf kleine Inseln im Rhein, wo sie dem Hungertode preisgegeben gewesen wären, wenn nicht die Brüder in den Niederlanden und am Rhein sich ihrer erbarmt hätten; diese brachten 30,000 Gulden und als das nicht reichte, nochmals 20,000 Gulden zusammen, sandten Schiffe mit Lebensmitteln und Kleidungsstücken rheinaufwärts, und brachten in den Schiffen viele nach Neuwied und Crefeld und 140 kamen ganz arm in Amsterdam an. Alle wurden versorgt. Auch verwandte sich der Prinz von Oranien für sie beim jetzt katholischen Kurfürsten. Unter sehr harten Bedingungen und fast unerschwinglichen Steuern wurde es ihnen erlaubt, sich wieder in der Pfalz niederzulassen, doch gab Gott seinen Segen dazu. Viele aber, welche die immer neuen und härteren Bedrückungen nicht ertragen konnten, zogen nach Amerika in das Land der Freiheit.

Während der Zeit der Verfolgung nahmen die Niederländer Brüder sich sehr liebevoll sowol der Verfolgten als der Auswandernden an, wobei sie von Altona und Friedrichstadt sowol wie den Gemeinen am Rhein und in Ostfriesland unterstützt wurden.

Die Gemeine zu Krefeld berichtete nach Amsterdam, daß sie von den verfolgten Täufern im Jülicher Land, um sie zu retten, 40 Familien mit 10,000 Talern losgekauft habe, diese seien in gänzlich hülflosem Zustande in Krefeld angekommen, daher bat sie um Beihülfe für dieselben.

Der König Wilhelm III. von England schrieb an den Kurfürsten und verwendete sich für die verfolgten Mennoniten. Diese Fürsprache hatte Erfolg, und der König bedankte sich dafür in einem weiteren Schreiben zu Gunsten der armen Verfolgten.

In der Pfalz war die Verfolgung und Not oft so groß, daß immer neue Bitten um Hülfe an die holländischen Brüder kamen, teils um Unterstützung zum Auswandern, teils zum Dortbleiben. Die Holländer ernannten am 12. Dezember 1730 Hans Burkholder zu Gerelsheim zu ihrem Vertrauensmann, der Auskunft erteilte, Hülfe austeilte und den Briefwechsel besorgte. Er verwaltete das Amt bis zum Tode 1751, dann sein Sohn 10 Jahre. Auf alle erdenkliche Weise wurden die Mennoniten bedrückt, durch Kopfgeld, durch Beschränkung ihrer Zal, Ausweisung aller die sich verheiraten wollten, große Erbschaftssteuer u. s. w. Bis 1765 ging die Unterstützung auf leibliche Not, von da an auf Abhülfe geistiger Not, für Bücher, Kirchenbau u. s. w.

Die Gemeine in Mannheim haben wir schon erwähnt, dort befand sich auch eine Haushabe der mährischen Täufer, die 1655 dahin eingeladen waren. Über diese Niederlassung, sowie über die der Mennoniten finden sich sehr günstige Zeugnisse bei Beck, St. 493, angegeben. Vom Kurfürsten bedrückt, wanderten manche von Mannheim und Heidelberg ins Nassauer Land und wurden sehr freundlich aufgenommen. Am 21. Februar 1783 bezog Valentin Dahlem, ihr frommer und tüchtiger Ältester, das Pachtgut des Herrn von Kruse in Mosbach. Valentin Dahlem hatte keine höhere Schule besucht, dennoch verstand er Griechisch und Lateinisch und sprach fließend Hebräisch. Er schrieb viele Abhandlungen theologischen, litterarischen, naturwissenschaftlichen und landwirtschaftlichen Inhalts. Ein neuerer Schriftsteller nennt ihn den Bauernphilosophen. Er starb nach fünfzigjährigem Dienste in 1840. Die Mennoniten bildeten in Süd-Nassau eine Gemeine. Auch eine Amische Gemeine bestand in Nassau.

In Baden und Würtemberg ließen sich manche der vertriebenen Schweizer als Pächter nieder, während vielleicht hie und da noch kleine Reste der süddeutschen Täufer den furchtbaren Verfolgungen entgangen waren. In Baiern hielten sich Reste der Täufer noch eine zeitlang, die meisten der dort jetzt befindlichen Mennoniten sind von der Pfalz her eingewandert, während viele von Baiern aus weiter nach Amerika gezogen sind. Die Brüder in Baden, Würtemberg und Baiern haben eine Vereinigung unter sich,

Konferenzen, Katechismus, ständige Reiseprediger und ein eigenes Blatt, das Gemeindeblatt.

Im Juni 1803 kam eine Versammlung von 21 Ältesten und Lehrern aus zwanzig Gemeinen in Ibersheim zusammen; diese betonte in einem Beschlusse die Wehrlosigkeit und bedrohte alle, welche freiwillig das Gewehr ergreifen würden, mit Ausschluß. Napoleon raubte den Mennoniten im westlichen Dentschland die Wehrlosigkeit und zwang sie zum Waffendienst.

Auf der erwähnten Versammlung zu Ibersheim ward dem obengenannten, tüchtigen Ältesten, Valentin Dahlem, der Auftrag gegeben, ein Formularbuch zu verfassen. Er tat dies, und im Jahre 1805 wurde das Buch, nach Prüfung durch die pfälzischen Gemeinen, angenommen. Dieses Formularbuch wurde auf Beschluß einer kirchlichen Versammlung von drei Predigern vermehrt und verbessert und auf einer Versammlung, gehalten am 10. Mai 1852, von den Vertretern der Gemeinen geprüft, gutgeheißen und angenommen. In der Abfassung des amerikanischen Formularbuches wurde dieses letztere vielfach benutzt.

Auch ein eigenes Gesangbuch für die Pfälzer Mennoniten= gemeinen wurde herausgegeben und später in Amerika mit einem Anhang neu verlegt. Auch ein großer und kleiner Katechismus wurde von Prediger J. Molenaar zu Monsheim verfaßt und am 21. Mai 1861 auf einer pfälzischen Prediger=Konferenz angenommen.

Im Jahre 1867 gründete Prediger Michael Löwenberg auf dem Weierhofe eine Lehr= und Erziehungs=Anstalt. Im Jahre 1869 wurde das neue Anstaltsgebäude eingeweiht. Die Anstalt mußte durch manche trübe Erfarungen gehen, aber gedeiht jetzt unter der Leitung des tüchtigen Direktors Göbel.

Die Pfälzer Gemeinen haben eine Central=Hülfskasse zur Unterstützung von Wittwen und Waisen ihrer Prediger gegründet.

Elfter Abschnitt.

Die Gemeinen in Preußen.

Cellarius, Schwenkfelder, Schwenkfelder mit mennonitischer Hülfe nach Amerika, 1734, ihr Jahresfest. — Menno in Preußen, 1546—1555. — Dirk Philipps. — Mennoniten in Elbing. — Tiegenhof. — Freibriefe. — Preußischer Religionsfriede. — Verfolgungen, neue Freibriefe, in den Werdern und Niederungen. — Mennoniten in Danzig und den geistlichen Besitztümern. — Hans van Stern, 1772, schildert das Verhältnis der Mennoniten zu Lutherischen und Römischen. — 1656 erlaubt der Rat 21 Familien das Wohnen in der Stadt. — Drückende Beschränkungen. — Mennoniten in Ostpreußen. — Verwendung des Königs für die Schweizer Täufer. — Einladung, in sein Land zu kommen. — Bewilligung der Berner Regierung. — Aufnahme in Litthauen. — Bitte um Freibrief von 1773. — Freibrief von 1780. — Beschränkung. — Auswanderung nach Rußland. — Mennoniten während der Freiheitskriege. — Wehrlosigkeit. — Schließliche Auswanderung nach Amerika.

Schon im Jahre 1525 kam Martin Cellarius, dessen wir früher Erwähnung taten, nach Königsberg, kann sich aber nicht lange dort aufgehalten haben, da wir ihn 1526 in Straßburg finden, wo er durch sein bescheidenes, liebevolles Wesen Capito ganz für sich einnahm. Aber es beklagte sich schon 1528 Paul Speratus über solche, die es mit den Anabaptisten hielten. Peter Zenker und Fabian Eckel sind vielfach als Täufer genannt und angesehen, mit ihnen hielt der Bischof von Pomesanien Paul Speratus im Jahre 1531 zu Rastenburg ein Religionsgespräch, in Folge dessen sie wahrscheinlich mit ihrem Anhange das Land räumen mußten. Diese sind jedoch nach Mannhardt Anhänger Schwenkfelds gewesen, dessen wir in Melchior Hoffmans Geschichte erwähnten.

Möge es uns erlaubt sein, hier mit einigen Worten Schwenkfelds und der Schwenkfelder Erwähnung zu tun. Kaspar Schwenkfeld von Ossing, ein schlesischer Edelmann und Theologe, stimmte in der Lehre von der Kirche und der Taufe so ziemlich mit den

Täufern, in Bezug auf die Menschwerdung Christi ziemlich mit M. Hoffman und Menno überein, wollte aber bei aller Verwandtschaft kein Täufer sein. Seine Anhänger, die in Schlesien Gemeinen gebildet hatten, flohen, durch die Bedrückungen der Jesuiten zum Äußersten getrieben, im Jahre 1726 nach Sachsen, auch da verfolgt, zogen sie 1734 nach Amerika, und zwar geschah die Übersiedlung mit Hülfe der Taufgesinnten Gemeinen von Altona und von Holland aus nach Amerika. Hinrich van der Smissen I. ließ sie von Altona nach Holland bringen, nachdem er sie in Altona beherbergt und versorgt. Am 22. September 1734 erreichten sie die neue Heimat, am 24. September feierten sie ein allgemeines Dankfest, und faßten den Beschluß, den Tag alljährlich zu feiern. An diesen Dankfesten erwähnten sie in ihren Gebeten namentlich den Grafen Zinzendorf und Hinrich van der Smissen und seine Nachkommen. Im Jahre 1881 hörte dies der Schreiber dieses, als er auf Einladung eines jüngeren Predigers der Schwenkfelder an ihrem Fest gesprochen. Der Betende, ihr ältester Prediger, wußte nicht, daß ein Nachkomme von H. v. d. Smissen neben ihm kniete, und war, als er es erfur, sehr herzlich. Der Verkehr zwischen den Schwenkfeldern und Mennoniten ist ein sehr brüderlicher.

Unter den in Preußen eingewanderten Holländern mögen einige Täufer gewesen sein, wie das aus verschiedenen Papieren erhellt. In den Jahren 1546—1555 wirkte Menno Simons selbst in diesen Gegenden unermüdlich und taufte viele. Am 7. October 1549 schrieb er einen Brief an die Gemeine in Preußen. Als er durch einen Beinbruch in 1555 an ferneren Reisen gehindert wurde, hat er gewiß brieflich seine Tätigkeit fortgesetzt, und später war Mennos Freund und Mitarbeiter, Dirk Philipps, der erste Älteste der Danziger Gemeine.

In 1550 ließen sich Täufer in Elbing nieder, worüber Klage kam, weshalb der König von Polen befahl, sie müßten in 14 Tagen die Stadt verlassen. Sie zogen aus der Stadt, aber blieben auf Landgütern in der Nähe und 1565 machten sie den Ellerwald urbar. 1556 erschien ein neuer Befehl des Königs, aber die Elbinger kümmerten sich nicht viel darum. 1571 eiferte ein Prediger gegen die Duldung der Mennoniten auf den Landgütern, und es wurde ein Ratsbeschluß gefaßt, daß sie bis Ostern 1572 das Stadt-

Dirk Philipps.

Geboren 1504 zu Leuwarden. Gestorben 1570 zu Emden.
Erster Ältester der Gemeine zu Danzig.

gebiet räumen müßten, es wurde die Zeit dann bis Herbst und später bis 1575 hinausgeschoben, der Beschluß geriet endlich, wie es scheint, in Vergessenheit. 1585 erlangten einige Mennoniten das Bürgerrecht, als Seidenkrämer und Weinhändler. 1590 wurde in Elbing ein Mennoniten-Bethaus gebaut. Ein Befehl gegen die Mennoniten nach dem andern wurde vom Polenkönig erlassen, aber, wie es scheint, keiner von den Elbingern befolgt. Die Mennoniten blieben, wurden als Bürger angenommen und ihre Religion geduldet. Anstatt des Eides brauchten sie „Ja" und „Nein" und für die Wehrfreiheit bezalten sie Schutzgeld.

Etwa um 1562 zogen die Besitzer von Tiegenhof zur Urbarmachung ihres Landes holländische Mennoniten heran, so wurden nicht nur diese, sondern auch andere wüste Gegenden durch Dämme geschützt, das Wasser aus den Sümpfen gemahlen und dieselben zu reichem Ackerlande gemacht. Um dieses Verdienstes willen erhielten sie von den polnischen Königen Freibriefe. Die polnischen Könige waren katholisch, die Preußen unter ihrer Herrschaft meist lutherisch, das war für die Mennoniten günstig, denn in Folge davon wurde von den preußischen Ständen ein Religionsfriede angenommen, der vom König Sigismund III. bestätigt wurde. Darin heißt es: „Wir versprechen uns einander für uns und unsere Nachkommen auf ewig unter dem Eide bei unserer Treue, Ehre und Gewissen, daß wir, die wir in der Religion von einander abweichen, Friede unter einander halten und wegen des verschiedenen Glaubens und der Änderung in den Kirchen, kein Blut vergießen, auch niemand mit Einziehung der Güter, Kränkung an Ehre, Gefängnis und Landesverweisung strafen oder einer Obrigkeit und Amte zu dergleichen etwas auf einige Art behülflich sein wollen u. s. w."

Griffen nun die Katholiken die Mennoniten an, so traten die Lutheraner für sie ein, drückten die Lutheraner sie, so gewährten Katholiken Freiheiten, gewöhnlich aber mußten die Mennoniten bezalen; teils wurden sie bedrückt und ihnen Geld abgepreßt, teils bezalten sie, um von Bedrückungen durch den König oder hohe katholische Geistliche befreit zu werden.

Einmal schenkte der König Wladislaw IV. die Güter der Mennoniten seinem Kammerherrn Wilbald Harberg, dieser nahm ihnen 81,000 Gulden ab, da kamen ihnen die preußischen Landstände zu Hülfe und wol für neue Geldsummen erhielten sie vom Könige einen Freibrief. Dieser Freibrief wurde von den folgenden Königen bestätigt.

Der Freibrief von König Johann Kasimir von Polen zeigt so recht, wie diese Freibriefe aus Eigennutz hervorgingen, nicht aus Duldsamkeit, wir wollen einen Teil desselben hersetzen: „Beständig geschieht es, daß eine unbillige und unzeitige Auslegung der Gesetze sehr viele Leute dazu antreibt, einen leichtsinnigen Angriff auf die Rechte und Güter anderer und die Sicherheit der öffentlichen Ruhe zu machen und Unschuldige in große Streithändel zu verwickeln. Da wir nun den bedrohlichen Verlusten zuvorkommen wollen, welche wir durch dergleichen Unfug von Privatleuten gar leicht an unsern Gütern in der Ökonomie Tiegenhof und Bärwalde und an unsern Einkünften zu erleiden haben würden, welche vorzüglich in den Besitzungen der Untertanen mennonitischen Glaubens bestehen (der König zog aus Tiegenhof jährlich 20,000 Gulden) und da wir auch den Wunsch hegen, das verwegene Unterfangen der ungestümen Leute zu hindern, welche etwa unter dem Vorwande des Eifers für das Gemeinwol mit Anführung einer Novelle zu den alten Gesetzen über die Arianer jene Männisten beunruhigen, dadurch Gelegenheit zu äußerster Entvölkerung geben, und unsern Einkünften eine nicht geringe Einbuße und Verkürzung bereiten möchten, also um derlei Nachteilen und Unzuträglichkeiten entgegenzutreten und für Unsere und Unserer genannten Untertanen in Tiegenhof Schadlosigkeit Fürsorge zu treffen, haben Wir gemeint, ebendieselben in Unsere Protektion und Unsern Königlichen Schutz aufnehmen zu müssen, wie Wir sie denn durch dieses Unser gegenwärtiges Diplom aufnehmen u. s. w."

Auf dem Landtage zu Marienburg eröffnete der Woywode von Pommerellen einen neuen Angriff auf die Mennoniten und nannte Danzig „das rechte Nest dieser Sekte", derenwegen Gott wahrscheinlich Polen so hart strafe, da die Dämme der Weichsel und Nogat so oft ausrissen und das umliegende Land überschwemmt würde. Die Freunde der Mennoniten sagten: „Die Mennoniten seien fleißige Wirte, hielten ihre Häuser und Äcker in gutem Zustande, täten bei den Ausbrüchen, bei Besserung der alten und Aufführung der neuen Dämme die größten Dienste, schafften überhaupt dem Lande, besonders den Werbern vielen Nutzen und man könne leicht merken, wo ein fauler, versoffener Bauer, oder ein arbeitsamer und der Nüchternheit beflissener Mennonit wohne. Sie wollten deshalb in den wider die Mennoniten entworfenen Artikel nicht willigen und rieten, immer mehr Leute der Art ins Land zu bringen, statt die vorhandenen abzuschaffen." Auch auf dem Reichstage griff ihr Feind sie an und es war schon ein Befehl gegen sie fertig, als der Lauenburgische Landrichter Prebendau für sie zum Könige ging, ihm zeigte, wie großen Schaden der König, wie großen Vorteil der Woywode davon habe; worauf der König befahl, den Befehl zu zerreißen und ihnen 1678 einen neuen Freibrief gab.

Die Freibriefe wurden von den folgenden polnischen Königen erneuert. Außer diesen Gemeinen in Elbing und in den Werdern gab es Gemeinen in der Schwetzer, Culmer und Graudenzer Niederung, zum Teil aus Mähren eingewanderte Hochdeutsche, etwa 1000 Seelen an der Zal. 1586 besaßen die Mennoniten in Montau schon ein Bethaus, im selben Jahr vereinigten sich die frisischen Gemeinen, ihnen schlossen sich bald die Hochdeutschen an. Es gab in jener Gegend auch zwei Gemeinen der Gröninger, strengste alte Flaminger. Die ebenerwähnten Gemeinen wurden von den katholischen Bischöfen, die ihren Vorteil von ihnen zogen, beschützt. 1750 wurden sie in den Freibrief der anderen Mennonitengemeinen aufgenommen.

In Danzig, besonders aber in den naheliegenden geistlichen Besitztümern, ließen sich viele Mennoniten nieder.

Über die ersten Schicksale der Gemeine in der Stadt Danzig sagt Hartknoch: „Anfangs verhielten sie sich sehr still, allein mit der Zeit fingen sie nicht allein an, der Bürgerschaft schädlich in der Handlung zu fallen, sondern sie äußerten sich auch der Religion wegen und brachten ihre Irrtümer unter die Leute. Als dieses der Magistrat und die Bürgerschaft wahrgenommen, wollten sie diesem Übel bei Zeiten vorkommen, deshalb ward ein Edikt wider sie angeschlagen, daß die Wiedertäufer, Sakramentirer und andere Sektenleute nicht sollten geduldet werden. Aber dieses erste Edikt kam nicht zur Ausführung, sondern es blieb bei dem vorigen.

Hernach ist 1573 aus Schluß aller Ordnungen das vorige Edikt vor die Hand genommen, verbessert und an den Artushof, (Rathaus) den 26., 27. und 28. April, angeschlagen worden." Dieser Befehl vertrieb die Fremden, aber der Bischof nahm sie im nahen Schottland auf und gab ihnen Freibriefe; schon 1626 gab der König von Polen den Bortenwirkern in Schottland ein solches. 1681 dehnte der König den Freibrief auf die in der Stadt Danzig wohnenden Mennoniten aus. Das Gotteshaus stand später auf städtischem Gebiet.

Ein Brief des angesehenen Ältesten, Hans van Steen, vom Jahre 1772 gibt ein interessantes Bild des Verhältnisses der Mennoniten zu den Lutheranern und Katholiken. Er sagt: „Sie werden sich wundern, daß ich oben gesagt habe, daß wenig Unterschied zwischen den Protestanten und Katholiken zu machen sei. Das geschah nicht allein aus dem Grunde, daß jene mit den Römischen übereinkommen in der Kindertaufe, dem Schwertführen und Eidschwören, sondern auch, weil sie sich hier zu Lande unmanierlicher betragen, als in den Niederlanden. Denn unser Volk hat hier zu Lande die meiste Bedrückung von den Protestanten zu leiden, wogegen es unter der römischen Regierung die meiste Freiheit der Religion und des Nährstandes genießt. Denn weder in Danzig noch in irgend einer andern Stadt in Polnisch-Preußen (Elbing war damals schon preußischer Pfandbesitz) genießen sie bürgerliche Freiheit, ja zu Marienburg, Thorn u. s. w., mögen sie unter der lutherischen Regierung nicht einmal wohnen. Dagegen bei Danzig, auf Schottland und den umliegenden Gründen unter der römischen und bischöflichen Regierung sie Freiheit von allem genießen, wo denn auch der größte Teil der Taufgesinnten wohnt; und im Werder, wo die großen Gemeinen sind, werden sie unter der römischen Regierung den Protestanten sogar vorgezogen."

Im 1656 steckten die Danziger Bürger die Vorstädte in Brand, um die Stadt in besseren Verteidigungszustand zu setzen, dabei litten die Mennoniten sehr; da erlaubte der Rat, 21 Familien sich in der Stadt niederzulassen. Diese Zahl vermehrte sich bald, sie erhielten Rechte, durften bedingungsweise Grundeigentum erwerben und sogar zwei Bethäuser bauen. 1750 erging ein drückender Erlaß gegen sie, der sie im Handel sehr einschränkte und ihnen verbot, weitere Grundstücke zu erwerben. So lebten die Mennoniten unter manchen Bedrückungen in Danzig, bis die Stadt preußisch wurde.

In Ostpreußen wollte die Regierung die Mennoniten anfangs nicht dulden, 1579 baten sie um das Recht freier Niederlassung in Königsberg, aber vergebens; „alle Wiedertäufer", hieß es, „sollen bis zum 1. Mai das Land räumen." Derselbe Befehl wurde fünfmal erneuert, aber sie blieben und erwarben sogar Grundstücke.

Auf Veranlassung der Hamburg-Altonaer Mennonitengemeine verwandte sich König Friedrich I. von Preußen durch seinen Gesandten in Bern für die dort verfolgten Täufer und gab den Befehl, dahin zu wirken, daß die Mennoniten ferner geduldet würden; falls dies dem Kanton nicht anstehe, sei er entschlossen, sie bei sich selbst zu etabliren. Die Berner Regierung protestirte gegen die Anschuldigung des Gewissenszwanges, nur aus staatlichen Rücksichten sei sie genötigt gegen die Täufer, welche Waffendienst und Eidschwur verweigerten, einzuschreiten. Sie wolle daher alle täuferisch gesinnten Personen nach Preußen abziehen lassen, sobald erst eine Gewähr dafür vorhanden sei, daß sie nicht wieder ins Land kämen. Der König müsse sich demnach verpflichten, sie ohne Unterschied, ob bemittelt oder unbemittelt, bei sich aufzunehmen und sie nicht in der Nachbarschaft, in Vallengin und Neuschatel, sondern im Brandenburgischen oder Preußischen anzusiedeln. Grade damals waren 20 Täufer gefangen genommen, und wer von den 52 nach Holland Abgeführten zurückkehre, solle mit dem Schwert gerichtet; wer einen von ihnen beherberge, mit Ruten gestrichen werden.

Auch die Königin von England verwandte sich für die armen, so grausam verfolgten Täufer, so machte die Berner Regierung folgende Bewilligung:

1. Die Täufer sollten ungehindert abziehen und frei über ihre Güter disponiren (verfügen) dürfen gegen Zalung eines Abzugsgeldes von 10 Prozent und Mitnahme des Land- und Mannsrechts (d. i. Aufgabe der Heimatberechtigung).

2. Bern werde die Leute auf seine Kosten bis an die Grenze schaffen und die Armen von da bis Frankfurt beköstigen.

3. Eine Deputation an den König zu erlauben sei nicht tunlich. Erst wenn die Täufer sämtlich das Land geräumt hätten, dürften sie mit dem König unterhandeln.

Die Hamburger und Amsterdamer Mennoniten hatten sich erboten, die Reise der unbemittelten Schweizer von Frankfurt bis an die preußische Grenze zu bezalen und Geld zu ihrer Ansiedlung herzugeben. Drei Deputirte der Schweizer kamen in Hamburg an, reisten nach Litthauen und das Land gefiel ihnen, aber nur einen Teil ihrer Landsleute konnten sie bestimmen, sich dort anzusiedeln. Aus dem polnischen Preußen siedelte eine Anzal Mennoniten mit Freibrief nach dem Brandenburgischen Preußen über.

Friedrich Wilhelm I., der Soldatenkönig, schonte auch die großen Söhne der Mennoniten nicht, sie sollten zum Kriegsdienst gezwungen werden. Die Litthauischen Gemeinen beschwerten sich und verlangten freien Abzug; dies nahm der König sehr übel und obwol er die standhaften Mennonitenjünglinge freigab, befahl er den Litthauischen Mennoniten das Land zu räumen, sie gingen meist nach Polnisch-Preußen.

1732 erließ er einen Befehl, daß die Mennoniten in drei Monaten das Land räumen sollten, oder, wenn sie sich nach Ablauf dieser Frist noch im Lande betreffen ließen, zur Karrenstrafe verurteilt sein sollten, statt ihrer aber sollten andere Christen, die den Soldatenstand nicht für verboten hielten, angesiedelt werden.

Die königliche Kriegs- und Domänenkammer machte auf die schädlichen Folgen dieses Befehls aufmerksam und der König antwortete, man solle sie in Königsberg einstweilen dulden unter der Bedingung, daß sie Woll- und Zeug-Fabriken anlegten.

Unter Friedrich II. erhielten die Mennoniten Religionsfreiheit, auch in Polnisch-Preußen, das jetzt Preußen zufiel. Von nun an waren die Anfechtungen der Mennoniten namentlich wegen der Wehrfreiheit.

In 1773 baten die Mennonitengemeinen um die Bestätigung folgender Rechte:

1. Die freie Religionsübung laut der mennonitischen Konfession an allen Orten, wo es die Notwendigkeit erfordert, gottesdienstliche Versammlungen zu halten, zu predigen, zu taufen, das Abendmal zu halten und Kirchenzucht zu üben.

2. Die anjetzo in Gebrauch habenden Bethäuser nicht nur ungehindert zu repariren, sondern, wo es die Notwendigkeit erfordert, neue zu bauen.

.3 Die Kinder von eigenen Schulmeistern lehren oder nach Belieben zu andern Schulmeistern schicken zu dürfen.

4. Nachdem auf königl. allergnädigste Verordnung die andern Religionen, die katholischen von den lutherischen, die Lutheraner von den Katholiken in Betreff der Unterhaltung der Kirchen und Prediger von einander los sind, und vor (für) sich stehen, auch gleich den andern Religionen befreit zu sein.

5. Von aller Werbung und Einrollirung für sich und seine Kinder anjetzo und künftig befreit zu sein.

6. Mit keinem körperlichen Eidschwur über ein gewissenhaftiges Ja und Nein beschwert zu werden.

7. Die Nahrungsgeschäfte und Hantirungen in den Städten und auf dem Lande gleich andern sich redlich nährenden Unterfassen betreiben zu dürfen.

8. Die liegenden Güter und Gründe an andere Religionsverwandte verkaufen, auch von denselben wieder Güter kaufen und dieselben mit der Freiheit wie die bisher im Besitz gehaltenen Güter, besitzen und gebrauchen zu dürfen.

9. Bei Todesfällen die Leichen, sowol erwachsene wie minderjährige, auf den Kirchhöfen zu begraben.

Im April 1780 erhielten die Mennoniten einen Freibrief, der ihnen fast alles Gewünschte gewährte, nämlich: 1. Ewige Befreiung von der Enrollirung und den naturellen Militärdienst. 2. Den ungestörten Genuß ihrer Glaubensfreiheit. 3. Schutz in Ausübung ihrer bisherigen Gewerbe und Nahrungen nach Maßgabe der im Königreich Preußen eingeführten Landesgesetze und Anordnungen.

Da die Mennoniten viele Grundstücke erwarben, die früher von wehrpflichtigen Untertanen bewohnt waren, so litt dadurch der Wehrstand und sah sich die Regierung zu Einschränkungen genötigt und wurde im Auftrage des Königs folgende Erklärung abgegeben: „daß nur diejenigen Besitzer mennonitischer Grundstücke und deren männliche Intestaterben, auf welche das Grundstück gelanget, so lange sie zu dieser Sekte sich halten, und im Besitz des Grundstückes bleiben, die unter lästigen Bedingungen erworbene Kantonfreiheit ihrer Söhne behalten sollen, keineswegs aber ein fremder Mennonist, auf den ein solches Grundstück, dessen Besitzer jetzt vom Kanton befreit ist, in der Folge durch irgend einen andern Titel gelangen möchte, darauf Anspruch haben solle."

Es wurde als Aufgabe der Regierung bezeichnet, „die Zal der jetzt der Kantonverpflichtung entzogenen Grundstücke nach und nach zu vermindern."

Dieser Erlaß rief große Aufregung in den Gemeinen hervor, da es den Mennoniten nur zwei Wege ließ, Auswanderung oder Übertritt, denn ihre Zal fand auf den 1780 mennonitischen Grundstücken nicht Raum.

Schon im Jahre 1788 waren einige Mennoniten aus Preußen nach Rußland ausgewandert, ihnen folgten mehr in 1790 und 1797. Der obenerwähnte Erlaß veranlaßte viele zur Auswanderung, sodaß die Regierung 1803 den Befehl gab, „daß wenn einmal in den Händen von Mennoniten befindliche Grundstücke an fremde Mennoniten verkauft, vererbt oder verschenkt werden, auch diese letzteren samt ihrer männlichen Nachkommenschaft in ihrer Wehrlosigkeit ungestört bleiben sollen."

In den schweren Jahren der Heimsuchung 1806—1812 und der Freiheitskriege 1812—1815 nahmen die Mennoniten innigen Anteil an den Geschicken des Vaterlandes. Davon gibt folgende Geschichte ein Beispiel.

Als der König 1806 auf der Reise nach Memel war, kam in Graudenz der Hofbesitzer Abr. Nickel und seine Frau und baten beim Könige um Gehör. Vorgelassen bot der Mann dem Könige im Auftrag der Gemeinschaft 30,000 Thaler als Geschenk an. Die Frau brachte der Königin einen Korb mit frischer Butter, da sie gehört habe, daß die Königin gerne frische Butter äße und dieselbe rar sei. Die Königin nahm gerührt den Schawl, den sie trug, von der Schulter und hängte ihn der Frau als Andenken an sie um. 1811 gaben die Mennoniten wieder außer der Steuer 10,000 Thaler als Geschenk, das aber als Anleihe angenommen wurde.

In den Jahren 1813—1815 hatten die Mennoniten bei der allgemeinen Kriegsbegeisterung und Kriegsteilnahme die größte

Mühe, ihre Wehrfreiheit, selbst mit den schwersten Opfern zu bewahren, doch gelang es ihnen.

Mehr und mehr geriet die mennonitische Wehrfreiheit mit der sich verschärfenden allgemeinen Wehrpflicht in Widerspruch, bis es endlich zur Aufhebung ihrer Freibriefe kam, so daß nun alle Mennoniten in Preußen Soldat werden müssen; nur insofern wurde den mennonitischen Gewissensbedenken Rechnung getragen, daß die Mennoniten anstatt mit der Waffe als Trainsoldaten, Pioniere und Lazaretgehülfen dienen können.

Vielen erlaubte ihr Gewissen nicht, auch nur das zu tun, so blieb nur die Auswanderung, und da Rußland, das bisher ihr Zufluchtsort gewesen, auch die allgemeine Wehrpflicht einführte, so zogen die, welche treu am Bekenntnis der Wehrlosigkeit festhielten, nach den Vereinigten Staaten von Nord=Amerika, wo sie in Kansas und Nebraska mehrere Gemeinen bildeten. Beatrice, Nebraska, unter dem Ältesten Gerhard Penner, Bruderthal, Kansas, unter Wilhelm Ewert, Emaus, Kansas, unter Leonhard Sudermann, Newton, Kansas, unter Peter Klaasen, Elbing unter Br. Regier und vielleicht noch andere.

Zwölfter Abschnitt.
Die Gemeinen in Rußland.

Einladung 1786. — Einwanderung, Verlangen nach Predigern und Ältesten. — Vorschlag der preußischen Brüder. — Kornelius Regier und C. Warkentin reisen nach Rußland. — Regier stirbt dort. — Gnadenbrief von Kaiser Paul. — Neuer Zuzug. — An der Molotschna. — Immer neue Ansiedlungen. — Cornelius Cornies und Cornelius Warkentin. — Der Krimkrieg. — Die Brüdergemeine. — Einführung der allgemeinen Wehrpflicht. — Vergünstigungen. — Auswanderung nach Amerika, Turkestan und Chiwa. — Schulen in Rußland.

Im Jahre 1786 erging eine Einladung der russischen Kaiserin an die preußischen Mennoniten. Es wurde ihnen bekannt gemacht, daß in Rußland ihnen Land umsonst gegeben und ihnen die Reise bezalt werde. Daraufhin gingen zwei Brüder, Höppner und van Kampen, hin, obwol die Gemeine von Danzig sie nicht sandte, weil der Magistrat eine solche Auswanderung nicht wünschte.

Im folgenden Jahr kamen sie mit einem russischen Bevollmächtigten zurück, der alle, welche auswandern wollten, frei bis Dubrowna beförderte und dann jedem täglich einen Viertel Rubel bezalte. Der Bevollmächtigte, Trapp, betrieb seine Arbeit mit Nachdruck, nicht nur in Danzig, sondern auch in den Werdern; dort machte die Regierung Schwierigkeiten, indem sie die Pässe zurückhielt. Am 28. Juli 1788 versammelten sich die Auswanderer zu Rosenort im großen Marienburgischen Werder. Zwanzig Älteste, Lehrer und Diakonen, kamen dort mit ihnen zusammen, um eine Lehrerwahl zu halten, damit sie nicht ohne geistliche Führer seien. Aber vielen und grade den bedeutendsten Männern war es mißlungen, Pässe zu bekommen, so mußte die Wahl unterbleiben und die Brüder ohne Lehrer nach Rußland ziehen. Der Älteste, Cornelius Regier, hielt noch eine ergreifende Ansprache an die Scheidenden.

Bald kamen Nachrichten aus Rußland und gab sich großes Verlangen nach Hirten und Lehrern kund. Am Ende des Jahres 1788 waren schon 200 Familien nach Rußland gezogen. Nicht weit von Jekatarinowslaw wurde ihnen auf beiden Seiten des Dnieper und auf einer waldreichen Insel Land angewiesen. Die Stadt bot ihnen guten Absatz für ihre Produkte. Die wiederholten Bitten der russischen Brüder um einen Lehrer und Ältesten veranlaßte den Ältesten der Danziger Gemeine, sich zur Reise bereit zu erklären, allein er wurde krank, ehe es zur Reise kam. Es wurde den russischen Brüdern geschrieben, sie möchten die Namen von 16 Brüdern senden, dann wollten die Muttergemeinen durchs Loos vier Lehrer und zwei Diakonen bestimmen. Die Brüder sandten 20 Namen und baten um Formulare und Gesangbücher. Sie baten bringend, ihnen einen Ältesten zu senden, sie hätten 180 Dukaten für die Reisekosten bereit. Zwei der vorgeschlagenen Brüder, hieß es, seien von den Friesen, die übrigens mit den flamischen Gemeinen ganz einig seien.

Drei Lehrer, Jakob Wiebe, Gerhard Neufeld und David Giesebrecht wurden durch Stimmenmehrheit, Bernhard Penner durchs Loos zum Lehrer, Peter Dyck und Cornelius Riesen zu Diakonen bestimmt. In Danzig versammelten sich, auf nochmalige Bitte der russischen Brüder um einen Ältesten, zweihundert Abgeordnete aller Gemeinen, und der vorhin erwähnte Älteste der Danziger Gemeine, der schon früher bereit gewesen, zu gehen, entschloß sich, nach schwerem, innern Kampfe, auf bringendes Bitten der Brüder, zu gehen. Er starb aber, ohne seinen Plan ausführen zu können.

Die preußischen Brüder rieten den russischen, ihren Lehrer Penner, durch eine von vier Ältesten in Preußen unterschriebene Vollmacht schriftlich zum Ältesten einsetzen zu lassen. Sie folgten diesem Rate, doch wurde Penner bald krank und starb. Die Gemeine bat Jakob Wiebe, das Amt anzunehmen, aber er weigerte sich. Auf dringendes Bitten übernahm David Epp das Ältestenamt und wurde von dem dazu bevollmächtigten Br. Wiebe ins Amt eingeführt, aber viele wollten ihn nicht anerkennen, da er nicht ordnungsmäßig eingesetzt sei, so baten die russischen Brüder aufs neue um den Besuch eines Ältesten, und im Herbst 1793 reisten

Jakob Wiebe und Jakob von Bargen nach Preußen, um ihre Wünsche den preußischen Gemeinen ans Herz zu legen. Nach drei Brüderversammlungen entschlossen sich Ältester Cornelius Regier und Lehrer C. Warkentin zur Reise nach Rußland, da die beiden Abgeordneten erklärten, nicht ohne einen Ältesten heimreisen zu wollen. Während der Reise wurde in den Gemeinen der Abgeordneten fürbittend gedacht.

Am 23. Februar 1794 machten sich die beiden Brüder, von vielen Segenswünschen und Gebeten begleitet, auf den Weg, und kamen am 18. April, am Abend vor Charfreitag, in der neuen Kolonie an. Die Freude der Brüder war groß, als die lieben Gäste kamen, und von allen Seiten drängte man sich zu ihrer Begrüßung herbei. Br. Warkentien schrieb nach Preußen: „Wir wurden bis zu Tränen gerührt, als sich unter den Vielen, welche sich, mit vor Freuden feuchten Augen, an unsern Wagen drängten, auch der blinde Abraham Wiebe befand. Wir blieben die Nacht in Neuendorf und fuhren den andern Tag nach Chortiz, wo wir bei dem ehrsamen Ohm (in Preußen soviel als Prediger) Wiebe Quartier nahmen. Am dritten Feiertage hielt Ohm Regier Andacht in Chortiz über Apg. 10, V. 36—38 zur Vorrede über V. 29, während ich am ersten Feiertage gepredigt hatte."

Es wurde eine Gemeineversammlung abgehalten und die Vollmacht der Brüder von den preußischen Gemeinen vorgelegt. Die Arbeiten der Brüder waren verschiedener Art, aber unter Gottes Segen gelang es ihnen, Frieden zu stiften; auch tauften sie in der friesischen Gemeine 13, in der flamischen 31 Glieder. Auch die weltlichen Angelegenheiten nahmen sie sehr in Anspruch. Cornelius Regier erkrankte nach dreiwöchentlichem Aufenthalt in Rußland und starb, weihte aber noch auf dem Sterbebette Warkentin zum Ältesten, damit er seine Aufgabe vollenden könne. Dieser führte denn auch vor seiner Abreise zwei Brüder ins Ältestenamt ein, da sie schon früher von der Gemeine gewählt waren.

Folgender Gnadenbrief Kaiser Pauls I. vom 2. Mai 1800 gibt einen guten Einblick in die Verhältnisse der Kolonie, aber auch in die äußerst freundlichen Gesinnungen des Kaisers und seiner Regierung.

„Wir, durch Gottes hülfreiche Gnade, Paul I., Selbstherrscher aller Reussen u. s. w." "Zur Urkunde Unserer allergnädigsten Genehmigung der an Uns gelangten Bitte, von den im neurussischen Gouvernement angesessenen Mennonisten, die nach dem Zeugnisse ihrer Aufseher wegen ihrer ausgezeichneten Arbeitsamkeit und ihres geziemenden Lebenswandels den übrigen dort angesiedelten Kolonisten zum Muster dienen können und dadurch Unsere besondere Aufmerksamkeit verdienen, haben Wir durch diesen, ihnen von Uns geschenkten Gnadenbrief nicht nur alle in den vorläufig mit ihnen geschlossenen Bedingungen enthaltenen Rechte und Vorzüge allergnädigst bekräftigen, sondern auch, um ihren Fleiß und ihre Sorgfalt zur Landwirtschaft noch mehr aufzumuntern, ihnen noch andere in den nachstehenden Punkten erteilten Vorrechte in Gnaden bewilligen wollen."

"Erstens bekräftigen Wir die ihnen und ihren Nachkommen versprochene Religionsfreiheit, vermöge welcher sie ihre Glaubenslehren und kirchlichen Gebräuche ungehindert befolgen können. Auch bewilligen wir allergnädigst, daß vom Gericht, wenn es der Fall erheischen sollte, ihr mündlich ausgesprochenes Ja oder Nein an Eidesstatt als gültig angenommen werde."

"Zweitens. Die einer jeden Familie bestimmten fünfundsechzig Dessatinen brauchbaren Landes bestätigen Wir ihnen und ihren Nachkommen zum unbestreitbaren und immerwährenden Besitze, verbieten aber hiebei, daß keiner unter ihnen, unter welchem Vorwande es auch sein möge, auch nicht den geringsten Teil davon, ohne ausdrückliche Erlaubnis der über sie angestellten Obrigkeit irgend einem Fremden überlasse, verkaufe oder gerichtlich verschreibe."

"Drittens. Sowol allen jetzt schon in Rußland ansäßigen, als auch denen hinführo unter unserer Botmäßigkeit sich nieder zu lassen gesonnenen Mennoniten, gestatten Wir nicht nur auf ihrem Gebiete, sondern auch in den Städten Unseres Reiches Fabriken anzulegen oder andere nützliche Gewerbe zu treiben, wie auch in die Gilden und Zünfte zu treten, ihre Fabrikate ungehindert zu verkaufen, wobei sie die hierüber emanirten Landesgesetze zu befolgen schuldig sind."

"Viertens. In Gemäßheit ihres Eigentumsrechts erlauben Wir den Mennonisten den Genuß aller Arten von Benutzungen ihres Landes, wie auch zu fischen, Bier und Branntwein zu brauen, nicht weniger für ihre Bedürfnisse und zum Verkaufe im Kleinen auf den ihnen gehörigen Ländereien Branntwein zu brennen."

„Fünftens. Auf denen den Mennonisten gehörigen Ländereien verbieten Wir nicht nur allen fremden Leuten Krüge und Branntweinschenken zu bauen, sondern auch den Branntweinpächtern, ohne die Einwilligung der Mennonisten Branntwein zu verkaufen und Schenken zu halten."

„Sechstens. Wir geben ihnen Unsere allergnädigste Versicherung, daß Niemand, sowol von denen anjetzt schon angesessenen Mennonisten, als auch von denen in Zukunft zur Niederlassung in Unserm Reiche Geneigten, noch ihre Kinder und Nachkommen zu keiner Zeit in Kriegs- oder Civildienste ohne eignen dazu geäußerten Wunsch zu treten gezwungen sind."

„Siebtens. Wir befreien alle Dörfer und Wohnungen in ihren Niederlassungen von aller Art Einquartierung (ausgenommen wenn etwa Kommandos durchmarschieren sollten, in welchem Falle nach den Verordnungen über Einquartierung verfahren werden soll), desgleichen von Vorspann oder Podwoden und Kronsarbeiten. Dagegen aber sind sie schuldig, die Brücken, Überfahrten und Wege auf ihrem ganzen Gebiete in gehöriger Ordnung zu halten und nach den allgemeinen Veranstaltungen zur Unterhaltung der Posten das Ihrige beizutragen."

„Achtens. Wir gestatten allergnädigst allen Mennonisten und ihren Nachkommen die völlige Freiheit, ihr wolerworbenes Vermögen (worinnen jedoch das ihnen von der Krone gegebene Land nicht mit einbegriffen ist) nach eines jeden Willen so anzuwenden, wie er für gut findet."

„Wenn aber jemand unter ihnen nach der von ihm vorher geschehenen Abzalung aller auf ihm haftenden Kronschulden Verlangen trüge, sich mit seinem Vermögen aus unserm Reiche wegzubegeben, so ist er schuldig, eine dreijährige Abgabe von dem in Rußland erworbenen Kapitale zu entrichten, dessen Betrag von ihm und dem Dorfvorgesetzten nach Pflicht und Gewissen anzugeben ist. Ebenso ist auch zu verfahren mit den Nachlassenschaften der Verstorbenen, deren Erben und Anverwandte sich in fremden Ländern befinden, und an die nach dem unter ihnen gebräuchlichen

Rechte der Erbschaftsfolge die Erbschaft zu verschicken ist. Anbei verstatten Wir auch den Dorfschaftsgemeinen das Recht, nach ihren eignen hergebrachten Gebräuchen Vormünder über die den Unmündigen zugehörigen Nachlassenschaften der Verstorbenen zu bestellen."

"Neuntens. Wir bekräftigen allergnädigst, die ihnen verliehene zehnjährige Befreiung von allen Abgaben, und erstrecken sie auch auf alle hinfüro im neurussischen Gouvernement sich niederzulassen gesonnenen Mennonisten."

"Da aber nach jetzt geschehener Untersuchung ihres Zustandes sich erwiesen hat, daß sie durch mehrmaligen Mißwachs und Viehseuche in eine notbürftige Lage geraten und auf dem Chortitzer Gebiet zu gedrängt angesiedelt sind, weshalb beschlossen worden ist, eine Anzal Familien auf ein anderes Land zu versetzen, so billigen Wir allergnädigst in Rücksicht ihrer Dürftigkeit und Armut nach Verlauf der ersten zehn Freijahre, denen, die auf ihren jetzigen Wohnorten verbleiben, noch fünf, denen zur Versetzung bestimmten aber noch zehn Freijahre, und befehlen, daß jede Familie nach Verlauf dieser Zeit von denen im Besitz habenden fünf und sechzig Dessatinen Landes, für jede Dessatine fünfzehn Kopeken jährlich bezale, übrigens aber von allen Kronabgaben befreit bleibe. Den erhaltenen Geldvorschuß aber haben, nach Verlauf der erwähnten Freijahre, die auf ihrem Wohnort Bleibenden zu gleichen Teilen in zehn, die anderweit zu Versetzenden in zwanzig Jahren abzutragen."

"Zehntens. Zum Beschluß dieses Unseres kaiserlichen, den Mennonisten verliehenen Gnadenbriefes, durch welchen Wir ihnen ihre Rechte und Vorzüge allergnädigst zusichern, befehlen Wir allen Unseren Militär- und Civilvorgesetzten wie auch unsern Gerichtsbehörden, besagten Mennonisten und ihren Nachkommen nicht nur in dem ruhigen Besitze der ihnen von Uns allergnädigst geschenkten Privilegien nicht zu stören, sondern ihnen vielmehr in allen Fällen alle Hülfe, Beistand und Schutz widerfahren zu lassen." (Hier folgt die Unterschrift.)

Wir sehen aus diesem Gnadenbriefe, daß es den Ansiedlern in Rußland nicht sehr gut ging, obwol die Regierung ihnen allen möglichen Vorschub leistete, so nahm die Auswanderung aus Preußen ab. Als aber dieser Gnadenbrief bekannt wurde und zugleich die preußische Regierung den mennonitischen Grundbesitz beschränken wollte, so nahm die Auswanderung wieder sehr zu, und dieses Mal nicht Unbemittelte und Arme, sondern Wohlhabende und Gebildete. — Die neuankommenden Mennoniten erhielten an der Molotschna Kronländereien im Gebiet Taurien angewiesen, die für Mennoniten bestimmt waren. In den Jahren 1803—1804 kamen 304 Familien mit etwa 2052 Seelen.

Bei den Brüdern am Dnieper, die jetzt sieben Dörfer hatten, hielten sie Rast, und manche Familien blieben, bis die neue Heimat eingerichtet, dort, was einen günstigen Einfluß auf die alten Ansiedler ausübte, während die neuen Einwanderer von den alten in Bezug auf Rußland manches lernen konnten.

Die neue Ansiedlung war auf baumloser, aber sehr fruchtbarer Steppe und bald verwandelte sich die kahle Wüste in ein kleines Paradies.

Ein Reisender in 1810 schreibt wie folgt: „Ihre Häuser, Stallungen, Schennen, Gärten und Ländereien zeugen von Ordnungsliebe und Fleiß. Sie alle waren aus Süd= und West=Preußen hierher gezogen. Mit eigenen Wagen waren sie hierher gekommen und hatten zum Teil hübsche Möbeln, als Kisten, Schränke, Bettstellen u. s. w., von Nußbaumholz mitgebracht, so daß es recht nett in ihren Wohnungen aussah."

„Die Hofgrenze bildet ein Graben. Jeder Hof ist 40 Faden breit und steht von dem benachbarten 14, von der Straße 10 Faden ab. Schon sind diese fleißigen Leute auch im Besitz schöner, zum Beuteln des Mehles eingerichteter Windmühlen. In Taganrog wird ihre Butter begierig gekauft. Jede ihrer Kolonien ist von der andern etliche Werste entfernt, damit die folgenden Generationen Raum zum Bebauen haben."

In 1808 kamen 99 Familien; 1818 und 1819 weitere 215 Familien. Im Jahre 1836 gab es 46 Dörfer mit 10,000 Einwohnern an der Molotschna. Die Ansiedler legten Baumpflanzungen an.

Die alte Kolonie hatte jetzt 20 Dörfer. 1843 kamen die Überbleibsel der Huterischen Brüder von den Gütern des Grafen Romanow an die Molotschna und gründeten Hutersthal.

An Kirchen und Schulen fehlte es nicht. Die äußere Zucht

und Ordnung in den Gemeinen wurde streng gehalten; wer sein
Haus oder Hof nicht in Ordnung hielt, mußte Strafe zalen. —
Die Ureinwohner waren ihnen anfangs feind, lernten aber nach
und nach von ihnen.

Besonders Cornelius Cornies und Cornelius Warkentin mach=
ten sich um das Wol der Kolonien verdient. Letzterer erhielt, nach
einem Besuche des Kaisers, als Zeichen der Anerkennung seiner
Verdienste eine goldene Denkmünze, welche der Kaiser ihm zu Ehren
hatte schlagen lassen. Auf der einen Seite war, umgeben von
landwirthschaftlichen Geräten, der Name Cornelius Warkentin,
auf der andern das Bildnis und der Name des Kaisers.

Als der Krimkrieg ausbrach, trugen die Kolonisten durch Geld,
Fuhren und Lebensmittellieferungen bei, auch lieferten sie Ver=
bandzeug und nahmen mehrere Tausend Verwundete auf, die sie
auf ihre Kosten holen ließen und verpflegten.

Im Jahre 1850 bot die russische Regierung Land an der
Wolga zur Besiedelung an. Abgesandte fanden das Land bei Sa=
ratow passend, so bildete sich dort 1853 und später auch bei Sa=
mara eine neue Kolonie. Im Jahre 1859 hatte die Kolonie bei
Saratow vier Dörfer und 212 Kinder in der Schule. Im Jahre
1880 verlor die Gemeine bei Saratow ein Drittel ihrer Mitglieder
durch Auswanderung in das Turkestansche Gebiet und nach Chiwa.
1888 waren bei Saratow 619 Glieder und 485 Kinder, bei Sa=
mara 418 Glieder und 226 Kinder. Auch in Ostasien bot die Re=
gierung Land an; Abgesandte reisten hin und fanden am Amur
sehr günstige Ansiedlungsverhältnisse, aber da die Regierung 1860
auch Land zu einer neuen Kolonie in der Krim anbot, so wurde
dies Anerbieten lieber angenommen, als das im fernen Ostasien.

In den Gemeinen machte sich eine religiöse Bewegung geltend,
die zur Bildung der sogenannten Brüdergemeinen führte. Diese
Bewegung ging von dem richtigen Grundsatz aus, daß in den Ge=
meinen nur wirklich Gläubige, also Wiedergeborne, ein geistliches
Recht hätten. Die Anhänger dieser von württembergischen Jeru=
salemsfreunden beeinflußten Richtung führten Flußtaufe und Fuß=
waschung ein. Anfangs scheinen diese Brüder allerlei tadelnswerte
Ausschreitungen gehabt und die Gemeinen sehr lieblos beschuldigt
zu haben, so daß es schien, man müsse sie der Ordnung halber aus=

weisen, allein einige Älteste und Lehrer verwandten sich für sie, da sie bekannten, bei dem Glaubensbekenntnis der vereinigten Mennonitengemeinen bleiben zu wollen; so wurden sie geduldet, und übten insofern einen segensreichen Einfluß aus, als durch ihr Wühlen und Wirken eine ernstere Kirchenzucht und ein entschiedeneres Dringen auf Bekehrung und Wiedergeburt in der großen Gemeine eintrat.

In beiden Gemeinen sind sehr liebe, fromme, ernste Brüder. Ob es nicht von größerem Segen gewesen wäre, wenn die Ausgetretenen in der Gemeine geblieben wären und dort an der Besserung des Ganzen gewirkt hätten, ist eine andere Frage.

Im Jahre 1874 wurde die allgemeine Wehrpflicht auch in Rußland eingeführt und damit der Gnadenbrief der Mennoniten aufgehoben. Da entschlossen sich die Mennoniten zur Auswanderung und suchten in Petersburg um Pässe nach. General Todtleben, ein Freund der Mennoniten, soll zum Kaiser gesagt haben: „Wenn die Mennoniten fortziehen, dann sind ihre Kolonien, in welchen sie Wüsten in blühende Fruchtgärten umgestaltet haben, in drei Jahren wiederum zu Wüsten geworden." Der Kaiser schätzte die Mennoniten sehr und wollte sie dem Lande erhalten, so schickte er ihren Freund, General Todtleben, an sie ab, um ihnen die weitgehendsten Zugeständnisse zu machen. Dieser besprach sich mit Einzelnen und mit einer Versammlung der Ältesten, Lehrer und Gemeineglieder. Er sagte: „ihre Dienstpflicht solle so geregelt werden, daß sie weder direkt noch indirekt eigentliche Kriegsdienste leisteten. Man würde ihnen gestatten, ihre Pflicht durch Hülfeleistung in Civillazaretten als Arzt oder Bedienung, in mechanischen Werkstätten, beim Forstwesen oder bei den Eisenbahnen zu genügen, und zwar ihrem Wunsche gemäß in Gruppen zusammen, damit den jungen Leuten die gehörige religiöse Pflege zu Teil werden könne."

Die Mennoniten sprachen in einer Adresse an den Kaiser ihren Dank für sein Wolwollen aus und die Hoffnung, daß daraufhin die meisten bleiben würden.

Es waren von denen, welche auswandern wollten, Abgesandte nach Amerika gesandt, welche mit günstigen Berichten zurückkamen. So zogen, trotz des freundlichen Entgegenkommens der kaiserlichen

Regierung, viele Tausende nach dem Westen der Vereinigten Staaten, nach Kansas, Nebraska, Minnesota, Dakota und Canada, doch blieben noch mehr in Rußland zurück, und nach zwanzig Jahren wird die Lücke, die durch die Auswanderung gerissen, wol schon wieder gefüllt sein.

Wie schon erwähnt, wanderten von der Wolga aus Mennoniten nach Turkestan und Chiwa in Mittelasien aus, aber nach unsäglichen Schwierigkeiten, die meisten durch die Einwohner, welche ihre Wehrlosigkeit ausnutzten, ihrer Habe beraubt, kehrten sie zurück, und viele zogen, unter Mithülfe der Brüder, nach Amerika.

So führt der Herr die Seinen durch Freud und Leid, möchten nur alle hüben und drüben die himmlische Heimat einst erlangen; hier haben wir ja keine bleibende Stadt.

Was die Schulen in Rußland anbetrifft, so haben die russischen Brüder außer vielen Elementarschulen, in denen Deutsch und Russisch gelehrt wird, mehrere höhere Centralschulen und ein Schullehrerseminar. Die meisten Prediger waren früher Lehrer, woraus es sich erklärt, daß unter den russischen Predigern so viele tüchtige Leute sind.

Dreizehnter Abschnitt.

Die Gemeinen in russisch Polen, Galizien und Frankreich.

In russisch Polen bestanden früher mehrere Mennoniten=
gemeinen, jetzt gibt das Jahrbuch nur zwei an; die Gründung der=
selben ist unbekannt. Ein Gemeinebuch in Deutsch=Kazun reicht
bis zum Jahre 1762. Die polnischen Gemeinen haben durch
Auswanderung nach Amerika sehr abgenommen. In einer Ge=
meine, Deutsch=Wimisle, übt ein Teil die Fußwaschung, der andere
nicht. Jeder Teil hat seinen Ältesten.

In österreichisch Galizien ließen sich auf die Einladung Kaiser
Josefs II. Mennoniten aus der Pfalz in den Jahren 1784—1789
nieder. Im Jahre 1857 war eine Gemeine Einsiedel im Lem=
burger Kreis mit 323 Gliedern. Aus dieser Gemeine entstanden
später drei weitere Gemeinen. Seit den siebziger Jahren sind
viele der galizischen Mennoniten nach Amerika ausgewandert und
haben dort die Gemeinen zu Butterfield, Minnesota und Marena,
Kansas gegründet, so daß die Gemeinen in Galizien sehr zu=
sammengeschmolzen sind.

Die Gemeinen in Frankreich und im Elsaß sind Amische und
stammen ursprünglich aus der Schweiz. Wir erwähnten schon,
daß die Ritterschaft im Elsaß sich der vertriebenen Täufer annahm,
so daß viele Täufer als Pächter auf adeligen Gütern blieben. Die
Gemeinen bedienen sich der deutschen Sprache, aber beim Jugend=
unterricht wird die französische Sprache gebraucht, weil viele der
Jungen wenig Deutsch verstehen. Auch aus dem Elsaß wanderten
manche nach Amerika aus.

Vierzehnter Abschnitt.
Die Mennoniten in Amerika.

Erste Ansiedlung, Germantown, Protest gegen die Sklaverei an die Quäterversammlung. — Verlangen nach einem Ältesten, Brief von Altona. — Bitte um Bibeln, Testamente und Katechismen nach Amsterdam. — Einladung des Königs von England an die Mennoniten. — Zahlreiche Auswanderung, Hülfe der Niederländer und Norddeutschen. — Brief 1745 nach Amsterdam. — Der Märtyrerspiegel und seine Geschichte. — Amerikanische Übersetzung, Tunter. — Hans de Ries' Vorrede zu einer früheren Auflage, Hans de Ries, Tileman van Bracht. — Gedicht seines Bruders. — Schicksal eines Teils der amerikanischen Auflage. — Spätere deutsche Auflagen. — Indianerüberfälle 1758. — Hülfe von Holland. — Virginien. — Konferenz in 1727. — Der Unabhängigkeitskampf. — Wehrlosigkeit. — Auswanderung nach Kanada. — Predigernot. — Waterloo Co., Martham, Benjamin Eby, Krieg von 1812. — Einwanderung von Rußland nach Manitoba unter Jakob Schantz Leitung seit 1874. — Amische, Schweizer=Mennoniten, Pfälzer, Baiern, Hessen, Elsäßer, Russen und Preußen. — Hülfsverein, der die verschiedenen Abteilungen zur Hülfe vereinigt. — Verschiedene Abteilungen. — Alte Mennoniten, Neue Schule Mennoniten, jetzt Konferenz=Mennoniten. J. Oberholzer. — Vereinigte Mennonitenbrüder in Christo. — Reformirte Mennoniten (Herreleute, Herrites; Kirche Gottes in Christo (Holdemans=leute); Bundeskonferenz der Mennoniten Brüder=Gemeine (diese werden oft Schellenberger genannt); Wehrlose Mennoniten (Eglis Leute). — Die allgemeine Konferenz. — Anmerkung von Br. Chr. Schowalter über Ursache und Zweck der Konferenz. — Konferenzen zu Westpoint, Iowa, und Wadsworth, Ohio. — Bedürfnis einer theologischen Bildungsanstalt. — Anstalt in Wadsworth, 1867. — C. J. van der Smissen. — Aufhebung der Anstalt 1878. — Kansas Fortbildungsschule in Halstead. — Bethel=College in Newton, Kansas; D. Görz, C. H. Wedel. — Konferenzen unter der allgemeinen Konferenz, Konferenzen der Alten Mennoniten; ihre Arbeit. — Bürgertrieg von 1861—1865. — Buchhandlungen.

Die erste Mennoniten=Ansiedlung in Amerika wurde in 1662 von Amsterdam aus zu Horekill, am Delaware, gegründet, ihre Zal betrug 25 und ihr Führer hieß Pieter Cornelis Plockhoy; sie hatten einen besonderen Freibrief und waren auf zwanzig Jahre frei von Steuern und Abgaben. Jn 1664 wurde diese Niederlassung, die mit den Indianern auf gutem Fuße stand, von den Engländern so gründlich zerstört, daß nach dem Bericht des Anführers „auch kein Nagel zurückblieb." Jn 1694 kam ein alter, blinder Mann, Cornelis Plockhoy, nach Germantown, und seine Glaubensgenossen, die Mennoniten, sorgten dort in der liebevollsten Weise für ihn und seine Frau.

Die erste erfolgreiche Ansiedlung der Mennoniten war die von Germantown. Sie wurde 1683 von Mennoniten aus Crefeld gegründet. Dreizehn Familien mit 33 Köpfen kamen am 6. Oktober 1683 dort an. Jakob Telner von Crefeld war 1678—1681 in Pennsylvanien gewesen, und war wol der Haupturheber der Auswanderung. Er, Jan Streypers und Dirk Sipman kauften am 10. März 1682 je 5000 Acker Land, drei weitere Glieder dieser Landkompagnie kauften je 1000 Acker. Die meisten dieser Ansiedler waren Leinweber, und sobald als möglich zogen sie Flachs und machten Leinen. Anfangs hielten sie mit den Quäkern oder Freunden zusammen Gottesdienst in den Häusern. Im Jahre 1688 erließen drei Mennoniten und Francis Daniel Pastorius, ein sehr tüchtiger Mann und Leiter der Ansiedler in Germantown, folgenden Protest gegen die Sklaverei, welcher unsern Vätern gewiß zu höchster Ehre gereicht. Er war an die Quäkerversammlung gerichtet und lautet:

Dies ist an die monatliche Versammlung, welche bei Rigert Worrells gehalten wird.

Dieses sind die Gründe, weshalb wir gegen den Handel mit Menschenleibern sind, wie folgt: „Gibt es jemand, der wollte, daß in der Weise mit ihm getan oder gehandelt würde? d. h. verkauft oder für die ganze Zeit seines Lebens zum Sklaven gemacht zu werden? Wie angstvoll und schwachherzig sind viele auf der See, wenn sie ein fremdes Schiff sehen, indem sie fürchten, es möchte ein Türke sein und sie möchten gefangen genommen und in der Türkei als Sklaven verkauft werden. Nun, was ist dies besser getan als die Türken tun? Ja es ist eher schlimmer für die, welche sagen, daß sie Christen sind; denn wir hören, daß der größte Teil solcher Neger gegen ihren Willen und Zustimmung hierher gebracht und daß viele derselben gestohlen sind. Nun obwol sie schwarz sind, können wir nicht einsehen, daß mehr Freiheit ist, sie als Sklaven zu halten, als es ist, andere Weiße zu haben. Es gibt ein Sprichwort, daß wir allen Menschen tun sollen, wie wir wünschen, daß uns getan wird; und es macht keinen Unterschied, von welchem Geschlecht, Abstammung oder Farbe sie sind. Und die, welche Menschen stehlen und rauben, und die, welche sie kaufen, oder einhandeln, sind sie nicht alle gleich? Hier ist Gewissensfreiheit, welches recht und verständig ist, hier sollte gleicherweise auch Freiheit des Körpers sein, außer von Übeltätern, welches eine andere Sache ist. Aber Menschen hierher zu bringen, oder sie rauben oder gegen ihren Willen zu verkaufen, dagegen treten wir auf. In Europa sind viele um des Gewissens willen unterdrückt; und hier sind solche bedrückt, welche von schwarzer Farbe sind. Und wir, welche wissen, daß Menschen keinen Ehebruch begehen sollen, einige begehen Ehebruch, in andern, indem sie Frauen von ihren Männern trennen und sie an andere geben, und einige verkaufen die Kinder dieser armen Geschöpfe an andere Leute. O! betrachtet diese Sache wol, ihr, die ihr es tut, ob ihr so behandelt sein wolltet? und ob es dem Christentum gemäß gehandelt ist? ihr übertrefft Holland und Deutschland in dieser Sache. Dies gibt ein böses Gerücht in allen Ländern Europas, wo sie davon hören, daß die Quäker hier Menschen behandeln, wie sie dort ihr Vieh behandeln; und aus dem Grunde sind einige nicht gesonnen oder geneigt, hierher zu kommen. Und wer soll diese eure Sache aufrecht halten, oder dafür sprechen? Wahrhaftig wir können es nicht tun, außer ihr belehrt uns dessen besser, d. h. daß Christen Freiheit haben, dies Ding zu üben. Bitte! Was Schlimmeres könnte uns in der Welt getan werden, als daß Menschen uns rauben oder wegstehlen und uns in ein fremdes Land verkaufen würden; indem sie den Mann von Weib und Kindern trennen. Da dies nun nicht getan ist in der Weise, wie wir möchten, daß uns getan würde, deshalb sprechen und sind wir gegen diesen Handel mit Menschenleibern. Und wir, die wir bekennen, daß es ungesetzlich ist zu stehlen, müssen auch vermeiden, gestohlene Sachen zu kaufen, und lieber helfen, diesem Rauben und Stehlen, wenn möglich, ein Ende zu machen; und solche Leute sollten aus den Händen der Räuber befreit und ebensowol wie in Europa in Freiheit gesetzt werden. Dann wird Pennsylvanien ein gutes Gerücht haben, anstatt daß es jetzt um dieser Sache willen in andern Ländern ein übles Gerücht hat. Besonders da die Europäer zu wissen wünschen, in welcher Weise die Quäker in ihrer Provinz regieren und die meisten mit neidischen Blicken auf uns schauen. Aber wenn dies wolgetan ist, was sollen wir denn Übeltun nennen? Wenn einmal diese Sklaven (welche, sie sagen, sind so böse und eigensinnige Leute) sich vereinigen, für ihre Freiheit fechten und ihre Herren und Herrinnen so behandeln, wie sie dieselben zuvor behandelt haben; wollen diese Herren und Herrinnen das Schwert zur Hand nehmen und gegen diese armen Sklaven kriegen, wie wir im Stande sind zu glauben, daß einige sich nicht weigern werden zu tun? Oder haben diese Neger nicht so viel Recht für ihre Freiheit zu kämpfen, als ihr habt, sie als Sklaven zu halten?

Nun bedenkt diese Sache wol, ob es gut oder böse ist? und im Falle ihr es gut findet, diese Schwarzen in solcher Weise zu behandeln, wünschen wir und fordern hierdurch liebevoll von euch, daß ihr uns hierin belehrt, was bisher nie getan ist, d. h. daß Christen die Freiheit haben, so zu tun, so daß wir in dieser Hinsicht zufrieden gestellt sind und unsere guten Freunde und Bekannten in unserm Geburtslande ebenso zufrieden stellen können, welchen es ein Schrecken und eine furchtbare Sache ist, daß Menschen in Pennsylvanien so behandelt werden.

Dieses (This was) ist von unserer Versammlung, gehalten den 18. des zweiten Monats 1688, überliefert zu werden an die monatliche Versammlung bei Richard Warrels."

Gerret Hendricks.   Francis Daniel Pastorius.
Derick Op den Graeff. Abraham Op den Graef.

„Bei unserer monatlichen Versammlung zu Dublin, am 30. des zweiten Monats 1688, haben wir die oben erwähnte Sache untersucht und betrachtet; wir finden sie so wichtig, daß wir es für uns nicht passend finden, uns hier damit zu befassen, sondern übergeben es lieber der Beachtung der Vierteljahresversammlung, da der Inhalt desselben der Wahrheit sehr nahe kommt."   J. Hart.

„Das oben Angeführte wurde am 4. des vierten Monats 1688 in unserer Vierteljahresversammlung zu Philadelphia gelesen und wurde von dort empfohlen an die Jahresversammlung und der

obengenannte Derick und die zwei andern darin Genannten
sollten dieselbe der erwähnten Versammlung vorstellen, da es eine
Sache von zu großem Gewicht ist, als daß diese Versammlung sie
entscheiden könne." Auf Befehl der Versammlung,
                                               A. Morris.

Bei einer jährlichen Versammlung, gehalten zu Burlington,
am 5. des siebenten Monats, 1688.

„Da von einigen deutschen Freunden ein Schriftstück ein=
gereicht wurde in Beziehung auf die Gesetzlichkeit oder Ungesetz=
lichkeit, Neger zu kaufen und zu halten, so wurde geurteilt, daß es
für diese Versammlung nicht am Platz sei, ein entschiedenes Urteil
in dem Falle abzugeben, da es so allgemeine Beziehung auf viele
Gegenden hat und deshalb lassen wir es für jetzt liegen."

So gaben unsere Vorväter wie zur Gewissensfreiheit, so auch
zur Freiheit der Sklaven den ersten Anstoß, indem sie in entschie=
dener Weise das Unrecht der Sklaverei und des Sklavenhandels
darstellten.

Im Jahre 1700 kamen einige mennonitische Kaufleute aus
Hamburg=Altona. Zwei Jahre später wurde eine Ansiedlung am
Schiebach, jetzt Skippack, angefangen. Anfangs ging es den An=
siedlern ziemlich hart.

Der erste Prediger der Mennoniten war Willem Ritting=
huysen, der in 1690 die erste Papiermühle in der Nähe von Ger=
mantown errichtete. Bald kamen auch Schweizer und Pfälzer
Flüchtlinge, welche Land= und Weinbau betrieben.

Wol hatte die Gemeine in Germantown in Willem Ritting=
huysen einen Prediger, aber keinen Ältesten, deshalb wandte sie
sich nach Hamburg=Altona und bat die dortigen Prediger um Rat.
In ihrer Antwort vom März 1702 schrieben diese zurück, sie wollen
der Gemeine diese Sache vortragen und die Brüder zu ernstlichem
Gebet auffordern, daß der Herr diesem traurigen Zustande abhelfen
und den dortigen Predigern Weisheit und Geschicklichkeit zum
Bedienen der heiligen Zeichen geben möge. Von hier Älteste
hinüberzusenden, die durch Handauflegung jene im vollen Dienste
befestigen könnten, dazu sei die Entfernung zu groß. Daher müsse
hier wol eine Ausnahme von der kirchlichen Sitte gemacht werden,
denn das Aussetzen der heiligen Taufe und des heiligen Abendmals

sei schlimmer als jene Ausnahme von der kirchlichen Sitte. Zur Rechtfertigung dieses Rates werden mehrere Beispiele aus der Schrift angeführt, z. B. das des Paulus, der da sage 1. Kor. 1, Vers 17: „Christus hat mich nicht gesandt zu taufen, sondern das Evangelium zu predigen," und der dennoch einige Male selber taufte, weil es notwendig war; desgleichen das des Philippus, der doch nur Diakon gewesen (Apg. 8, 12—14 und 26—40) u. s. w. In Folge dieses Briefes hat man dann wahrscheinlich die Ältesten= wahl gehalten und W. Rittinghausen gewählt. Er starb 1708.

In demselben Jahre kam ein Brief von Pennsylvanien nach Amsterdam mit der Bitte um Bibeln, Testamente und Katechismen; selbst im Versammlungshause bedürfe man eine Bibel; sie alle hätten nur eine Bibel. Sie sagten, die Gemeine sei noch schwach und es würde viel Geld kosten, sie gedruckt zu bekommen, während die Glieder, welche von Deutschland hierher kamen, alles aus= gegeben haben und neu anfangen müssen und alle arbeiten, um die notwendigen Lebensbedürfnisse zu bezalen.

In 1717 machten sich, trotz dem Abraten und Wehren der Brüder in den Niederlanden, auf die dringenden und verlockenden Einladungen des Königs von England viele auf den Weg nach Amerika. Obwol die Commission für auswärtige Nöte die Hülfe verweigerte, weil die Auswanderer aus freien Stücken gingen, so konnten sie doch nicht umhin, aus Privatsammlungen die Armen zu unterstützen, aber die Auswanderung nahm solchen Umfang an, und die Ansprüche wurden so groß und zalreich, daß in 1732 die Holländer jede weitere Hülfe für die Auswanderer versagten und nur die Rückreise nach der Pfalz willig waren zu bezalen. Da sie sich streng an diese Regel hielten, so kamen keine weiteren Anfragen um Reisegeld. Dieser Beschluß verstimmte in Pennsylvanien. Doch die deutschen Kolonien gediehen jetzt sehr, nur fürchteten sie, nicht im Stande sein zu können, die Wehrlosigkeit aufrecht zu halten; sie schrieben deswegen nach Holland um Fürsprache beim König von England. Die Amsterdamer hatten einen früheren Brief von 1742 nicht erhalten und da sie zu einer solchen Fürsprache beim Könige von England zunächst keine Nötigung sahen, so antworte= ten sie nur auf den zweiten Teil des Briefes, der sich auf die Über= setzung und den Druck des Märtyrerspiegels von Tileman Jans van

Bracht bezog. Die Pennsylvanier schrieben darüber: „Indem die Flammen des Krieges bereits, wie es scheint, höher aufsteigen und eilends Krieg und Verfolgung über die wehrlosen Christen kommen werden, so ist es von Wichtigkeit, sich gegen diese Umstände mit Geduld und Sanftmut zu wappnen und alles zur Hand zu nehmen, was zu standhafter Beharrlichkeit im Glauben dienen kann."

„Es hat sich deshalb in unsrer gesamten Gemeine das einmütige Verlangen geoffenbaret nach einer hochdeutschen Übersetzung von „het bloedig Tooneel' von Tileman van Bracht, um so mehr, weil in unsern hiesigen Gemeinen unter den Ankömmlingen eine große Zal ist, für die es von großer Wichtigkeit ist, eine Reihe getreuer Zeugen kennen zu lernen, die auf dem Wege der Wahrheit gewandelt und für dieselbe ihr Leben geopfert haben."

Sie sagten, es sei wol eine deutsche Druckerei dort, aber das Papier schlecht und besonders fehle es ihnen an einem tüchtigen Übersetzer; sie baten die Brüder in Holland, sich nach einem solchen umzusehen, das Werk übersetzen, in tausend Exemplaren drucken und binden zu lassen, und nach Pennsylvanien zu senden, oder es ungebunden zu senden, aber nicht bis sie eine genaue Rechnung der Kosten hinüber gesandt hätten.

Erst am 10. Februar 1748 antworteten die Holländer und rieten von dem Unternehmen ab. Dieses war aber inzwischen schon in voller Ausführung, denn in 1748 erschien eine vollständige Übersetzung des Märtyrerspiegels, übersetzt, gedruckt und gebunden von den Brüdern zu Ephrata. Diese Bruderschaft zu Ephrata war eine Art protestantischer Mönche und Nonnen mit eigentümlichen Lehren und Gewohnheiten, welche sich später mit den Dunkards, Tunkern oder German Baptists vereinigten, welche Letztern aber doch in manchen Dingen andere Lehren und Sitten haben. Sie haben Untertauche, Liebesmal und Fußwaschung. Sie kamen von Deutschland, ihr Gründer war Andr. Mack, der 1719 mit seinen Anhängern nach Amerika kam. Der Gründer von Ephrata war Konrad Peysel.

Der Märtyrerspiegel ist das größte und bedeutendste schriftstellerische Werk, welches die Täufergemeinschaft außer der hochdeutschen Wormser Bibelübersetzung und der niederländischen Biestkenschen hervorgebracht hat, deshalb wollen wir hier etwas näher auf dies Werk eingehen.

Der Märtyrerspiegel ist eine Sammlung von Geschichten vom Leiden und dem Tode der Märtyrer der Taufgesinnten, deren es ja so sehr viele gab, nebst Zeugnissen von ihnen und über sie. Anfangs waren die Geschichten und Briefe auf einzelnen Blättern, die wie Heiligtümer in den Familien und Gemeinen aufbewahrt wurden, und in ihrer Einfalt und doch hinreißenden Begeisterung einen großen Einfluß auf die Leser ausübten, und sie zu Mut und Standhaftigkeit anspornten.

Die spanische Regierung suchte eifrig nach diesen Blättern und vernichtete dieselben wo sie sie fand. Dies bewog einige Männer, sie zu sammeln und drucken zu lassen, damit sie so bewahrt würden. Im Jahre 1562 erschien die erste Sammlung der Märtyrergeschichten mit dem Titel: „Dieses Buch wird genannt, ‚das Opfer des Herrn‘, wegen des Inhalts einiger aufgeopferten Kinder Gottes, welche aus dem guten Schatz ihres Herzens Bekenntnisse, Sendbriefe und Testamente geschrieben haben, welche sie mit dem Munde bekannt und mit ihrem Blute besiegelt haben, zu Lob, Preis und Ehre des, der Alles in Allem vermag, dessen Macht währet von Ewigkeit zu Ewigkeit."

Fünf Jahre später erschien eine zweite Auflage, die aber sehr selten ist, weil die spanische Regierung den Büchern eifrig nachspürte. Es wurde eine dritte, vermehrte Auflage gedruckt, der noch mehr folgten. Nun nahm sich die Gemeinschaft der Sache an und Abgeordnete berieten, wie man die einzelnen Blätter, die noch vielfach vorhanden, sammeln könne. Abgeordnete bereisten Flandern, Brabant, Deutschland, die Schweiz und Österreich und kehrten mit reicher Ausbeute heim. Einige Prediger der Waterländer mit dem ehrwürdigen Hans de Ries an der Spitze arbeiteten das ganze Material über und zusammen. Der Titel des neuen Buches lautete: „Geschichte der Märtyrer oder der wahrhaftigen Zeugen Jesu Christi, welche die evangelische Wahrheit unter vielen Folterungen bezeugt und mit ihrem Blute befestigt haben, seit dem Jahre 1524 bis zu dieser Zeit, wobei auch ihre Bekenntnisse und Disputationen hinzugefügt sind, die deren lebendige Hoffnung, kräftigen Glauben und Liebe zu Gott und seiner heiligen Wahrheit ausdrücken. Matth. 5, Vers 10."

Dieses Buch kam 1630 heraus. Nun erschien eine Auflage

nach der andern. In einer neuen Auflage hat Hans de Ries eine vortreffliche Vorrede, welche Frau Brons teilweise so wiedergibt:

„Du siehst hier wie in einem Spiegel, daß weder der angeborene Zug der Liebe zu den Angehörigen, noch die Lebenslust, welche Gott in die Geschöpfe gepflanzt hat, diese Ritter hat wankend machen können von allem zu scheiden, was ihnen lieb und teuer war. Sie haben auf sich genommen schwere Bande und Marter aller Art, ohne sich durch Drohungen noch Versprechungen zurückschrecken oder bewegen zu lassen, die heilsame Wahrheit, die Liebe Gottes und die selige Hoffnung zu verlassen. Sie haben mit Paulus sagen können: ‚Wer will uns scheiden von der Liebe Gottes?‘"

„Durch diese Liebe haben sie alles überwunden, auch die Mächtigen dieser Welt. Die Einfältigen haben die klugen Doktoren durch die Wahrheit überführt. Christus hat an ihnen bezeugt, wie an seinen Jüngern, daß ihnen gegeben wurde, was sie reden sollten, wenn sie vor Könige und Fürsten geführt würden."

„Im Angesicht von Galgen und Rad, von Feuer und Schwert haben sie zum Erstaunen der Richter und Inquisitoren die Wahrheit ungescheut bekannt. Sie haben bei der Erkenntnis ihrer Schwäche Gottes Kraft erfaren, sodaß sie mit gelassenem Gemüte auf sich nehmen konnten, wovor sich sonst die menschliche Natur fürchtet. Die allgemeine Brüderschaft ist dadurch so von Eifer und Liebe entzündet worden, daß ein jeglicher sich gegen die Leiden gerüstet hat, welche ihn täglich selbst bedrohten. Sie haben keine Gefar gescheut, um die Glaubensbrüder zu beherbergen, sie in den Gefängnissen zu besuchen, auf den Richtplätzen ihnen freimütig zuzurufen, und sie mit schriftlichen Worten zu trösten und zu stärken."

...„Die Tyrannen sind in ihrem Vorhaben getäuscht worden; indem sie glaubten, die Widerstehenden zu vertilgen, haben sie im Gegenteil mehr Arbeiter erweckt, denn viele Zuschauer der Hinrichtungen der unschuldigen Leute von gutem Namen und Ruf sind durch dieselben zum Nachdenken und zur Bekehrung gebracht worden."...

„Mit jenem Eifer steht nun die Lauheit des jetzigen Geschlechts im Widerspruch. Wie viele gibt es, welche im Glauben matt und träge geworden sind. In den früheren Zeiten suchte man mit

Gefar seines Lebens in Ecken und Winkeln, im Feld und Busch zu einander zu kommen, und wie erquickend war damals jede Stunde, wo man zusammenkam, um sich im Glauben zu stärken! Wie durstig waren die Seelen nach göttlicher Speise! Des Leibes Güter vermochten wenig Trost zu geben, denn sie waren gänzlich unsicher, deshalb trachtete man um so mehr nach himmlischem Reichtum."

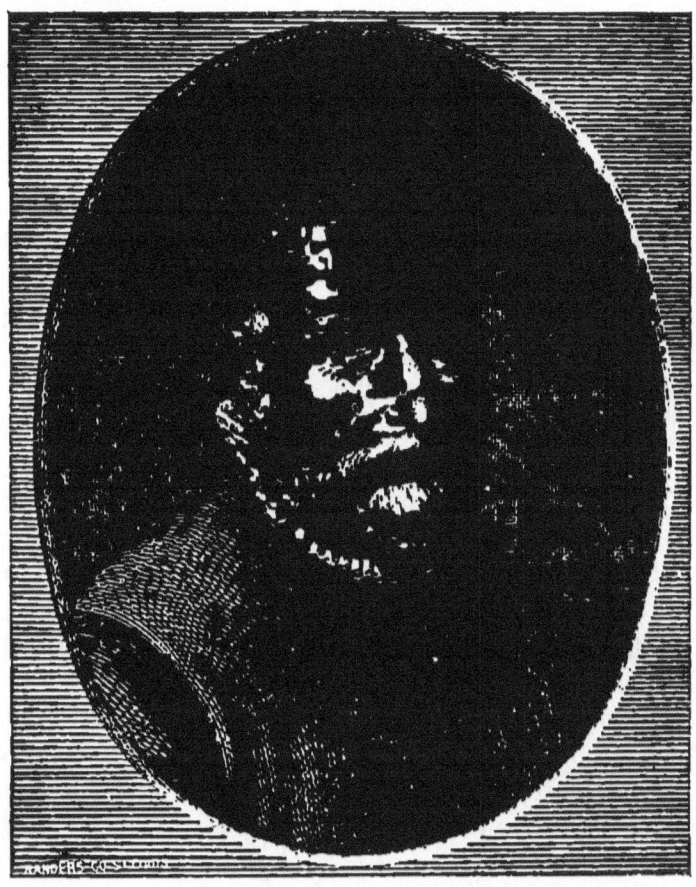

Hans de Ries.
Verfasser des ältesten niederländischen Glaubensbekenntnisses 1580—1610, und Verfasser des ältesten Gesangbuches der Taufgesinnten 1582.

„Wie aber jetzt? Die zeitlichen Geschäfte haben den Vorrang! Die Einfalt ist in Prunk und Pracht verwandelt! An Gütern dieser

Welt ist man zwar reicher, aber die Seele verarmt! Die Kleider sind kostbar, aber die inwendige Zier ist dahin! Die Liebe ist erkaltet, und die Zwistigkeiten haben zugenommen! Meint ihr, Gott werde das allezeit so ansehen?"

„Prüft einmal, wie euer Herz beschaffen ist. Durchpflügt euer tiefstes Innere und schaut, wohin eure Neigungen gehen, ob sie, auf Erden leicht befriedigt, die Wolken durchbringen, oder in der Erde wühlen, um sich Reichtümer zu sammeln. Willst du dieses erforschen, so suche bei allen Vorgängen deine Absichten und Gedanken zu erkennen, nämlich wie ängstlich und mutlos du bist, wenn böse Zeiten und Widerwärtigkeiten dir drohen, und wie sicher du dahin lebst, wenn es vor dem Winde geht, wie sehr die Liebe zu irdischen Dingen dich geistig träge und müssig macht, wie du lieber großen Streit und Prozesse führen, als von deinem Rechte zurücktreten und Schaden leiden würdest, wie viele Zeit deinem gebührenden Gottesdienste Abbruch geschieht durch irdische Abhaltungen; dann wirst du bald erfaren, wie wenig du noch gestritten hast. Denn obwol die Verfolgungen von außen aufgehört haben, so ist bennoch der Christ berufen zum Leiden und zum Streiten in dieser Welt." — — —

„In den Zeiten der Verfolgung waren die Worte alle Zeit erbauliche Belehrungen, Ermunterung zur Frömmigkeit, Verherrlichung Gottes und Ermutigung zur Standhaftigkeit. Forschet einmal nach, ob ihr in jetziger Zeit eure Zunge nicht dazu hergegeben habt, durch unnützes Geklatsch zu gefallen, ob ihr der Religiösität dadurch hinderlich oder förderlich gewesen seid, ob ihr eures Nächsten guten Ruf nicht geschädigt und eure Zunge im Zaume gehalten habt, überhaupt wozu ihr die kostbare Zeit jetzt angewendet habt, wie viel durch unnötige Sorge und Arbeit verloren gegangen und wie wenig für den Gottesdienst übrig geblieben ist."

„Ihr werdet finden, daß das Fehlen der Zuchtrute den Menschen oft ruchlos und zügellos macht. Das Gefärlichste ist aber, daß wenige sich selbst prüfen. Unwissend sind viele, arm, nackt und blind." — — —

Frau Brons fügt hinzu: „Von Haus de Ries, welcher diese Worte wahrscheinlich selbst geschrieben hat, sagt eine ihm gehaltene Grabrede: ‚Er war von Gott mit besonderen Gaben geschmückt,

Tileman van Bracht.

Verfasser des großen Märtyrerspiegels 1650.

seine feurige Beredtsamkeit, sein großer Verstand und Scharfsinn rissen zur Bewunderung hin. Er hatte Kraft, die Herzen zu fassen und zu erwecken und bewies in allem großen Ernst, Eingezogenheit und Gottesfurcht." Hans de Ries hatte in früherer Zeit den Märtyrertod eines seiner Freunde mit erlebt und hatte dabei den Flammen des Scheiterhaufens ganz nahe gestanden. Er selbst, in Begleitung seiner Frau verfolgt, war nicht geflohen, sondern hatte zu den Häschern gesagt: ‚Da sind wir, tut an uns, was ihr für gut findet, wir sind getrost.' Das hätte einen solchen Eindruck auf die wahrscheinlich nicht spanischgesinnten Verfolger gemacht, daß sie davon abstanden, sie gefangen zu nehmen."

Die letzte Ausgabe des Märtyrerspiegels, die seither mehrere Auflagen erlebt hat, ist bearbeitet und vervollständigt von dem Prediger Tileman van Bracht von Dortrecht. Derselbe muß nach folgendem Verse seines Bruders das Werk auf dem Kranken- und Sterbelager vollendet haben.

  Gleichwie dort David als von obenher getrieben
  Da Zion war bedeckt mit einer Todesnacht,
  Sein Saitenspiel ergriff, und Psalmen hat gemacht,
  Darinnen er sein Leid und Herzens-Reu beschrieben.
  So sah ich auch aus dir den Fenereifer fahren,
  Als du der Zeugen Ruhm hast an das Licht gebracht,
  Und in der Todesnot dies Wort zu dir gesagt:
  Dein End' ist nah, du kannst die Müh' und Eifer sparen.
  Doch hat dein steter Fleiß und Eifer dich getrieben,
  Daß da dein schwacher Leib erkrankt darniederlag,
  Dies blut'ge Opferwerk du hast gebracht an Tag,
  Und es mit vieler Müh' zum Dienst der Kirch' beschrieben.
  Drum alle, die ihr euch der teuren Lehr' ergeben,
  Die uns durch Christum ist, von oben offenbart,
  Folgt seinem Wandel nach, den Glauben rein bewahrt,
  Und lernt aus diesem Buch nach wahrer Tugend streben.

Die Übersetzung wurde von Peter Miller gemacht. Der Preis des Buches sollte 20 Schilling sein, gewiß ungemein billig, wenn man denkt, daß fünfzehn Brüder drei Jahre mit dem Drucken beschäftigt waren. Es wurden 1300 Exemplare gedruckt und ist es das zweite, große, deutsche Buch, das in Amerika gedruckt wurde; das erste war die Bibel von Sauer, und neben der Bibel nahm es den Ehrenplatz in manchem Mennonitenhause ein. Der Titel des

Buches ist: „Der blutige Schauplatz oder Märtyrer-Spiegel der Taufgesinnten oder wehrlosen Christen."

Ein Teil dieser Auflage, der noch ungebunden in Ephrata lag, hatte ein eigentümliches Schicksal; denn während des Freiheitskampfes gegen die Engländer fehlte es den Amerikanern an Papier, um Patronen zu machen; als sie nun hörten, in Ephrata sei Papier, so kamen sie, um es zum Kriegsbedarf zu nehmen. Trotz entschiedener Einsprache und großer Aufregung bei den Umwohnern wurde das Papier fortgeführt, was vielen im ganzen Lande mißfiel, und bald flog blutiger Gruß in Stücke des Märtyrerspiegels der wehrlosen Christen eingepackt den Engländern entgegen.

Die holländische Ausgabe hatte vorzügliche Kupferstiche von Jan Luiken. Diese Kupferstiche wurden einem Abdruck der deutschen pennsylvanischen Ausgabe 1780 in Pirmasens beigefügt. Seitdem wurden noch mehrere Auflagen in Amerika gedruckt, auch eine englische Ausgabe in London. Die neueste, vollständige, mit Bildern versehene Ausgabe von 1093 Octavseiten kam 1887 von der Mennonite Publishing Co., Elkhart, Indiana, heraus.

Im Jahre 1758 brachen schwere Heimsuchungen über die Brüder herein. Neunzehn Familien hatten sich in Virginien niedergelassen, aber „wegen der grausamen und barbarischen Indianer, die schon so viele unserer Leute getödtet und als Gefangene hinweggeführt hatten", flohen sie zurück nach Pennsylvanien. Eine ganze Familie war getödtet und die andern hatten ihre ganze Habe verloren. Selbst in Pennsylvanien verloren zweihundert Familien ihre ganze Habe und fünfzig Menschen wurden getödtet. Da sandten die Brüder zwei Gesandte, Johannes Schneyder und Martin Funk nach Holland mit einem Schreiben und der Bitte um Hülfe. Vor dem Comitee für ausländische Not machten sie den Eindruck, daß sie einfache, ehrliche Leute seien; sie gaben alle gewünschte Auskunft, empfingen eine Antwort auf den durch sie gebrachten Brief mit einem Wechsel auf Philadelphia auf $250. Die holländischen Brüder zalten alle Ausgaben dort und versahen sie mit Reisegeld und Lebensmitteln.

Später ließen sich wieder Mennoniten in Virginien nieder und obwol viele Gemeinen verschwunden sind, so finden sich doch noch 12 oder 15 Kirchen und etwa 32 Prediger und Diakonen dort.

Im Jahre 1727 war eine Konferenz, auf welcher das Glaubensbekenntnis angenommen wurde, die Namen von 5 Gemeinen und 15 Predigern und Vorstehern sind erhalten.

Als die Unruhen zwischen der englischen Regierung und den amerikanischen Provinzen ausbrachen, fanden sich die wehrlosen Christen, Mennoniten, Tunker und Quäker in einer schlimmen Lage, gewissenshalber konnten sie nicht kämpfen, so wurden sie von beiden Seiten als Feinde betrachtet. Die Englischgesonnenen nannten sie Aufrürer, weil sie die Waffen nicht für den König ergriffen, die Amerikaner hielten sie für Freunde Englands, weil sie nicht gegen den König kämpften.

Im Jahre 1775 gewährte ihnen die gesetzgebende Versammlung von Pennsylvanien die Wehrlosigkeit, wofür sie sich in einem noch vorhandenen Schreiben herzlich bedankten. Dennoch gab es manche, welchen es unrecht erschien, gegen ihre frühere Obrigkeit zu kämpfen und deshalb auch unrecht, die von den Amerikanern auferlegte Kriegssteuer zu zalen. Es wurde eine Versammlung gehalten, um drei Männer zu wählen, die einer Versammlung aus andern Teilen der Provinz beiwohnen sollten, um zu beraten, ob Pennsylvanien sich den andern Provinzen anschließen solle, die damals schon im Kampfe gegen England standen. Die Versammlung war gut besucht und die Beratungen lebhaft, so daß Streit unvermeidlich schien, als Christian Funk kam und sagte, die Mennoniten haben mit der Sache nichts zu tun. Es wurde Kriegssteuer auferlegt, viele Prediger und Glieder waren gegen die Bezalung einer solchen, aber Funk sagte, sie hätten das Geld des Kongresses genommen und ihre Schulden damit bezalt, jetzt müßten sie dem Kongresse auch Steuer bezalen. Zwei Jahre später veranlaßte dieser Streit eine Trennung, die aber nach 25 Jahren wieder geheilt wurde.

Da, wie vorhin gesagt, manche Mennoniten meinten, dem Könige von England treu bleiben zu müssen, vielleicht auch, weil sie billigeres Land suchen wollten, so zogen schon in 1786 eine Anzal Mennoniten nach Kanada. Sie ließen sich nach langer, mühseliger Reise in der Nähe der Niagarafälle, etwa 20 Meilen davon nieder. In 1801 kamen sie in dieselbe Lage, wie kurz vorher die ersten Ansiedler in Rußland, sie hatten keinen Prediger.

Sie fragten die Muttergemeine in Bucks Co., Pa., um Rat, und sie sagte, man solle durch Stimmen vorschlagen und dann durchs Loos wählen, darauf sollte der Erwählte ohne Einsegnung sein Amt übernehmen. Ein Bruder, der nur eine Stimme erhalten, wurde, wie es scheint, durchs Loos oder einstimmig gewählt. Er war ein frommer, wolmeinender Mann, aber kein Redner, so wählten sie das nächste Jahr einen andern und er wurde fünf Jahre später zum Ältesten eingeseguet. In 1799 wurde auch die Ansiedlung in Waterloo Co. gegründet. Dort hatten die Brüder schwere Erfarungen mit betrügerischem Landverkauf, doch der Herr wandte es zum Besten.

In 1811 wurde der weitbekannte und angesehene Benjamin Eby zum Prediger und später zum ersten Bischof in Waterloo Co. erwählt. Er stand mit Brüdern in verschiedenen Gegenden, auch in Europa, mit Br. B. C. Roosen und C. J. van der Smissen in Verkehr. Er schrieb eine kurze Geschichte der Mennoniten und gab sie nebst dem Dortrechter Bekenntnis, Roosens Gemütsgespräch und einem Formularbuch heraus.

Im Jahre 1803 bildete sich eine Ansiedlung in Markham, 1807 wurden 45,000 Acker für eine Ansiedlung in Woolwich gekauft.

Das erste Versammlungshaus wurde im Jahre 1811 auf dem Lande Bischof Benjamin Ebys gebaut.

Der Krieg von 1812 brachte den Mennoniten in Kanada neue Anfechtungen; sie wurden gezwungen zu dienen, aber zum Fechten konnte man sie nicht zwingen. Als die Regierung dies erfur, stellte sie die Mennoniten als Fuhrleute an, aber sie mußten ihre Fuhrwerke selbst stellen, so verloren sie beim Rückzug der Engländer viele Wagen und Pferde. Während des Krieges litten die der Männer meist beraubten neuen Ansiedlungen sehr, da Frauen und Kinder mit wenig oder gar keinem Fuhrwerk die Farmarbeit besorgen mußten. Auch in 1816 schlug wegen Kälte die Ernte fehl, und 1817 war es bitter kalt, so daß die Ansiedler guten Grund hatten, entmutigt zu werden.

Von nun an kamen neue Ansiedler von Pennsylvanien und Deutschland, und die Ansiedlungen wuchsen und gediehen, Versammlungshäuser wurden gebaut, Prediger eingeseguet. Im Jahre 1848 gab es in Folge der Spaltung in Pennsylvanien, auch in

Kanada, eine Spaltung zwischen den alten und den fortschrittlichen Mennoniten.

Im Jahre 1874 bildete sich in Kanada wie in den Vereinigten Staaten in Folge der Einführung der allgemeinen Wehrpflicht in Rußland und der Erwartung einer starken Einwanderung von dort eine mennonitische Hülfsgesellschaft, deren Seele Jakob Y. Schantz von Berlin, Ontario, war. Die Regierung von Kanada machte den russischen Mennoniten sehr günstige Anerbietungen, lieh ihnen sogar $96,400, um ihnen über die ersten Schwierigkeiten der Ansiedlung hinweg zu helfen. Dieses Geld wurde zurückbezahlt, so daß die Brüder in Kanada, die sich dafür verbürgt hatten, keinen Verlust erlitten.

Die Einwanderer bildeten in Manitoba, einer Provinz im Westen am Red River, eine große Ansiedlung in sehr fruchtbarer Gegend. Es sollen jetzt über 12,000 mennonitische Ansiedler in Manitoba sein, die in Gretna eine Schule zur Ausbildung von Lehrern unter der Leitung von Br. H. Ewert haben. Schon bilden sich weitere Ansiedlungen im fernen Nordwesten.

Unter den aus der Schweiz und der Pfalz einwandernden Mennoniten waren Amische, Bärtler, Heftler oder Obere Mennoniten und Knöpfler oder Untere Mennoniten. Diese Abteilungen entstanden in der Schweiz wie in Holland in Folge der strengeren oder weniger strengen Handhabung des Bannes oder der Kirchenzucht. In der Schweiz entstand die Streitigkeit um 1620 über die strenge Anwendung des Bannes, über die Kleidung und Fußwaschung. Der Älteste der Strengen hieß Jakob Amman und nach ihm wurden seine Anhänger die Ammanischen oder Amischen genannt. Er verlangte Ehemeidung für die Gebannten, verwarf den Gebrauch von Knöpfen und das Scheeren des Bartes als weltlich. Die Knöpfler, die Milderen, Unteren Mennoniten, führte Hans Reist. — In den Verfolgungen litten beide Parteien, flüchteten gemeinsam, aber bildeten in Amerika doch eigene Gemeinen. Auch später folgten Amische Brüder aus dem Elsaß, Hessen und Nassau. Einige Gemeinen, namentlich die sogenannten Alt-Amischen sind streng in der Absonderung von andern und in ihren Eigentümlichkeiten. Andere Gemeinen haben manches Besondere verloren oder stehen doch in freundlichem und brüderlichem Verhältnis mit andern Mennoniten.

Die sogenannten alten Mennoniten haben meistens von den Amischen die Fußwaschung angenommen, viele haben auch eine besondere Kleidertracht aber tragen Knöpfe, und meistens keine Bärte, jedenfalls keinen Schnurrbart.

Eine bedeutende Einwanderung von Schweizer=Mennoniten fand zwischen 1820—1830 statt, denen dann immer neuer Zuzug folgte, so daß jetzt die Schweizer=Gemeinen in Amerika zalreicher sind als die Mennoniten in der Schweiz. Es bildeten sich die Gemeinen in Wayne Co., Putnam und Allen Co., Ohio, Berne, Indiana und Bethel, Missouri.

In den Jahren 1836—1856 kamen eine größere Anzal Pfälzer, Baiern, Hessen und Badenser und bildeten Mennonitengemeinen in Ashland Co., Ohio, Lee Co., Jowa, und Summerfield, Jll. Von diesen Gemeinen bildeten sich neue in Kansas und Nebraska.

In den Jahren 1870—1880 fand dann die zalreiche Einwanderung der Brüder von Rußland und Preußen statt, welche um der Wehrfreiheit willen die alte Heimat verließen und sich eine neue suchten, wo sie ungestört und unbeschränkt ihres Glaubens leben konnten.

Zur Unterstützung der armen Einwanderer bildete sich auf Anregen der Summerfielder Gemeine eine mennonitische Hülfsgesellschaft, welche viele der bedürftigen Brüder unterstützte. Viele fanden zunächst Aufnahme bei den Brüdern, welche schon länger im Lande gewesen waren, aber nachdem sie etwas verdient, reisten fast alle nach dem Westen, nach Kansas, Nebraska, Minnesota, Süd=Dakota, u. s. w.

Wie sich in Holland viele verschiedene Abteilungen unter den Mennoniten bildeten, so auch in Amerika. Außer den Amischen und Chr. Funks Anhängern, deren wir schon Erwähnung taten, bildete sich eine andere sehr strenge Partei als Anhänger von John Herr, welche reformirte Mennoniten, Herrenleute oder Herrites genannt werden. Sie, wie die Alt=Amischen, erlauben ihren Gliedern nicht, Prediger anderer Gemeinschaften zu hören.

Die Unteren Mennoniten oder Knöpfler, in Amerika Alte Mennoniten genannt, sind in Amerika die zalreichsten. Von ihnen trennten sich in 1847 in Pennsylvanien solche, die fortschrittlich gesonnen waren, ab. Da diese Fortschrittlichen, wie sie genannt wurden „Neue Schule Mennoniten" sich später mit Neueingewanderten zur allgemeinen Konferenz vereinigten, so wollen wir uns den Grund der Trennung von dem ungemein tüchtigen, hochgeachteten, langjährigen Vorsitzer der allgemeinen Konferenz, Br. A. B. Schelly, erzälen lassen, welcher den Vorgängen nahe stand.

„Im Jahre 1842 wurde (der in diesem Jahre, 1895, verstorbene) Br. John H. Oberholzer zum Prediger erwählt. Er war ein Mann von mehr als gewöhnlicher Begabung und fortschrittlicher Gesinnung. Seine Gedanken und Ideen waren denen mancher seiner damaligen Mitdiener voraus; seine freieren Ansichten in Bezug auf Kleidertracht und seine Begünstigung einer geordneteren Organisation der Kirche verursachten nicht nur in seiner Gemeine, sondern in der ganzen Frankonia=Konferenz eine Spaltung. Oberholzer mit einer Anzal Prediger und Vorsteher, die es mit ihm hielten, wurden im Oktober 1847 von der Konferenz als in ihrem Amte still gestellt erklärt." Darauf bildete sich die sogenannte Neue Schule Mennoniten=Konferenz, welche sich am 28. October 1847 organisirte. Diese Konferenz begünstigte auch den damals höchst notwendigen, religiösen Jugendunterricht und später die Sonntagschulen.

Von dieser Konferenz trat in den Jahren 1856—1858 eine kleinere Abteilung aus, welche besonders auf das Halten von Gebetsversammlungen, die Fußwaschung und wol erst später auf die Untertauchung drangen. Die Einrichtungen dieser Gemeinschaft sind methodistisch, mit Hinzufügung der Untertauchung und Fußwaschung. Sie vereinigten sich später mit anderen kleineren Abteilungen und nennen sich jetzt „Die vereinigten Mennonitenbrüder in Christo." Sie halten regelmäßige Konferenzen.

Von ihnen trennten sich die Landesleute ab, eine ganz kleine Abteilung.

Etwa um dieselbe Zeit bildete Joh. Holdemann eine eigene, strenge Gemeine, Kirche Gottes in Christo. Die wehrlosen Mennoniten oder sogenannten Egly=Amischen sind eine andere Abteilung, welche auf besondersartige sichtbare Zeichen der Wiedergeburt und strenge Wehrlosigkeit bringt.

Mit der russischen Einwanderung kam auch die mennonitische Brüdergemeine, zuweilen Schellenberger genannt.

Haben wir so die traurige Zersplitterung der Mennonitengemeinschaft gesehen, so richten wir nun unsern Blick auf Vereinigung, wie dieselbe unter dem Segen Gottes in der allgemeinen Konferenz hat stattfinden dürfen.

Schon im Jahre 1858 regte sich in Pennsylvanien der Missionstrieb, und setzten sich, laut Beschluß der Konferenz, die Brüder mit den Brüdern in Europa in Verbindung.

Im Jahre 1859, den 21. März, hielten zwei Gemeinen in Jowa eine Konferenz ab. Der Bericht sagt darüber: „Der Zweck der Konferenz ist, Mittel und Wege zu suchen, nach welchen eine Centralisation sowol in den Mennoniten-Gemeinen selbst, als auch durch die Gemeinen unter einander, wie auch hauptsächlich zu den einzelnen, zerstreutwohnenden mennonitischen Familien das Heil von Jesu Christo gebracht werden könne."

Der Schreiber, welcher jetzt 35 Jahre als Schreiber der Allgemeinen Konferenz gedient hat, Br. Chr. Schowalter, von der Zionsgemeine, Lee Co., Jowa, machte später zu dem Bericht dieser Konferenz folgende Anmerkung, die als Ausdruck der Ursache und des Zwecks der Allgemeinen Konferenz dienen kann: „Die Konferenz der beiden obengenannten Gemeinen wurde hervorgerufen von einem tiefen Gefühl des Bedürfnisses einer innigeren Gemeinschaft und Zusammengehörigkeit der Glaubensgenossen in Amerika, und zwar einer Gemeinschaft, da man eines Sinnes ist in den Heilswahrheiten, wie dieselben uns in Gottes Wort gegeben sind. Sie fühlten mit der gewonnenen Erkenntnis, daß nur in der Einigkeit des Geistes Christi die Gemeinschaft des Glaubens und der Liebe geübt werde, und daß nur in der Einigkeit die Stärke und Festigkeit des geistlichen Lebens erblühe und daß nur eine solche Gemeinschaft die Ehre Gottes fördern und zum Segen den Gliedern durch Gottes Gnade gedeihen könne; denn je inniger sich die Glieder am Leibe Christi zu einander finden, desto mehr lebt Gott in ihnen und sie in Gott; dagegen, je mehr Zertrennung, desto weniger ist göttliches Leben vorhanden. — Wol wissend, daß wo viele Menschen sind, auch viele Sinne sich offenbaren, wol wissend, daß so lange wir Menschen ein Ich in uns behaupten, wir im Anstreben der Einigkeit im Geist viel Anfechtung erfaren werden. Dennoch ließen sich die obigen Gemeinen durch die etwa eintretenden Hindernisse und Anfechtungen nicht zurückschrecken, um das göttliche Ziel: ‚Ein Hirt und eine Heerde' zu erreichen. Denn das Wort Heiliger Schrift ist ihnen heilig und hehr: ‚Seid fleißig zu halten die Einigkeit im Geiste, durch das Band des Friedens.' Diese apostolische Mahnung war der Beweggrund zur obigen Konferenz, welche durch Gottes Gnadenführung und Leitung des heiligen Geistes die Wiege der „Allgemeinen Konferenz der Mennoniten in Nord=Amerika" geworden ist, wie aus den Beschlüssen leicht ersichtlich ist und in der Folgezeit seine Bestätigung erhielt.

Der Herr Jesus Christus, der die Glaubensgemeinschaft gewollt und darum das heilige Erlösungs= und Versöhnungswerk auf Erden vollbracht hat, gebe, daß dieses Werk, durch die gnadenreiche Führung Gottes gestiftet und fortgeführt, nicht durch Eigensinn und Unversöhnlichkeit der Menschen zerstört werde. Es ist ja sein eigener Wille, daß wir den Segen der seligen Gemeinschaft mit ihm und unter einander im Frieden genießen!

Wunderbar sind deine Wege, o Herr Zebaoth! Dir allein gebührt die Ehre, der Ruhm, der Preis und die Anbetung! Amen."

Die zweite Konferenz fand in West Point, Jowa, 1860 statt, und die dritte in Wadsworth, Ohio, 1861. Es wurden in den beiden Konferenzen die Grundregeln für die Allgemeine Konferenz angenommen, aus denen wir einige hervorheben wollen:

1. „Daß alle Abteilungen der Mennoniten=Gemeinschaft in Nord=Amerika, ohnerachtet der geringen Differenzpunkte, einander die Bruderhand reichen sollten."

5. „Daß jeder kleinere oder größere Bezirk die von ihm zu seiner Selbstregierung angenommenen Verordnungen und Regeln, falls dieselben nicht der Grundlehre unsers allgemeinen Bekenntnisses zu nahe treten, nach seinem Gewissen, ohne beunruhigt zu werden, zu seiner Erbauung fortsetzen möge;

in Wadsworth 5. „Daß niemand Glied unserer vereinigten Mennoniten=Gemeinschaft sein kann, der zu irgend einer geheimen, geschlossenen Gesellschaft gehört."

4. und 13. „Daß eine theologische Lehranstalt, sobald es sich tun läßt, in unserer Gemeinschaft eingerichtet werde."

Über das Bedürfnis, den Zweck und die Einrichtung einer solchen Anstalt wurden weitere Erklärungen angenommen, die in folgenden Worten gipfelten: „Darum halten wir vor Allem für den Anfang wenigstens eine christliche, mennonitische Lehranstalt durchaus notwendig als Grundlage der Vereinigung unserer mennonitischen Abteilungen sowol, als auch der Ausbreitung des Reiches Gottes, oder der Mission, die uns als letzter Wille unsers Erlösers befohlen ist mit den Worten: „Prediget das Evangelium aller Kreatur."

Als die beiden Übel, die uns Mennoniten den Lebensnerv abschneiden, und wenn der Herr nicht hilft, zum Tode gereichen, wurden hingestellt: tiefeingewurzelte Selbstgerechtigkeit und in Vorurteilen befangene Beschränktheit.

Im October 1866 wurde die Bildungsanstalt in Wadsworth eingeweiht und Br. Chr. Schowalter ward erster deutscher Lehrer und Prinzipal.

Im Jahre 1868 wurde Br. C. J. van der Smissen, bisher Pastor der Mennonitengemeine zu Friedrichstadt, Schleswig-Holstein, Deutschland, zum theologischen Lehrer berufen.

Die Bildungsanstalt bestand, mehr oder weniger gut besucht, in Wadsworth bis zum Jahre 1878, wo laut Konferenzbeschluß die Schule an einen geeigneteren Ort verlegt werden sollte, denn durch die starke Einwanderung war der Schwerpunkt der Gemeinschaft weiter nach Westen gefallen. Zu obigem Beschluß trugen auch die sich immer aufs neue ergebenden Schulden bei.

Die Kansas-Konferenz unterstützte mehrere Jahre die Fortbildungsschule in Halstead, bis im Jahre 1893 das Bethel-College bei Newton, Kansas, eröffnet wurde. Diese Lehranstalt hat außer einem schönen, zweckmäßigen, steinernen Schulgebäude nebst dem umliegenden Lande ein Grundkapital von über 50,000 Dollars, so daß dem Schuldenmachen gewehrt ist, da ein festes Einkommen auf diese Weise der Schule zu Gebote steht. Br. David Görz, jetzt in Newton, hat sich um das Zustandekommen, den Bau und die Sicherung dieser Schule besonders bemüht und verdient gemacht, indem er auf vielen Reisen den Brüdern in Ost und West das Bedürfnis

Bethel-College.

für eine solche Schule und die Möglichkeit der Ausführung so großartiger Pläne darlegte.

Eigentlich theologischer Unterricht wird bis jetzt in dieser Schule nicht erteilt; Br. C. H. Wedel, ein tüchtiger, theologisch-gebildeter Lehrer, steht als Leiter an der Spitze der Schule.

Gleich anfangs richtete die Konferenz ihr Augenmerk auf die innere und äußere Mission. Diesen Gegenständen werden wir später noch den Blick zuwenden.

Seit der Einwanderung der russischen und preußischen Brüder hat die allgemeine Konferenz an Zal und Einfluß sehr zugenommen. — Unter der allgemeinen Konferenz stehen die östliche, die mittlere, die westliche und die nördliche Konferenz, welche halbjährlich (die östliche) oder jährlich zusammen kommen, während die allgemeine Konferenz alle drei Jahre zusammenkommt. Bei diesen Konferenzen und zuweilen auch ohne dieselben, werden Missionsfeste, Predigerkonferenzen, Bibelkurse und Sonntagschulkonventionen abgehalten.

Im Jahre 1890 schlossen sich acht Gemeinen in der Schweiz in Betreff der Mission der allgemeinen Konferenz unter gewissen Bedingungen an. Im Jahre 1893 schlossen sich wieder eine Anzal Gemeinen der Konferenz an, besonders auch die größte amerikanische Mennonitengemeine der Schweizer von Putnam und Allen Co., Ohio, unter Leitung ihres alten, ehrwürdigen Ältesten, Johannes Moser. Über 50 Gemeinen, von denen 48 der Konferenz glieblich angehörten, waren vertreten, einige kleinere Gemeinen waren nicht vertreten. Altamerikaner, eingewanderte Schweizer, Pfälzer, Preußen, Russen waren da vertreten und vereinigt. Amische und andere Mennoniten arbeiteten in brüderlicher Liebe und Eintracht mit einander. Im Konferenzkalender sind die Namen von 150 Predigern angegeben.

Die alten Mennoniten haben die Lancaster Co., Franconia, Virginia, Ohio, Indiana, Illinois, Missouri, Jowa und Kansas Konferenz. Auch die alten Mennoniten, welche früher sehr gegen Sonntagschulen waren, haben jetzt (mit Ausnahme der Wisler Mennoniten) Sonntagschulen, Sonntagschulblätter, Sonntagschul= versammlungen. Sie arbeiten fleißig in der inneren Mission, auch die äußere Mission wird von einigen unterstützt. J. F. Funk und J. S. Coffmann von Elkhart, Indiana, üben durch den Herold der Wahrheit und durch Reisepredigt wol den größten Einfluß auf das religiöse Leben der alten Mennoniten aus, aber auch andere tüchtige, ernste, eifrige Arbeiter stehen an verschiedenen Orten im Dienste des Herrn an dieser Abteilung und stehen in einigen Ge= genden in herzlichem, brüderlichem Verkehr mit den Mennoniten der allgemeinen Konferenz, während in andern Gegenden sie den= selben schroff und abstoßend begegnen.

In allen verschiedenen Abteilungen der Mennoniten in Ame= rika sind in den letzten 30 Jahren große Veränderungen vorge= gangen, die einseitigen Ansichten haben sich vielfach geändert; durch Bekanntschaft sind viele einander näher gekommen und wir dürfen hoffen, daß mit der Zeit die Liebe manche Einseitigkeit überwinden wird, und alle die Einheit in der Hauptsache erkennen, die nebensächlichen Verschiedenheiten dulden, so daß das Gebet des Herrn der Erfüllung näher kommt: „auf daß sie eins seien, gleichwie wir eins sind."

Während des Bürgerkrieges 1861—1865 blieben die meisten Mennoniten standhaft bei ihrem Bekenntniß der Wehrlosigkeit und wurde dasselbe von Norden und Süden später geachtet, wenn auch anfangs wol hie und da Zwang vorkam.

Die Mennonite Publishing Co. und der Mennonite Book Concern haben manche mennonitische Bücher in ihrem Verlag.

Fünfzehnter Abschnitt.

Innere und äußere Mission.

Die innere Mission in den verschiedenen Gegenden. — Diakonissen, eine alte Einrichtung bei den Mennoniten, von Pastor Fliedner in die evangelische Kirche übertragen. — Armenhäuser, Waisenhäuser, Taubstummenanstalt, Reisepredigt. — Holländische Mission auf Java und Sumatra. — P. Janß und sein Sohn P. A. Janß, Mergaredja. — Br. Fast und Hübert. — Br. H. Dirks in Patanten. — G. Nikkel, N. Wiebe, Muara Sipongi. — S. S. Haury, Darlington, Brand des Missionshauses. — Cantonment. — H. R. Voth, die Motis. — Brand des Missionshauses in Cantonment. — Br. Petter, Kliewer, Krehbiel, Horsch, Lehrer in Darlington und Cantonment. — Brief eines Medizinmannes. — Indianerschule in Halstead. — Zeitschriften.

Die innere Mission ist von jeher bei den Mennoniten betrieben worden, blühten die Gemeinen, so wurde auch die innere Mission um so mehr betrieben. Die Armen und Waisen wurden von den Gemeinen gut versorgt. Viele Gemeinen bauten in alt-evangelischer (Waldenser) Weise Hospitäler und Armenhäuser neben die Kirchen, was zu einer Zeit, da die öffentliche Armen- Waisen- und Krankenversorgung so sehr im Argen lag, besonders notwendig und segensreich war und auch andern zum Segen ward. Es bestehen noch solche Hospitäler, Armen- und Waisenhäuser bei manchen Gemeinen. In Amerika ist jetzt ein Waisenverein und ein Waisenhaus bei Halstead, Kansas. Die neue Diakonissensache, die sich in allen evangelischen Gemeinschaften immer mehr einbürgert und ausbreitet, empfing ihren Anstoß von den Diakonissen, welche Pastor Fliedner in holländischen Mennonitengemeinen sah. In Rußland soll nach den neuesten Nachrichten ein mennonitisches Diakonissenhaus gegründet werden. Eine Taubstummenanstalt ist dort schon vorhanden.

Die Reisepredigt ist ja eine alte mennonitische Einrichtung; zerstreute Geschwister und unversorgte Gemeinen wurden meist von andern Gemeinen versehen, nachdem die Verfolgungen die eigentliche Reiseprebigt, wie sie anfangs betrieben, unmöglich gemacht. Jetzt wird die Reiseprebigt in Rußland, Baden und Amerika in geordneter Weise betrieben. In Rußland ist Br. H. Dirks der Reiseprediger. Die wenigen Badenser, Würtemberger und Baiern bringen die größten Opfer für die Reiseprebigt, indem sie zwei ständige Reiseprediger haben, Br. Chr. Hege und Gysbert van der Smissen. In Amerika arbeitet als Reiseprediger der allgemeinen Konferenz seit 1885 Br. J. B. Bär mit aufopfernder Treue, reist jährlich viele tausend Meilen und predigt wol mehrere hundert Mal, während er wol Tausende von Hausbesuchen macht. Außerdem betreiben noch die einzelnen Konferenzen und auch die alten Mennoniten die Reiseprebigt.

Was die äußere Mission betrifft, so waren die Mennoniten von vornherein eifrige Beförderer der Missionssache und halfen den ersten Missionsvereinen mit Gebet und Handreichung treulich mit. Im Jahre 1848 wurde „die Taufgesinnte Gesellschaft zur Verbreitung des Evangeliums in den niederländischen überseeischen Besitzungen" gegründet. Sie fand in Holland, Deutschland und später Rußland ein freundliches Entgegenkommen. Der älteste Missionar der Taufgesinnten, der noch in Java lebt, ist Br. P. Janß, welcher 1851 ausgesandt wurde. 1853 bildete sich der erste Taufgesinnte Frauen-Hülfsverein. Die Arbeit unter den meist mohamedanischen Javanen ist sehr schwer, doch konnte Br. Janß am 16. April 1854 die ersten fünf Javaner taufen. Br. Schuurmans stand lange Br. Janß zur Seite, mußte aber 1878 krankheitshalber in die Heimat zurückkehren. An seine Stelle trat der älteste Sohn von Br. Janß, P. A. Janß, der die Ackerbaukolonie Mergaredja anlegte. Dort ist jetzt neben ihm Br. Joh. Fast und Br. J. Hübert. Am 31. März 1894 bestanden alle Gemeinen auf Java aus 210 erwachsenen Gliedern, wozu 186 Schulkinder kommen.

Im Jahre 1870 wurde eine neue Missionsstation auf Sumatra gegründet. Br. Heinrich Dirks aus Süd-Rußland, welcher im Barmer Missionshause seine Vorbildung empfangen hatte, begann in Pakanten seine Arbeit unter den Battas. Er blieb 10 Jahre auf seinem Posten und wurde 1880 Ältester in Gnadenfeld in Rußland und Reiseprediger der Taufgesinnten Missionsgesellschaft. Eine Zeitlang arbeitete in Pakanten Br. Irle von der Barmer

Mission. Jetzt steht dort Br. Nikkel in segensreicher Wirksamkeit. Br. N. Wiebe steht auf einer Außenstation Muara Sipongi. In Pakantan sind 74 Erwachsene und 59 Schulkinder, die zur Gemeine gehören. Die Einnahmen unserer holländischen Missionsgesell=
schaft betrugen im Jahre 1893 im Ganzen 36,368 Gulden.

In Amerika regte sich gleich bei der Begründung der allge=
meinen Konferenz der Missionsgeist. Die Konferenz trat in Ver=
kehr mit den Brüdern in Holland. Da sie aber mit denselben kein befriedigendes Abkommen treffen konnte, so gab sie dem auf ihre Kosten in Barmen ausgebildeten Bruder S. S. Haury den Auf=
trag, ein passendes Missionsfeld zu suchen. Er reiste nach Alaska und dem Indianer=Territorium und im Frühjahr 1880 wurde zu Darlington eine Mission unter den Arapahoes und Cheyennes ge=
gründet. Im Februar 1882 brannte die neue Station nieder, wobei Br. Haurys eigenes Kind und drei Indianerkinder erstickten. Das Missionsschulhaus wurde mit Hülfe der Regierung doppelt so groß aus Backsteinen wieder aufgebaut. In 1883 wurde die Station Cantonment, alte Militärbaracken, besetzt. Br. H. R. Voth übernahm die Station Darlington. Im Jahre 1893 fing dieser, nachdem er eine Erholungsreise nach Europa und Palästina gemacht, eine Mission unter den Mokis in Arizona an. Im In=
dianer=Territorium sind jetzt folgende Stationen besetzt: Dar=
lington und Cantonment sind Kostschulen; am ersteren Ort lehrte 1894—95 Br. A. S. Voth, am letzteren war H. Weiß Superin=
tendent, H. Kliewer und H. Whiteshield Lehrer. Das neue große, von Backsteinen erbaute Missionshaus in Cantonment brannte in 1893 nieder, wurde aber 1894, kleiner, von Holz wieder aufgebaut. Auf Cantonment sind auch Br. R. Petter und Frau aus der Schweiz stationirt, die an den Cheyenne=Indianern arbeiten. Br. J. J. Kliewer an dem Washita und Br. J. S. Krehbiel an den Red Hills, jetzt Darlington, arbeiten unter den Arapahoen. Br. M. Horsch unter den Cheyennen am oberen Washita. In Cantonment, an dem Washita und an den Red Hills sind Kapellen erbaut. Eine Ge=
meine gibt es noch nicht, nur einzelne junge Leute wurden getauft, von denen mehrere selig entschliefen, andere aber ins Heidentum zurückfielen. Doch kann man nicht sagen, die Arbeit sei vergebens gewesen. Durch die Missionsschulen ist die Kenntnis des Wortes

Gottes zu den Kindern, durch diese und durch die Predigt der Missionare zu den Alten gekommen, so daß die Missionare hoffen dürfen, daß der langen Saatzeit auch bald eine Ernte folgen wird. Ein Brief eines angesehenen Häuptlings und Medizinmannes (Religionslehrers) an den Verfasser mag, im Auszug wiedergegeben, das Obige bestätigen. Der Brief ist von Shelly Poststation, Oklahoma (ein Teil des früheren Indianer-Gebietes), geschrieben von Br. J. J. Kliewer, dem der Indianer auf Arapahoe sagte, was er schreiben solle.

„Baanebete (Rothbart, mein Arapahoename), Natchea (mein Freund), Be (entfernter Freund)!

Ich habe deinen sehr freundlichen Brief soeben erhalten. Es machte mir große Freude, wieder von dir zu hören. Jedes Mal, wenn du schreibst, macht es mein Herz stark. Du schreibst mir von Gottes Wort, das geht in mein Herz. Gott hat einen Platz in meinem Herzen und du bist auch darin. Unser Vater ist größer als alle Dinge, welche wir sehen, denn er hat sie alle gemacht. Ich glaube auch, daß er alle verschiedenen Sprachen der Menschen versteht und daß er zu meinem Herzen spricht.

Wenn Teile des Wortes Gottes mir bekannt gemacht werden, so antwortet mein Herz darauf. Ich empfange es als Gottes Wahrheit. Viele unserer Stämme wissen schon ziemlich viel vom Worte Gottes, aber sie sind nicht willig, es zu ihrem Herzen heim zu bringen, sie wenden sich davon ab und hängen an ihrem alten Wege. Aber ich will daran (an Gottes Wort) festhalten, obwol es um mich dunkel sein mag, obwol ich meine Augen gegen manche Dinge schließen muß, ich will Gott und sein Wort mir nahe halten. Ich kann nicht Englisch lesen und kann deshalb nicht selbst die Bibel lesen, aber was du mir schreibst und Freund Kliewer mir sagt, das halte ich in meinem Herzen, es stärkt mich, wenn ich schwach werde. Ich schaue jeden Tag zu ihm (Gott) auf um sein Erbarmen. Jeden Abend geht mein Gebet zu ihm hinauf und durch seine Gnade wache ich Morgens mit einem frohen Herzen auf. Meine Hoffnung ist auch, daß unser Vater mich zum Himmel hinaufnehmen wird, wenn ich von hier scheiden muß; wann, weiß ich nicht, und dann will ich nach dir, Be, anschauen unter allen Gottes Kindern da drüben. Drüben werden wir Freund Kliewer nicht bedürfen, um für uns zu dolmetschen, wir werden uns einander gut verstehen. Hier können wir nicht unmittelbar sprechen, aber es ist gut, daß Freund Kliewer mir deine Briefe übersetzen kann. Er versteht mich und kann dir meine Gedanken für mich schreiben" u. s. w. — Hatelsea, Waaten.

In der Nähe von Halstead, Kansas, ist auf der Farm und unter der Leitung von Br. Chr. Krehbiel, dem langjährigen Vorsitzer der Missionsbehörde und seiner ungemein tüchtigen, sich selbst dem Werke aufopfernden Frau, eine Missions-Industrieschule, die großenteils aus dem von der Regierung bezalten Kostgelde erhalten wird. Hier lernen die Indianerkinder, außer den Schulfächern, allerlei nützliche Beschäftigung, besonders den Landbau, die Mädchen die Führung des Hausstandes. —

Es bestehen über dreißig Frauen-Missionsvereine, die durch Gaben und Näharbeiten eine große Hülfe für die Mission sind und den Missionsgeist beleben. Auch gibt es eine Anzal Mädchen-Missionsvereine.

Mennonitische Zeitschriften.

Die älteste mennonitische Zeitschrift sind die "Mennonitischen Blätter", monatlich herausgegeben von H. van der Smissen, Altona.

Das Gemeindeblatt der Mennoniten, monatlich herausgegeben von U. Hege, Reihen, Baden.

Der Zionspilger, halbmonatlich herausgegeben von der Gemeine in Emmenthal, Schweiz.

De Zondagsbode, ein wöchentliches Blatt unserer holländischen Brüder.

Der Herold der Wahrheit, ein halbmonatliches Blatt der Alt-Mennoniten in deutscher und englischer Sprache, von der Mennonite Publishing Co., Elkhart, Indiana.

Der Christliche Bundesbote, ein wöchentliches Blatt, Organ der Allgemeinen Konferenz der Mennoniten von Nord-Amerika.

Der Kinderbote, halbmonatliches Sonntagschulblatt und Sonntagschul-Lektionen, ein Vierteljahrsheft, von dem Mennonite Book Concern, Berne, Indiana.

Die Rundschau, wöchentlich; der christliche Jugendfreund monatlich; Words of Cheer, monatlich, von der Mennonite Publishing Co., Elkhart, Indiana.

The Mennonite, monatlich; englisches Organ der östlichen und allgemeinen Konferenz.

Zionsbote, wöchentlich; herausgegeben von J. P. Harms, Hillsboro, Kansas, Blatt der mennonitischen Brüdergemeine.

Evangeliums-Panier, Gospel Banner, deutsch und englisch; herausgegeben von den vereinigten Mennonitenbrüdern in Christo. Berlin, Ontario.

Die Mennonite Publishing Co. gibt einen deutschen und einen englischen Kalender heraus; der Mennonite Book Concern einen deutschen, die östliche Konferenz einen englischen. Die Pfälzer Brüder einen in Deutschland.

Sechzehnter Abschnitt.
Überblick über den jetzigen Stand der Mennoniten.

Vereinigungen in Holland, Amerika und Rußland. — Lokalkonferenzen in Deutschland. — Die Vereinigung der Mennonitengemeinen im deutschen Reich. — Entstehung derselben. — Übersicht der Mennonitengemeinen.

Die Angaben, welche wir hier machen, sind meist aus dem Jahrbuch der Altevangelischen Taufgesinnten oder Mennoniten=Gemeinen, von H. G. Mannhardt, 1887 genommen.

Ehe wir den gegenwärtigen Stand der Mennonitengemeinen ins Auge fassen, müssen wir, nachdem der Vereinigungsbewegung in Amerika besondere Aufmerksamkeit gewidmet worden ist, hier auch der Vereinigungsbestrebungen in Deutschland gedenken. In Holland umfaßt die allgemeine Societät der Taufgesinnten die meisten, wenn nicht alle Gemeinen. In Amerika strebt die allgemeine Konferenz das Ziel an, alle Parteien und Schattierungen, ohne sie ihrer Eigentümlichkeit zu berauben, zu gemeinsamer Arbeit zu verbinden; sie hat unter Gottes Segen sehr gute Fortschritte gemacht, aber ist doch noch weit vom Ziel. In Rußland besteht eine Konferenz, die allgemeine Bundeskonferenz, die alle Gemeinen, mit Ausnahme der Brüdergemeinen, umfaßt. In Deutschland sind Lokalkonferenzen in Preußen, Baden mit Baiern und Würtemberg, in der Pfalz, eine beratende Konferenz vereinigt auch die ebengenannten südwestdeutschen Gemeinen, auch in der Schweiz besteht eine Konferenz.

Am 29. April 1886 wurde „die Vereinigung der Mennoniten=Gemeinen im deutschen Reich gegründet. Diese Vereinigung ging aus dem Gefühl des Bedürfnisses einer Bildungsanstalt für mennonitische Prediger hervor, wozu auch andere gemeinsame Interessen und das Gefühl der Zusammengehörigkeit kamen.

Am 2. und 3. October 1884 war auf Einladung der Danziger Gemeine eine Versammlung von Abgeordneten verschiedener Gemeinen in Ost und West, Süd und Nord des deutschen Reiches zusammengetreten. Drei Fragen standen auf der Tagesordnung: 1. Welches sind die geeignetsten Schritte zur Regelung der künftigen Vorbildung unserer Prediger? 2. Auf welche Weise können wir die Herausgabe von Schriften fördern, welche für die Vergangenheit unserer Gemeinen von Bedeutung sind? 3. Die Zusammenfassung der in Berlin wohnenden Mennoniten zu einer selbständigen Gemeine.

Diese Versammlung erließ einen Aufruf an alle Mennoniten-Gemeinen im deutschen Reich, der folgendermaßen schließt:

„Liebe Brüder, vereinigen Sie sich mit uns zu einem Werke, wodurch der großen Gefahr der Zersplitterung unserer Gemeinen vorgebeugt, der Sinn für unsere Vergangenheit neubelebt, und so Gott will, zu einer gedeihlichen und segensreichen Fortentwicklung unserer teuren mennonitischen Gemeinschaft ein fester Grund gelegt wird!"

Im April 1885 wurde der „Entwurf zu einem Statut des Vereins mennonitischer Gemeinen deutscher Zunge" mit einem Begleitschreiben der Gemeine Danzig, Hamburg-Altona und Crefeld an alle Gemeinen versandt.

Die badische, pfälzische und westpreußische Konferenz beschäftigten sich mit der Frage der Vereinigung. Letztere lehnte dieselbe ab, die erstere erklärte sich gegen ein Seminar in Berlin, aber nicht abgeneigt, sich an Generalkonferenzen zu beteiligen, welche zum Zweck haben, „unsere Gemeinschaft auf dem Boden schriftgläubigen Christentums nach der Weise unserer Väter zu erbauen und zu fördern." Auch in Münster in Westphalen fand auf Einladung des Herrn Staats-Archivars Dr. L. Keller, welcher sich um die Erforschung der ältesten Geschichte unserer Gemeinschaft sehr verdient gemacht hat, eine Versammlung statt, auf der die Frage der Vereinigung verhandelt wurde.

Nach vielfachem Briefwechsel und Beratungen fand am 24. und 25. November eine Versammlung in Hamburg-Altona statt, auf welcher der Statuten-Entwurf beraten und angenommen wurde.

Der Badisch=Bairisch=Würtembergische Gemeineverband beschloß vorläufig passiv zu bleiben. Dagegen erklärten sich die pfälzischen Gemeinen, mit wenig Ausnahmen, zum Beitritt geneigt. Die westlichen Landgemeinen verhielten sich ablehnend.

17 Mennonitengemeinen vereinigten sich am 18. April 1886.

In West= und Ostpreußen befinden sich 19 Gemeinen mit 6794 Gliedern, von denen fünf Gemeinen der Vereinigung sich anschlossen; seit 1887 sind aber auch andere Gemeinen der Vereinigung beigetreten.

In den Norddeutschen Städten befinden sich 11 Gemeinen mit 1406 Gliedern.

In der Pfalz und Rheinhessen 14 Gemeinen mit 1960 Gliedern.

Im Badisch=Würtembergisch=Bairischen Verband 14 Gemeinen mit 667 Gliedern.

Zerstreute, wozu wol auch die im Elsaß gezält sind, 13 Gemeinen mit 1181 Gliedern.

In der Schweiz sind 9 Gemeinen mit 859 Gliedern.

In Frankreich 6 Gemeinen mit 591 Gliedern.

In Russisch=Polen wenigstens zwei Gemeinen mit höchstens 510 Gliedern.

In Österreichisch Galizien waren 4 Gemeinen mit 450 Gliedern, jetzt wol weniger.

In Süd=Rußland hat manche Gemeine mehrere Bethäuser, so daß die Zal der Gemeinen verhältnismäßig klein erscheint. Es sind dort 12 Gemeinen und die Mennoniten=Brüdergemeine hat 4 Gemeinen. Die Gliederzal der Letzteren beträgt etwa 1800.

An der Wolga sind 2 Gemeinen.

Die Seelenzal der russischen Gemeinen beträgt wenigstens 41,571.

Nach dem neuesten Census in den Vereinigten Staaten beträgt die Zal der Mennoniten nicht halb so viel, als früher immer angenommen wurde, und wird vielfach bezweifelt, daß der Census, obwol oder grade, weil er von der Regierung durchgeführt, ganz richtig ist, was den, welcher das Mißtrauen vieler Gemeinen gegen Einmischung der Regierung in Religionssachen und den Widerwillen oder das Bedenken gegen alle Zalenangaben kennt, nicht überraschen kann.

Der Census von 1890 in Amerika gibt für die Mennoniten folgende Zalen an:

Mennoniten (Alte Mennoniten, Amerikanische Mennoniten): 246 Gemeinen, 197 Versammlungshäuser, 17,078 Glieder.

Brüderhof-Mennoniten (Hutersche: 5 Gemeinen, 5 Versammlungshäuser, 352 Glieder.

Amische Mennoniten: 97 Gemeinen, 61 Versammlungshäuser, 10,101 Glieder.

Alt Amische Mennoniten: 22 Gemeinen, ein Versammlungshaus, 2,038 Glieder.

Apostolische Mennoniten (eine Art Amische): 2 Gemeinen, ein Versammlungshaus, 209 Glieder.

Reformirte Mennoniten (Herreleute, Herrites): 34 Gemeinen, 29 Versammlungshäuser, 1655 Glieder.

Allgemeine Konferenz-Mennoniten: 45 Gemeinen, 43 Versammlungshäuser, 5670 Glieder. In den letzten fünf Jahren bis 1895 haben sie um wenigstens 1500 zugenommen.

Kirche Gottes in Christo (Holdemansleute): 18 Gemeinen, drei Versammlungshäuser, 471 Glieder.

Alte (Wisler) Mennoniten: 15 Gemeinen, 11 Versammlungshäuser, 610 Glieder.

Bundeskonferenz der Mennoniten Brüder-Gemeine: 12 Gemeinen, 11 Versammlungshäuser, 1388 Glieder. (Diese werden oft Schellenberger genannt.)

Wehrlose Mennoniten (Eglis Leute): 9 Gemeinen, 8 Versammlungshäuser, 856 Glieder.

Mennoniten-Brüder in Christo: 9 Gemeinen, 34 Versammlungshäuser, 1113 Mitglieder.

Im Ganzen: 550 Gemeinen, 405 Versammlungshäuser, 41,541 Glieder.

Eine spätere Statistik von 1894 gibt zwölf Abteilungen, 950 Prediger, 600 Gemeinen und 43,200 Glieder.

In Kanada werden wol etwa 20,000 Mennoniten sein.

In Holland gibt es 126 Gemeinen mit 25,232 Gliedern.

Die Gesamtzal der Mennoniten, d. h. der getauften Glieder mit Ausnahme der Galizier, Polen und Chersonschen Russen, beträgt ungefär 143,460.

Die Zahl der altevangelischen Taufgesinnten oder Mennoniten ist verhältnismäßig klein, aber der Herr hat schon großen Segen durch sie gestiftet, und wir glauben und hoffen, der Herr habe auch noch ein Werk und eine Aufgabe für sie. Möchten wir nur alle dieselbe erkennen und im gebetsvollen, freudigen Aufblick zum Herrn erfüllen.

Dazu möchte auch dieses Werkchen an seinem Teile beitragen.

Beilagen.

1. Die sieben Artikel von Schlatten am Randen,
vereinbart den 24. Februar 1527.

Ältestes Bekenntnis der Täufer (gekürzt durch Dr. Beck).

Zum ersten: so merket von der Taufe: Die Taufe soll allen denen gegeben werden, so belehrt sind von der Buße und Änderung des Lebens, und glauben in der Wahrheit, daß ihre Sünden durch Christum hinweggenommen seien, und allen denen, so in der Auferstehung Jesu Christi wandeln und mit ihm in den Tod begraben sein wollen, auf daß sie mit ihm auferstehen mögen, und allen denen, so es in solcher Meinung durch sich selbst von uns begehren und fordern. Damit wird ausgeschlossen alle Kindertaufe, solche hat nicht Grund und Zeugnis der Schrift und ist gegen den Gebrauch der Apostel, — dessen wollen wir uns einfältiglich, doch festiglich, halten und versichert sein.

Zum andern sind wir vereinigt worden von dem Bann also: Der Bann soll gebraucht werden bei allen denen, so sich dem Herrn ergeben und sich Brüder und Schwestern lassen nennen und doch etwa straucheln (umschlipffen) und fallen in ein Fehl und Sünd und unwissentlich übereilt werden. Dieselben sollen ermahnt werden, zum andern Mal heimlich, und zum dritten Mal öffentlich vor aller Gemeine gestraft oder gebannt werden, nach dem Befehl Christi, Matth. 18. Solches soll aber geschehen nach Ordnung des Geistes Gottes vor dem Brotbrechen, damit wir einmütiglich und in einer Liebe von einem Brot brechen und essen mögen und von einem Kelch trinken.

Zum dritten: In dem Brotbrechen sind wir eins geworden und haben vereinbart, alle die ein Brot brechen wollen zum Gedächtnis des (ge)brochenen Leibes Christi, und alle die von einem

Trank trinken wollen, zu einem Gedächtnis des vergossenen Blutes Christi, die sollen vorher vereinigt sein in einem Leibe Christi, das ist in die Gemeine Gottes, auf welchem Christus das Haupt ist, nämlich durch die Taufe. Denn, wie Paulus anzeigt, so mögen wir nicht auf einmal teilhaftig (sein) des Herrn Tisch und des Teufels Tisch; wir mögen auch nicht auf einmal teilhaftig sein und trinken von des Herrn Kelch und des Teufels Kelch, das ist: alle, die Gemeinschaft haben mit den todten Werken der Finsternis, die haben kein Teil am Licht. Also auch, welcher nicht die Berufung eines Gottes zu einer Tauf, zu einem Geist, zu einem Glauben, zu einem Leib mit allen Kindern Gottes gemein hat, der mag auch nicht mit in ein Brot werden, wie denn sein muß, wo man das Brot in der Wahrheit nach dem Befehl Christi brechen will.

Zum vierten: Sind wir vereinigt worden, von der Absonderung von dem Bösen und vom Argen, das der Teufel in der Welt gepflanzt hat, also daß wir nicht Gemeinschaft mit ihnen haben, und mit ihnen (nicht) laufen in die Menge ihrer Greuel. — Nun ist uns auch das Gebot des Herrn offenbar, in welchem er uns heißt abgesondert sein, wollen wir seine Söhne und Töchter sein; weiter ermahnt er uns darum, von Babylon und dem irdischen Egypten abzugehen, daß wir nicht teilhaftig werden ihrer Qual und Leiden, so der Herr über sie führen wird. Die Greuel, welche wir meiden sollen, — damit sind gemeint alle päpstlichen und widerpäpstlichen Werke und Gottesdienste, Versammlungen, Kirchgang und Häuser-Bürgerschaften und Verpflichtungen des Unglaubens und andere mehr dergleichen, die dann die Welt für hoch hält, — von diesem allem sollen wir abgesondert werden, und kein Teil mit solchem haben, denn es sind eitel Greuel, die uns verhaßt machen vor unserm Christo Jesu, welcher uns entledigt hat von der Dienstbarkeit des Fleisches.

Zum fünften sind wir von wegen der Hirten in der Gemeine Gottes also vereinigt worden: Der Hirt in der Gemeine Gottes soll einer sein, nach der Ordnung Pauli ganz und gar, der ein gutes Zeugnis habe von denen, die außer dem Glauben sind. Solches Amt soll sein: Lesen, Vermahnen und Lehren, Strafen, Bannen in der Gemeine, und allen Brüdern und Schwestern zur Besserung vorbeten, das Brot anheben zu brechen, und in allen

Dingen des Leibes Christi Acht haben, daß er gebaut und gebessert werde, und dem Lästerer der Mund verstopfet werde, — dieser aber soll erhalten werden, wo er Mangel haben wird, von der Gemeine, welche ihn erwählt hat, damit, welcher dem Evangelio dienet, von demselben auch lebe, wie der Herr verordnet hat; so aber ein Hirt etwas handeln würde, das zu strafen wäre, soll mit ihm nichts gehandelt werden, ohne zwei bis drei Zeugen, und so sie sündigen, sollen sie vor allen gestraft werden, damit die anderen Furcht haben. So aber dieser Hirt vertrieben, oder durch das Kreuz dem Herrn hingeführt wird, soll von Stund an ein anderer an die Statt verordnet werden, damit das Völklein und Häuflein Gottes nicht zerstört werde.

Zum sechsten sind wir vereinigt worden von dem Schwert also: Das Schwert ist eine Gottes-Ordnung außerhalb der Vollkommenheit Christi, welches den Bösen straft und tödtet, und den Guten schützet und schirmt. — Dasselbige zu gebrauchen sind die weltlichen Obrigkeiten geordnet. — In der Vollkommenheit Christi aber wird der Bann alleine gebraucht, zu einer Mahnung und Ausschließung des, der gesündigt hat im Tod des Fleisches. Nun wird von vielen, die nicht den Willen Christi gegen uns erkennen, gefragt, ob auch ein Christ um des Guten Schutz und Schirm oder um der Liebe willen möge oder solle das Schwert brauchen gegen den Bösen. Die Antwort ist offenbar, einmütiglich also: Christus lehrt, daß wir von ihm lernen sollen, denn er sei mild und von Herzen demütiglich und so werden wir in Ruhe finden unsere Seelen. (Hinweisung auf Christo und die Ehebrecherin.) Zum andern wird gefragt des Schwertes halber, ob ein Christ soll Urteil sprechen in weltlichem Zank und Spann, so die Ungläubigen mit einander haben, ist das die einige Antwort: Christus hat nicht des Erbteils halben zwischen Bruder und Bruder entscheiden wollen, sondern hat sich stets desselben gewidert (geweigert); also sollen wir auch tun. Zum dritten wird des Schwertes halben gefragt: Soll das eine Obrigkeit sein, so einer dazu erwählt wird? Dem wird also geantwortet: Christus hat zu einem König gemacht werden sollen, und er ist geflohen und hat nicht angesehen die Ordnung seines Vaters, also sollen wir auch tun, so werden wir nicht in der Finsternis wandeln. Auch verbietet er selbst die Gewalt des

Schwertes. Also sagt weiter Paulus: Welche Gott versehen hat, die hat er auch verordnet, daß sie gleichbürtig sein sollen dem Ebenbilde seines Sohnes. — Zuletzt wird es gemerkt, daß es den Christen nicht ziemen mag, eine Obrigkeit zu sein, (denn) der Oberen Regiment ist nach dem Fleisch, der Christen nach dem Geist, — ihre Streit- und Kriegswaffen sind fleischlich — der Christen Waffen aber sind geistlich wider die Befestung des Teufels; die Weltlichen werden gewappnet mit Stachel und Eisen, die Christlichen mit dem Harnisch Gottes, mit Wahrheit, mit Gerechtigkeit, Friede, Glauben, Heil, in Summa: mit dem Worte Gottes.

Zum siebenten sind wir von dem Eid also eins geworden: Der Eid ist eine Befestigung unter denen, die da zanken oder verheißen, und ist im Gesetz geheißen worden, daß er soll geschehen bei dem Namen Gottes, allein wahrhaftig und nicht falsch. Christus, der die Vollkommenheit des Gesetzes lehret, verbietet den Seinen alles Schwören, weder recht noch falsch, weder beim Himmel, noch bei dem Erdreich, noch bei Jerusalem, noch bei unserm Haupt, und das um der Ursache willen, wie er bald nachher Matth. 5 spricht. Sehet, darum ist alles Schwören verboten.

Liebe Brüder und Schwestern, das sind die Artikel, die etliche Brüder bisher irrig und nicht gleich verstanden haben und (sind) damit viel schwache Gewissen verwirrt, darnach der Name Gottes gar gräßlich verlästert worden ist, darnach es denn nötig gewesen ist, daß wir im Herrn vereinigt worden sind. Gott sei Lob und Preis.

2. Die Fußwaschung nach den Bekenntnissen der Mennoniten.

Wir erwähnten schon mehrfach, daß Abteilungen der Mennoniten oder Taufgesinnten vor oder nach dem Abendmal oder an Gästen die Fußwaschung übten. Es ist aber auffallend, daß es scheint, als ob kaum je ein Streit deswegen entstand. Es kam vor, daß bei einer Trennung die eine Partei die Fußwaschung übte, die andere nicht, so die Amischen und Unteren Täufer, aber es gehörten oft Gemeinen, die Fußwaschung übten oder nicht, zu einem Verbande, ja es kommt vor, daß ein Teil einer Gemeine Fußwaschung übt, ein anderer nicht, oft trat auch ein Wechsel in der Meinung und Übung ein, so bei den Alten Mennoniten in Amerika, die früher die Fußwaschung nicht übten, nun meistens, wenn nicht alle, üben. Ein Teil der östlichen Konferenz übte sie, aber übt sie jetzt nicht mehr.

Auch die Bekenntnisse erwähnen teils der Fußwaschung, teils auch nicht und zwar von Anfang an. Auch wurde, wie wir sehen werden, die Fußwaschung auf verschiedene Weise geübt.

Das älteste holländische Bekenntnis finden wir wahrscheinlich in den 33 Artikeln, wie sie am Schluß des ersten Buches des Märtyrerspiegels enthalten sind. Dieses Bekenntnis sagt über die Fußwaschung: „Von dem Fußwaschen der Gläubigen wird bekannt, als unser Vorgänger Christus Jesus das Abendmal mit seinen Aposteln gehalten hatte, so hat er noch vor seinem Leiden eine Verordnung bei ihnen eingeführt, und dieselbe befohlen, unter einander zu beobachten; er ist vom Abendmal aufgestanden, hat sich mit einem leinenen Schurz begürtet, hernach Wasser in ein Becken genommen und hat seinen Jüngern die Füße gewaschen, und dieselben mit einem leinenen Schurz getrocknet, dabei er zu seinen Jüngern gesprochen: „Ihr heißet mich Meister und Herr, und saget recht daran, denn ich bins auch; so nun ich, euer Herr und Meister, euch die Füße gewaschen habe, so sollt ihr euch auch unter einander die Füße waschen. Ein Beispiel habe ich euch gegeben, daß ihr tut, wie ich euch getan habe." Darzu er noch diese Erklärung setzt: „so ihr solches wisset, selig seid ihr, so ihrs tut." Von allen solchen Verordnungen findet man, daß sie von den Aposteln genau seien beobachtet worden, welche diese Einsetzung Christi (als eine Bedienung der Heiligen) auch mit unter den guten Werken beschrieben und den Gläubigen abgefordert haben. Darum soll solche Einsetzung Christi von den Gläubigen (als Nachfolgern Christi und seiner Apostel) wie es die Gelegenheit der Zeit und des Orts mit sich bringt, gebraucht und beobachtet werden. Wenn sie von ihren Glaubensgenossen aus Liebe besuchet werden, so sollen sie dieselben mit demütigem Herzen und mit einem Kuß der Liebe und des Friedens in ihren Häusern aufnehmen und ihnen (nach der Erniedrigung Christi) die Füße waschen, als ein Dienst des Nächsten. Dabei sollen sie von Grund des Herzens betrachten, wie der hochgelobte Sohn Gottes sich selbsten habe erniedriget und klein gemacht, nicht allein darinnen, daß er seinen Aposteln hat die Füße gewaschen, sondern um desto mehr, weil er unserer aller Seelen und Gewissen mit seinem kostbaren Tod und Blut von den Flecken der ewigen Verdammnis hat gewaschen und gereiniget. Solches alles sollen unterdessen billig die Frommen mit einem demütigen Herzen überlegen.

Wie Christus bei seinen Aposteln sich dieser Einsetzung bedienet und dieselbe zu halten befohlen habe, leset Joh. 13, 4—17.

Und daneben wie die Apostel dieselbe unter den guten Werken den Gläubigen abgefordert haben. Leset: „Laß keine Witwe erwählet werden unter sechzig Jahren, und die da gewesen sei eines Mannes Weib, und die ein Zeugnis habe guter Werke, so sie Kinder aufgezogen hat, so sie gastfrei gewesen ist, so sie der Heiligen Füße gewaschen hat." 1. Tim. 5, 9.

Wie die gottesfürchtigen Altväter gleichfalls diese Verordnung bei dem Empfang ihrer Gäste gebraucht haben, leset 1. Mos. 18, 4, und 19, 2; und ferner Luk. 7, 38; Joh. 11, 2; Apostg. 16, 33.

Das zweitälteste holländische Bekenntnis von Hans de Ries und Lubbert Gerritz, de Ries aufgetragen in 1581, aufgestellt 1610, hat die Fußwaschung nicht, dagegen erwähnt sie das Concept von Köln der Hochdeutschen von 1591.

Das Bekenntnis von 1627 zu Amsterdam sagt vom Fußwaschen: „Wir bekennen, daß das Fußwaschen sei eine Ordnung Christi, welche er selbst hat an seinen Jüngern bedienet, und hat, nach seinem Exempel die wahren Gläubigen zur Nachfolge ermahnet mit diesen Worten: „So nun ich, euer Herr und Meister, euch die Füße gewaschen habe, so sollt ihr euch auch unter einander die Füße waschen. Ein Beispiel habe ich euch gegeben, daß ihr tut, wie ich euch getan habe. Joh. 13, 17. Item, so ihr solches wisset, selig seid ihr, so ihrs tut. Joh. 13, 8 und 10. Die Ursache, warum der Herr diese Ordnung hat eingesetzt, ist hauptsächlich diese, um in der wahren Erniedrigung sich zu erinnern, daß wir aus Gnaden durch das Blut Christi von den Sünden gewaschen sind, und daß er, unser Herr und Meister, durch sein demütiges Exempel uns zur wahren Erniedrigung unter einander verpflichte und verbinde, wie dann auch der Apostel das Fußwaschen unter die Werke der Tugend zälet, 1. Tim. 5, 10."

Das Bekenntnis von 1630 (Jan Centz), Amsterdam, sagt von der Fußwaschung: „Darauf folgt das Fußwaschen der Heiligen, da wir, wenn wir von unsern Glaubensgenossen, die von fremden Orten kommen, besucht werden, denselben nach dem Gebrauch des alten Testaments, 1. Mos. 18, 4, und dem Beispiel Christi, Joh. 13, 5, bei Gelegenheit sollen die Füße waschen, damit wir unsere Niedrigkeit gegen Gott und unsern Nächsten bezeugen sollen mit einem demütigen Gebet, daß der Herr uns je länger je mehr in der Demut wolle stärken, und daß er auch wolle unsere Seelen abwaschen und reinigen mit seinem Blut und dem Wasser des heiligen Geistes von allen Beflecknngen und Unreinigkeiten der Sünde, gleichwie wir einander die Füße gewaschen haben, damit wir vor seinem Vater rein und ohne Tadel erscheinen mögen."

Das bekannte Dortrechter Bekenntnis von 1632 sagt über das Fußwaschen:

„Zum elften bekennen wir auch ein Fußwaschen der Heiligen, wie solches der Herr Christus selbst nicht allein hat eingesetzt und befohlen, sondern hat auch selbst seinen Aposteln (ob er wol ihr Herr und Meister war) die Füße gewaschen, und damit ein Beispiel gegeben, daß sie gleichfalls einander auch sollten die Füße waschen, und also tun, wie er ihnen getan hat, welches sie auch folglich ferner die Gläubigen zu unterhalten gelehret haben, und das alles zum Zeichen der wahren Erniedrigung, wie auch hauptsächlich, um bei diesem Fußwaschen an das rechte Waschen, damit wir durch sein teures Blut gewaschen und der Seele nach gereiniget sind, zu gedenken."

Das Glaubensbekenntnis derer Mennoniten in Preußen, so man nennt die Clarichen, von 1678, sagt über das Fußwaschen: „Wir lehren und glauben, daß unser Herr Jesus Christus mit Lehr und Exempel befohlen hat ein Fußwaschen, dadurch sich der Größeste vor dem Kleinsten, der Wirt vor dem Gaste erniedrigen tut, welches in der Gemeine unterhalten wird an denselben, die, um geistliche Sachen zu verrichten, von einer Gemeine zu der andern werden geschickt, welche dann zum ersten in unsere Häuser mit einem heiligen Kuß der Liebe und des Friedens werden empfangen, und zum Zeichen der Niedrigkeit und Liebe gegen sie die Füße gewaschen, zum Beweis, daß der Knecht nicht mehr ist denn sein Herr, noch der Bote größer, denn der ihn gesandt hat. Weil unser Herr Jesus nun gesagt hat: Ist es, daß ihr dieses wisset, selig seid ihr, so ihrs tut, so wird es auch noch aus Liebe der Seligkeit in der Gemeine wie in der Apostelzeit unterhalten."

Das letzte bedeutende Glaubensbekenntnis von Cornelius Ris erwähnt der Fußwaschung nicht.

Carl J. van der Smissen.
Geboren den 14. Juli 1811 bei Altona, Holstein.
Gestorben am 29. Mai 1890 zu Hayesville, Ohio, Nord-Amerika.

Die Glaubenslehre

—der—

Mennoniten oder Taufgesinnten

nach deren öffentlichen Glaubensbekenntnissen

—dargestellt von—

Cornelis Ris,

Prediger der Mennoniten-Gemeine zu Hoorn.

In deutscher Uebersetzung Freunden freundlich geboten von

Carl J. van der Smissen,

mit Beweisstellen versehen von

Pastor B. C. Roosen von Hamburg-Altona,

—und—

Pastor C. J. van der Smissen von Friedrichstadt.

Herausgegeben von
Pastor C. H. A. van der Smissen von Summerfield, Ill.
1895.

Daß du wissest, wie du wandeln sollst im Hause Gottes, welches ist die Gemeine des lebendigen Gottes, ein Pfeiler und Grundfeste der Wahrheit. 1. Timoth. 3, 15.

Daß die Heiligen zugerichtet werden zum Werke des Amts, dadurch der Leib Christi erbauet werde; bis daß wir Alle hinan kommen zu einerlei Glauben und Erkenntnis des Sohnes Gottes, und ein vollkommener Mann werden, der da sei in der Maße des vollkommenen Alters Christi; auf daß wir nicht mehr Kinder seien, und uns wägen und wiegen lassen von allerlei Wind der Lehre durch Schalkheit der Menschen und Täuscherei, damit sie uns erschleichen, zu verführen. Lasset uns aber rechtschaffen sein in der Liebe, und wachsen in allen Stücken an dem, der das Haupt ist, Christus. Eph. 4, 12—15.

Vorwort des Herausgebers.

Das Bedürfnis für eine neue Auflage dieser Glaubenslehre ist mir mehrfach entgegengetreten, und hoffe ich, daß diese Ausgabe in Verbindung mit einer kurzgefaßten Geschichte unserer Gemeinschaft diesem Bedürfnis entsprechen wird, besonders da diese Auflage gegen die erste den Vorzug hat, daß sie durch Männer wie der liebe, ehrwürdige Herr Pastor Roosen und mein lieber, verstorbener Vater, mit passenden Schriftstellen versehen ist. Diese Schriftstellen habe ich mehrfach durchgesehen, da ich sie im Taufunterricht verwendet habe; wo dieselbe Stelle in einem Abschnitt mehrmals vorkam, habe ich sie meistens nur einmal genommen, und eine Anzal Stellen habe ich weggelassen, da das Beweismaterial oft sehr reichhaltig war. Es sind jetzt etwa 1950 Schriftstellen angeführt.

Aus der Vorrede meines lieben Vaters habe ich das, was sich nur auf jene Auflage bezog, weggelassen, was bleibenden Wert hat, mit drucken lassen. Aus dem Bekenntnisse habe ich einen Absatz, der sich nur auf holländische Verhältnisse bezog, weggelassen.

Möge diese Arbeit, wie sie vielen zum Segen geworden ist, auch im neuen Kleide und mit der neuen Ausrüstung noch viel mehreren zum Segen werden, ist der Wunsch und das Gebet

des Herausgebers.

Summerfield, St. Clair Co., Illinois,
    Im Juni 1895.

Vorwort des Uebersetzers.

Wol darf ich annehmen, daß im allgemeinen die Entstehung dieser Glaubenslehre bekannt ist, daß nämlich der teure Ris von den beiden früher getrennten Gemeinen in Hoorn aufgefordert ward, ein Glaubensbekenntnis zu entwerfen, das von den nun vereinigten Gemeinen als ihr gemeinsames anerkannt werden könne. Ris übernahm diesen Auftrag, und entledigte sich desselben in solcher Weise, daß seine Arbeit die allgemeinste Zustimmung fand. Je schmerzlicher aber die damals herrschende Trennung unter den Mennoniten von allen Besseren empfunden ward, desto näher lag es auf eine allgemeine Vereinigung der Getrennten hinzuwirken, und der ehrwürdige Verfasser fühlte sich gedrungen, jenes erste Bekenntnis für die vereinigten Gemeinen zu Hoorn weiter auszuführen und sorgfältiger zu bearbeiten, damit es in weiteren Kreisen benutzt, und, wo möglich, durch allgemeine Annahme zu einem verpflichtenden Glaubensbekenntnis erhoben werden könne.

Ris hatte also eine Vereinigung im Auge, er wünschte eine innigere Verbindung, er sehnte sich nach einer lebendigeren Gemeinschaft der Gemeinen unter einander, er wollte aufbauen, — aufbauen — nicht zerstören. Die Getrennten standen auf einem gemeinschaftlichen Grund und Boden; und festhalten an Gottes Wort wollten alle. Gottes Wort, darüber war keine Meinungsverschiedenheit, sollte einige und alleinige Regel und Richtschnur sein. Die Trennung war entstanden hauptsächlich dadurch, daß die gemeinschaftlich anerkannten Grundsätze von dem einen Teil mit größerer, von dem andern mit minder großer Strenge in Ausführung gebracht wurden. Darum ging der teure Verfasser mit der sorgfältigsten Schonung zu Werke. Eng knüpfte er an das Bestehende an und benutzte dies, und oben an stellte er den Grundsatz: „allezeit innerhalb der Grenzen der bestehenden, anerkannten Bekenntnisschriften zu bleiben." Zu diesen rechnet er: das Bekenntnis von Hans de Ries, — das Concept von Cöln, — das Bekenntnis von dem einigen Gott, Vater, Sohn und Geist, und von der Menschwerdung des Sohnes Gottes, das 1626 den Deputirten des Hofes von Holland übergeben ward; das Bekenntnis, welches unter dem Namen

„Der Oelzweig" ausgegeben; das Bekenntnis der vereinigten Friesen und Hochdeutschen; die Dortrechter Artikel von 1632, und das Bekenntnis der alten Flaminger von 1755. Daneben benutzte er die Schriften der angesehensten Männer unserer Gemeinschaft. Bei der Beurteilung dieser Arbeit darf man nie den Zweck und das durch diesen bedingte Verfahren des Verfassers aus dem Auge verlieren, und man ist in der Tat nicht berechtigt, bei Erwägung der Umstände dem teuren Ris Unentschiedenheit vorzuwerfen. Je mehr ich mich mit seiner Glaubenslehre beschäftigte, desto lebendiger ward mir der Eindruck, daß Ris mit jener heiligen Scheu zu Werke gegangen, die in der Liebe wurzelt, und die auch den schwächeren, irrenden Bruder möglichst zu schonen sucht, ohne deshalb da, wo es darauf ankommt, fest und voll zu bekennen, mit einem halben, schwankenden Bekenntnis sich zu begnügen. Man kann wol sagen, der teure Ris hat verstanden das Wort Jakobus 3, 17—18: „Die Weisheit aber von oben her ist auf's erste keusch, darnach friedsam, gelinde, läßt ihr sagen, voll Barmherzigkeit und guter Früchte, unparteiisch, ohne Heuchelei. Die Frucht aber der Gerechtigkeit wird gesäet im Frieden denen, die den Frieden halten."

Der Zweck des Verfassers ward dennoch nur teilweis erreicht, wie unter anderem die Approbations=Acte zeigt, die ich habe mit abdrucken lassen, weil sie bei der Beurteilung der Bedeutung, welche dieses Werk hat, von Wichtigkeit ist.

Eine nahe liegende Frage ist nun diese: Was mich zu einer neuen Uebersetzung dieser Glaubenslehre und zum Druck derselben bewogen hat? Ich will darauf offen antworten: „Der Wunsch, daß dieses Werk unserer Gemeinschaft nicht verloren gehe." Schon vor einer Reihe von Jahren ward dasselbe mir wert, als Vorlesungen über Symbolik mich zu demselben führten; später ward ich noch aufmerksamer auf dasselbe, da ich die Freude wahrnahm, mit welcher einige Glieder unserer Gemeinschaft, die mir das Verlangen ausgesprochen, im Besitz einer Glaubenslehre der Mennoniten zu kommen, diese Arbeit von Ris aufnahmen; und je öfterer ich selbst dieselbe zur Hand nahm, desto lieber ward sie mir. Es ward mir wiederholt der Wunsch ausgesprochen, Exemplare dieses Bekenntnisses zu haben, auch von Brüdern in Amerika; aber ich konnte sie nicht schaffen; sie waren zu selten geworden. Was war natürlicher, als daß mir der Gedanke an einen neuen Abdruck kam? Dazu schien damals auch Aussicht vorhanden, und ich machte mich mit Hülfe eines lieben, holländischen Freundes daran, die deutsche Uebersetzung sorgfältig mit der holländischen Original=Ausgabe zu vergleichen, da erstere sich mir als sehr mangelhaft, teils undeutlich, teils, an einigen Stellen, als geradezu falsch gezeigt hatte. Der neue Abdruck verzögerte sich aber, und endlich zerschlug sich die Sache ganz. Meine Arbeit blieb liegen. — Der Veranlassungen, die Glaubenslehre von Ris zur Hand zu nehmen, gab es immer neue, namentlich habe ich dieselbe auch beim Taufunterricht gebraucht und hier ist sie mir ganz besonders lieb und wert geworden; die Aufmunterungen zur Herausgabe eines neuen Abdrucks in berichtigter Uebersetzung kehrten auch von Zeit zu Zeit wieder, und so habe ich geglaubt, zunächst den Weg des Abdrucks als Manuscript einschlagen zu dürfen.

Bei der Uebersetzung habe ich einmal stets die frühere Uebersetzung berücksichtigt, und ich habe ferner es mir angelegen sein lassen, so viel nur immer möglich, nicht nur sinn=, sondern auch wortgetreu zu übersetzen. Das hat seine Schwierigkeiten; und ich selbst fühle tief und schmerzlich, daß es mir nicht gelungen, eine Arbeit zu liefern, bei deren Gebrauch man nicht alsobald den Eindruck einer Uebersetzung hat. Wer aber das ältere Holländisch und die ältere holländische Schreib= weise kennt, wird mir vielleicht einige Nachsicht zu Teil werden lassen. Einige Abweichungen, die bei der Vergleichung mit dem holländischen Text auffallen werden, finden ihre Erklärung darin, daß ich die von Ris selbst vorgeschlagenen Änderungen teilweis wirklich vorgenommen habe, im Uebrigen habe ich mir aber nur da Freiheit gestattet, wo die wörtliche Uebersetzung uns Deutschen durchaus unverständlich gewesen sein würde.

Zu einem Wiederabdruck der Beweisstellen konnte ich mich nicht entschließen, da die Schriftstellen sehr häufig nicht Beweisstellen im eigentlichen Sinne sind.

Möge es nun dem Herrn gefallen, auch diesen Versuch, für ihn und für unsere Gemeinen zu wirken, gnädig anzusehen und möge die Glau= benslehre von Ris auch in dieser Ausgabe manchem zum Segen sein! Der Herr hat immer noch auch in unseren Gemeinen die Seinen gehabt; er weiche auch ferner nicht mit seinem Geist und mit seiner Gnade, sondern lasse die Zal der Seinen wachsen und sich mehren, auf daß wir werden eine Gemeine, die da, erbaut auf dem Grunde der Apostel und Propheten, da Jesus Christus selber der Eckstein ist, reich ist an Früchten des Glaubens in der Liebe.

Der Uebersetzer.

Friedrichstadt, in der Adventszeit 1849.

Approbations-Acte,

welche von der Gemeine der Mennoniten zur Sonne in Amsterdam ausgefertigt, und den übrigen mit ihr verbundenen Gemeinen im Jahre 1773 mitgeteilt worden.

Die Societät der Taufgesinnten, welche ihre jährliche Zusammenkunft in der Kirche: „Die Sonne", in Amsterdam hält, nachdem dieselbe das Buch, genannt: „Die Glaubenslehre der wahren Mennoniten oder Taufgesinnten", welches durch den ehrwürdigen Cornelis Ris, Lehrer der Taufgesinnten zu Hoorn, verfertigt, und der vorbenannten Societät insbesondere zur Prüfung angeboten, und zur Untersuchung übergeben worden: ob es zur Beförderung der genaueren Vereinigung und deren Ausbreitung möchte dienlich erachtet werden? erklärt und bezeuget hierdurch, nachdem sie selbiges Buch mit aller möglichen Aufmerksamkeit eingesehen und überwogen, und im Jahre 1772 einige ihrer Mitglieder besonders dazu committirt hat, daß deren Bericht zufolge, dessen Inhalt, im ganzen betrachtet, und was die Hauptsache betrifft, mit den alten Glaubenslehren der Mennoniten oder Taufgesinnten, sowie dieselben in den Glaubensbekenntnissen, welche dem Grundstein (Titel des Vergleiches der zur Societät vereinigten Gemeinen) angehängt ausgedrückt worden, übereinstimmend finden, deren hauptsächlicher Inhalt darin verfaßt ist, und mit erforderlicher Sorgfalt und Aufrichtigkeit darin zusammengezogen gefunden worden, ingleichen erklären dieselben, daß es zum Unterricht und Erbauung, sowol in unserer, als in allen andern Gemeinen von einem sehr nützlichen

Gebrauch sein kann; und wir mit allen andern Taufgesinnten Societäten und Gemeinen, die so denken (und bei denen der Grundstein und die demselben angehängten zwei Bekenntnisse in Gebrauch sind) uns können und gerne wollen vereinigen. Übrigens lassen wir die Dedication an die Societät (welche einen andern Gebrauch dieses Werkes zur Absicht hat, als wegen Mangels des allgemeinen Gutachtens bis jetzt stattfinden kann*) ingleichen die Anrede (weil sie besonders die Gemeine zu Hoorn betrifft) in ihrem Wert und Unwert beruhen; ingleichen einige Ausdrücke, über diesen und jenen Lehrsatz, welche könnten als zu stark, oder zu schwach angesehen werden, sowie wir den Gebrauch der beigebrachten Schriftstellen, und ob dieselben durchgehend passend sind, dem Verfasser zur Verteidigung übergeben. Übrigens wünschen wir herzlich zum heilsamen Gebrauch dieses sorgfältig ausgearbeiteten und zugleich die Übung der Gottseligkeit nachdrücklich empfehlenden Werkes, den göttlichen Segen, welchen wir von Ihm erbitten.

---

*) Nämlich, um es als ein verpflichtendes Glaubensbekenntnis anstatt der vorigen anzunehmen, oder denselben beizufügen.

Die Glaubenslehre

—der—

Mennoniten oder Taufgesinnten.

I. Von der Erkenntnis Gottes aus der Natur.

Daß ein höchst vollkommenes, und über alle andere erhabenes Wesen sein müsse, und wirklich ist; ein Wesen, welches unendliche Weisheit, Macht und Herrlichkeit in sich besitzt, durch welches alle Dinge gemacht sind, und auch noch fort und fort erhalten und regiert werden: glauben wir nicht allein des Zeugnisses der heiligen Schrift wegen, sondern auch darum, weil wir es aus den erschaffenen Dingen selbst deutlich sehen.

Abgesehen von uns selbst verkündigen die Himmel (Psalm 19, 2; 8, 4), die Erde (Pf. 24, 1; Hiob 26, 7), die Meere (Pf. 89, 10; Jer. 5, 22), und alles, was darinnen und darauf gefunden wird (Hiob 12, 7—9; Pf. 107, 23. 24; Pf. 104), daß solche Größe (Pf. 104, 24) und Herrlichkeit (Pf. 8, 10; 19, 6; 104, 1—3), Kunst und Geschicklichkeit (Pf. 104; 139, 1—18), feste Ordnung (Pf. 148, 6; Jef. 40, 26; Jer. 31, 35. 36), unzälige Woltaten (Apostg. 14, 17; Pf. 119, 64) und vieles andere, eben so notwendig einen Urheber haben müssen, der selbst unendlich groß, herrlich, weise, allmächtig und gut ist, wie die Vollkommenheit eines Kunstwerkes des Künstlers große Fähigkeit und Einsicht zu erkennen gibt.

Sehen wir nun auch auf uns selbst, so finden wir dies nicht minder bestätigt, wenn wir den künstlichen Bau unseres Leibes (Hiob 10, 11. 12), die wunderbaren Fähigkeiten und Eigenschaften unserer Seele, sowie die Vereinigung und Wechselwirkung beider, aufmerksam betrachten, da alles zusammen einen hohen Urheber voraussetzt, und uns unsere hohen Verpflichtungen gegen denselben lehrt (Malcachi 1, 6; Apostg. 17, 27). Darin bestärkt uns vorzüglich auch das innere Gefühl des Friedens oder der Furcht, je nachdem wir der Stimme des Gesetzes, welches in unser Herz geschrieben ist, folgen oder nicht folgen (Röm. 2, 15).

Dies Alles, sowie die Übereinstimmung aller denkenden Völker zu allen Zeiten, führt uns zu dem Schluß: Der Gedanke, es wären alle Dinge ewig und von sich selbst, oder durch einen Zufall entstanden, und wirken, ohne von einem höchsten Wesen regiert zu werden, sei so unvernünftig, daß nur vermessene Thoren (Pf. 14, 1; Jes. 29, 15. 16) oder hartnäckig Verstockte (Jer. 5, 1—5) dies wähnen können, und ihrer bessern Überzeugung Gewalt antun, nur, damit sie, in solchem Unglauben beharrend, um so freier sündigen können.

II. Von der heiligen Schrift.

Obwol wir, wie gesagt, aus dem Erschaffenen erkennen, daß ein Gott ist, der unendliche Vollkommenheiten in sich selbst besitzen muß, so würden wir dennoch, ohne nähere Offenbarung über die Beschaffenheit seines Wesens, über seine Vollkommenheit, seine Wege und seine Werke, über seinen heiligen Willen, und (weil wir gesündigt haben), insbesondere über den Weg und das Mittel mit Gott wieder versöhnt zu werden, gar sehr in Dunkelheit sein, wie sich solches durchgängig bei allen Heiden gezeigt hat.

Deswegen erkennen wir es als eine unschätzbare Woltat, daß Gott vor Zeiten manchmal und auf mancherlei Weise zu den Vätern durch Propheten, und in der Fülle der Zeit, durch seinen eingebornen Sohn selbst, wie auch durch (Hebr. 1, 1. 2) dessen heilige Apostel geredet, und daß es ihm in Gnaden gefallen hat, so viel davon niederschreiben zu lassen, als uns zur Richtschnur des Glaubens und des Lebens nötig ist (Röm. 15, 4; 2. Tim. 3, 15—17).

Unter der heiligen Schrift verstehen wir alle die Bücher, die unter dem Namen der kanonischen, oder regelmäßigen, bekannt sind, von den Büchern Mosis an bis zur Offenbarung Johannes. Diese Schriften nennen wir heilig, weil sie von Gott selbst eingegeben und durch heilige Menschen Gottes, die getrieben wurden durch den heiligen Geist, geschrieben sind. (2. Petr. 1, 21). Wir nehmen sie deswegen an, nicht als eines Menschen, sondern als Gottes Wort; als die einzige, unfehlbare und zureichende Richtschnur des Glaubens und Lebens, der wir die höchste Ehrerbietung und Folgsamkeit schuldig sind.

Es sind viele und sehr wichtige Gründe, auf welchen dieser unser Glaube ruht; wir nennen unter andern folgende: a. Die in diesen heiligen Büchern enthaltene Lehre übertrifft zwar das Gesetz oder das Licht der Natur, aber es ist doch demselben nicht zuwider. b. Der Inhalt derselben ist durchaus Gottes würdig, und fordert zur Ehrerbietung gegen ihn auf. c. Alles, was darin enthalten ist, dient zur Erreichung heiliger Zwecke; wie zu Gottes Ehre, so zu des Nächsten Nutzen, und zur eigenen Glückseligkeit. d. Die heiligen Schreiber waren Menschen von ausgezeichneter Gottesfurcht und Aufrichtigkeit, die sich weder leichtgläubig zeigten, noch ihre eigene Ehre oder Gerechtigkeit, oder irdische Vorteile dabei suchten, und solche noch viel weniger erhalten konnten; sondern sie hatten nur allein die Ehre Gottes, die Errettung ihres Nächsten, und dessen innern Frieden zum Zweck. e. Gott hat sie, und durch sie, uns von ihrer göttlichen Sendung überzeugt, durch übernatürliche Wunderwerke, Erfüllung von Weissagungen und viele andere Dinge mehr. Endlich aber findet jeder, der sich in aufrichtigem Gehorsam dem Worte Gottes hingibt und unterwirft, Frieden im Herzen, und empfängt in sich selbst die Versicherung der Wahrheit.

III. Von Gottes Wesen und Vollkommenheiten überhaupt.

Zufolge der genannten heiligen Schriften, und nach Anleitung derselben glauben wir: Es ist ein einiger Gott (5. Mos. 6, 4; 1. Kor. 8, 4—6), ein ganz vollkommenes (Matth. 5, 48), geistiges (Joh. 4, 24), von sich selbst bestehendes (Ps. 90, 2), unveränderliches (Jak. 1, 17; Ps. 102, 28), allenthalben gegenwärtiges (Jer. 23, 23. 24; Ps. 139, 7—10), allgenugsames Wesen (Apostg. 17, 25), das auch in seinen Eigenschaften durchaus vollkommen, nämlich: heilig (1. Petri 1, 16; 3. Mos. 11, 44), gerecht (Ps. 11, 7), allmächtig (1. Mos. 17, 1), allwissend (Ps. 139, 1—18), allweise (Jes. 40, 28; Ps. 104, 24), barmherzig (Jak. 5, 11), gnädig, langmütig, von großer Güte und Wahrheit oder Treue ist (2. Mos. 34, 6; Ps. 145, 8); mit einem Worte: Gott ist die Liebe (1. Joh. 4, 16), Urquell des Lebens (Ps. 36, 10; Jer. 2, 13), und Urheber alles Guten (Jak. 1, 17; Ps. 102, 28), der Schöpfer und Erhalter aller sichtbaren und unsichtbaren Dinge (Kol. 1, 16. 17), würdig von allen seinen Geschöpfen verehrt, geliebt und verherrlicht zu werden.

IV. Von der heiligen Dreieinigkeit.

Dieser einige Gott (5. Mos. 6, 4) ist in der heiligen Schrift näher geoffenbart (Joh. 1, 18), und unterschieden als Vater, Sohn und heiliger Geist (Joh. 14, 16. 17; Jes. 48, 16; Matth. 3, 16. 17; 1. Kor. 12, 4—6), doch mit dem Zusatz: daß diese drei Eins sind. Der Vater wird uns dargestellt als der Urheber (Joh. 5, 26; Joh. 17, 5. 6) und Anfang aller Dinge (1. Kor. 8, 6), der seinen Sohn von Ewigkeit (Joh. 1, 1. 2), vor allen Creaturen (Kol. 1, 15. 16), auf eine unbegreifliche Weise gezeugt hat (Ps. 2, 7. 8). Der Sohn ist des Vaters ewiges Wort und Weisheit (Joh. 1, 1; 1. Kor. 1, 24; Kol. 2, 3), durch den alle Dinge sind (Kol. 1, 15. 16), der Abglanz der Herrlichkeit des Vaters, und das Ebenbild seines Wesens (Hebr. 1, 2. 3).

Der heilige Geist gehört, als eine göttliche Selbständigkeit, zu dem Wesen Gottes. Er ist sowol der Geist des Vaters (Matth. 10, 20), als des Sohnes (Gal. 4, 6; Röm. 8, 9), welcher von dem Vater und von dem Sohne ausgeht (Joh. 15, 26), als der mächtige Wirker aller göttlichen und geistlichen Dinge (Phil. 1, 19).

Wir bekennen, daß diese drei nicht geteilt oder von einander abgesondert, sondern, daß sie vereinigt und eins sind (Joh. 10, 30), sowol im Wesen als im Willen und Wirken; indem dem Vater, Sohne und heiligen Geiste einerlei Namen, Eigenschaften und Werke beigelegt werden, nebst dem gleichen göttlichen Ansehn, weil der Heiland so ausdrücklich befiehlt in dem Namen des Vaters, des Sohnes und des heiligen Geistes zu taufen (Matth. 28, 19), gleichwie auch jeder Gläubige derselben Gnade, Liebe und Gemeinschaft nötig hat (2. Kor. 13, 13), weswegen ihnen auch gleiche Ehre und gleicher Dienst gebührt (siehe vom Sohn, Luk. 24, 52; Joh. 5, 23; Phil. 2, 10—11; Offb. 5, 12; Joh. 14, 23. 24. Vom heiligen Geist, Eph. 4, 30; 1. Cor. 3, 16.)

V. Von der Schöpfung aller Dinge und des Menschen insonderheit.

Wir bekennen, daß dieser ewige Gott, Vater, Sohn und heiliger Geist, der allmächtige Schöpfer Himmels und der Erde ist, der im Anfange, (1. Mos. 1, 1) in sechs Tagen (2. Mos. 20, 11), den Himmel mit allem seinem Heer (Neh. 9, 6), das Gestirn, die heiligen Engel und himmlischen Geister gemacht hat, wie auch die Erde und die Meere, nebst allem, was in und auf denselben angetroffen wird (1. Mos. 1, 26. 27), und zuletzt am sechsten Tage den Menschen, der das Meisterstück aller Werke Gottes auf Erden ist (1. Mos. 1, 26. 27); der Leib desselben ist zwar vom Staub der Erde (1. Mos. 2, 7; 3, 19) geschaffen, der Geist aber durch den Odem, oder eine unmittelbare, kräftige Wirkung des Allmächtigen (Hiob 33, 4), der deswegen auch unkörperlich und unsterblich ist (Matth. 10, 28).

Wie nun der Mensch, vorzüglich dem Geiste nach, von so hoher und göttlicher Herkunft ist (Apostg. 17, 28), so ist er auch zu einem sehr hohen Endzweck geschaffen, nämlich: Gott zu kennen, zu lieben und zu verherrlichen (Röm. 1, 19—21), welches der Inbegriff aller wahren Gottseligkeit ist (Joh. 17, 3; Jer. 9, 23. 24).

Ferner gab Gott dem Adam eine Frau zu seiner Hülfe (1. Mos. 2, 18), die er aus einer von dessen Rippen bauete (1. Mos. 2, 22), um die innigste Liebe und Vereinigung zwischen ihnen zu stiften (1. Mos. 2, 23. 24). Aus dieser sind nachgehends alle Menschen entsprossen (Apostg. 17, 26).

VI. Von der Erhaltung und Regierung Gottes.

Von der Erhaltung und Regierung Gottes glauben wir, daß Gott alle Dinge, die er geschaffen hat, nach seiner höchsten Weisheit, Macht, Gerechtigkeit (Röm. 1, 18) und Güte erhält (Apostg. 17, 25; Ps. 145, 15—17), lenkt (Hiob 37, 1—13; 1. Mos. 50, 20) und regiert (Ps. 103, 19; Ps. 104; Ps. 147), so daß ohne diese göttliche Vorsehung und Regierung nichts geschieht (Klagl. 3, 37—39), so gering es auch scheinen mag, nach dem deutlichen Ausspruch Christi: daß kein Sperling auf die Erde fällt, ohne den Willen unsers himmlischen Vaters (Luk. 12, 6. 7). Doch müssen wir dieselbe als eine unmittelbar bewirkende (es ist von höchster Wichtigkeit dies zu beachten, weshalb Jakobus sagt 1, 16. 17: Irret nicht u. s. w.; 2. Kor. 3, 5; Phil. 2, 13), und als eine zulassende und lenkende (1. Mos. 31, 7: Gott also bewirkt nicht das Übel der Sünde, sondern er läßt es zu, beschränkt und lenkt dasselbe; Jes. 10, 5—15), nach Beschaffenheit der Dinge, und wie solches mit seiner göttlichen Vollkommenheit übereinstimmt (Jak. 1,

13—17), wol unterscheiden. Vor allem waltet die göttliche Regierung, Obhut und Leitung sorgsam (Sacharja 2, 8) und genau Matth. 10, 30; 1. Tim. 4, 10) über die, so Ihn fürchten (Ps. 33, 18; 34, 8, 10, 11, 16, 18), ihn lieben (Röm. 8, 28) und Ihm gehorchen (Joh. 15, 10).

VII. Von dem Zustand des Menschen vor dem Falle.

In Beziehung auf den Zustand des Menschen vor dem Falle glauben wir, daß Gott den Menschen recht (Pred. 7, 30) und gut (1. Mos. 1, 31), nach seinem Bild und Gleichnis (1. Mos. 1, 26; 5, 1) gemacht habe; in welchem heiligen und guten Zustand unsere ersten Eltern sehr herrliche und glückselige Geschöpfe waren, begabt und geziert mit hoher Weisheit, reinen Neigungen und Trieben, und mit einem freien Willen, wodurch sie (unter Gottes Zulassung), ungezwungen annehmen, oder aus freien Stücken verwerfen konnten, was ihnen vorgestellt wurde; es sei nun der Rat und Wille Gottes (1. Mos. 2, 16. 17), oder der Rat und Wille des Bösen (1. Mos. 3, 4. 5); wie denn der Ausgang das Letzte bestätigt hat (1. Mos. 3, 6. 7). Um dies zu prüfen, legte Gott ihnen eine gewisse Pflicht auf (namentlich zunächst das Gesetz der Natur, das ihnen ins Herz geschrieben, Röm. 2, 14. 15. Weshalb Gott den Kain fragen konnte 1. Mos. 4, 7. Ist's nicht also u. s. w.), und ging gleichsam einen Bund mit ihnen ein (Hosea 6, 7).

So lange dieser gute Zustand währte, genossen sie zweifelsohne einen genauen und vertrauten Umgang mit Gott (1. Mos. 3, 8) in kindlicher Liebe und Ehrerbietung, woraus, falls sie darin geblieben wären, nur eine reine Glückseligkeit an Geist und Leib in alle Ewigkeit hätte entspringen können.

VIII. Von dem Fall des Menschen und dessen Folgen.

Wir glauben, daß unsere Stammeltern, Adam und Eva, nicht in dem vorerwähnten Zustande geblieben, sondern sich durch die Arglist der Schlange, des Teufels, oder Satan (1. Mos. 3, 1—5;

Offb. 20, 2; Joh. 8, 44), der vorher schon, nebst seinen Engeln, von Gott abgefallen und verstoßen (Juda, V. 6; 2. Pet. 2, 4) war, verführen ließen, indem sie, wider ihr Gewissen, das deutliche Gebot Gottes übertreten, und von dem Baum aßen (1. Mos. 3, 1—8), von dem zu essen Gott ihnen verboten hatte, weil sie, widrigenfalls, desselbigen Tages sterben würden (1. Mos. 2, 16. 17).

Durch diesen einen Ungehorsam ist die Sünde nebst allen traurigen Folgen derselben in die Welt gekommen. Wir anerkennen diese in jeglicher Beziehung als tief eingreifend, zunächst aber für unsere ersten Eltern selbst (Röm. 5, 12—21).

Sie fielen dadurch aus ihrer Unschuld und mußten sich schämen, an die Stelle ihrer kindlichen Ehrerbietung und Freimütigkeit treten Furcht und Gewissensbisse (1. Mos. 3, 1—8); an die Stelle des genauen und vertrauten Umganges mit Gott, ein Zustand der Abneigung und Entfremdung von Ihm (1. Mos. 3, 1—8; Joh. 3, 20), ja der Zorn und die Ungnade des heiligen und gerechten Schöpfers (Eph. 2, 3). Neben dem Frieden mit Gott verloren sie auch den Frieden mit den Geschöpfen, sie mußten des Todes sterben (Röm. 5), wurden aus dem Garten Eden vertrieben, der Weg zum Baum des Lebens ward ihnen verschlossen (1. Mos. 3, 24), die Erde selbst wurde um ihretwillen verflucht, und sie wurden zu vielen Schmerzen und mühsamer Arbeit verurteilt (1. Mos. 3, 16 -19).

All dieses Elend und all dieser Jammer vererbten sich, der Natur gemäß, auf alle ihre Nachkommen (1. Kor. 15, 21. 22); denn wie konnten sie Samen zeugen anders, als wie sie selbst waren (Hiob 14, 4; Joh. 3, 6)? Oder wie konnten sie Vorzüge überliefern, die sie selbst verloren hatten? Deßwegen glauben wir, daß sie, und alle ihre Nachkommen in, durch, und mit ihnen, dem zeitlichen (Röm. 5, 14; 1. Kor. 15, 21. 22), geistigen (Eph. 4, 18; Jak. 1, 15; Röm. 7, 13) und ewigen (Röm. 6, 23) Tode verfallen, und deßwegen gänzlich unvermögend durch sich selbst (Röm. 3, 23; Jer. 13, 23), oder durch irgend ein Geschöpf daraus errettet werden zu können (Pf. 49, 8. 9). In diesem elenden Zustande hätten sie folglich ewig bleiben müssen, wenn nicht Gott mit seiner Gnade ihnen entgegengekommen wäre (Hesek. 16, 5. 6).

IX. Von der Gnadenwahl oder von der Erwählung und Verwerfung.

Wir glauben, daß Gott alle Dinge, die geschehen, geschehen sind und geschehen werden, beide, sowol gute als böse, von Ewigkeit her vorausgesehen und gewußt habe (Apostg. 15, 18; Jes. 41, 22—27; Heb. 4, 13), also auch den traurigen, obenerwähnten Sündenfall nebst dessen unseligen Folgen, was deutlich hervorgeht aus der Vorherbestimmung Christi zum Mittler (Eph. 1, 4; 1. Petr. 1, 20; Offb. 13, 8), daß Er selbigen gleichwol auf keinerlei Weise verursacht oder notwendig gemacht (Jak. 1, 13; Ps. 145, 17), sondern nur zugelassen hat, und zwar aus Ursachen, die seiner vollkommenen Weisheit allein bekannt sind (Röm. 11, 32. 33). Denn da Er das ewige, höchste Gut (Matth. 19, 17) und der Urquell des Lebens ist (Ps. 36, 10), so erkennen wir und bekennen, daß Er Urheber, Ursprung und Wirker nur allein von den Dingen ist, die gut und rein und heilig, und seiner Natur angemessen sind (Jak. 1, 16. 17); keineswegs aber der Sünde oder der Befleckungen, die verdammlich sind. Er gebietet (1. Petr. 1, 15. 16; Eph. 5, 1) und wünscht allenthalben das Gute, preiset es an (2. Kor. 5, 20) und ermuntert dazu durch große Verheißungen (5. Mos. 28, 1. 2; Matth. 5, 1—12; 2. Kor. 7, 1). Hingegen verbietet Er das Böse (Röm. 12, 9), warnt davor (1. Mos. 4, 6. 7), droht den Übeltätern (5. Mos. 28, 15), straft sie oft in diesem Leben (1. Sam. 15, 23; Ps. 73, 16—19), und kündigt ihnen endlich eine Strafe an, die ewig dauern wird (Matth. 25, 46; 3, 12). Damit bezeugt Er also, daß Er ein Feind der Sünde, und daß alle Ungerechtigkeit seiner Natur zuwider ist (Ps. 45, 8). Wie es nun unmöglich ist, daß Gott lüge (4. Mos. 23, 19; Tit 1, 2), so ist es auch unmöglich, daß Er auf eine Weise wirkt, die seiner durchaus heiligen Natur widerstreitet (1. Mos. 18, 25; Hiob 8, 3; 2. Tim. 2, 13).

Daher können und dürfen wir nicht glauben, daß Gott nach seinem freien Wolgefallen sollte beschlossen haben, bei weitem den größten Teil der gefallenen Menschen in ihren Sünden zu lassen, und ihnen die zur Bekehrung und Rettung nötige Gnade durchaus zu entziehen, viel weniger, daß Er sie sollte erschaffen haben, auf daß sie sollten verdammt werden (1. Joh. 4, 8: Gott ist die Liebe), und daß Er also ihre Verstockung und Verhärtung gewollt und notwendig gemacht, um sie in die Verdammniß zu führen (Pf. 51, 6); denn so wahr der Herr lebet, Er hat kein Gefallen an dem Tode des Sünders, sondern daran, daß er sich bekehre und lebe (Hesek. 33, 11; 2. Petr. 3, 9; 1. Tim. 2, 4).

Freilich glauben wir willig und von Herzen, daß Gott bei sich selbst einen ewigen Rathschluß über alles das gefaßt habe (Eph. 3, 11; 1, 9; Röm. 8, 28), was Er in der Zeit wirken (Eph. 1, 11), insonderheit wie und durch welches Mittel Er die gefallenen Menschen wieder erlösen wollte (Apostg. 4, 28), wie auch, daß Er beschlossen habe, einigen mehr (Luk. 8, 10), anderen weniger (Röm. 9, 13) von seiner Liebe, seiner Gnade und seinen Gaben mitzuteilen (Matth. 25, 15; 20, 15), und dies nach seinem freien Wolgefallen (2. Tim. 2, 20), wie die Erfarung gezeigt hat, — daß aber bei alle dem seine Liebe und Freundlichkeit so groß, umfassend und allgemein ist (2. Kor. 5, 19; Joh. 3, 16; 1, 7; 1. Joh. 2, 2), daß niemand ohne gerechte Ursache davon ausgeschlossen worden (Pf. 145, 9; Apostg. 17, 30; Tit. 2, 11. 12). Dies zu bestätigen hat Er befohlen, daß diese allgemeine Gnade, Liebe und Freundlichkeit allen Kreaturen durch das Evangelium bekannt gemacht und angeboten werden solle (Mark. 16, 15. 16; Luk. 24, 47).

Übrigens bekennen wir, daß in der Weisheit und in den Wegen Gottes, und vorzugsweise in diesem Stücke, Tiefen sind, welche wir in diesem Leben nicht ergründen werden; weshalb wir es für das Beste halten, in das Geheimnis der göttlichen Ratschlüsse nicht tiefer zu suchen einzudringen, sondern es in unserm Bekenntnis mit der Bezeichnung der Beschaffenheit derjenigen Personen bewenden zu lassen, welche Gott beschlossen hat, selig zu machen oder zu verdammen.

Einen jeglichen nämlich, der mit gläubigem und bußfertigem Herzen (Mark. 1, 15; Apostg. 20, 21) die angebotene Erlösung ergreift, annimmt (Joh. 1, 12. 13; Apostg. 2, 41; Offb. 3, 20) und darin beharrt (Matth. 24, 13; 1. Joh. 2, 19; Offb. 2, 10), hat Gott vor Grundlegung der Welt aus Gnaden um Christi willen, auserwählt (2. Thess. 2, 13; Jak. 2, 5; 1. Pet. 2, 9) und verordnet (Eph. 1, 5), ihn seines Reiches und seiner Herrlichkeit teilhaft zu machen (Matth. 25, 34. 41), und hat ihn auch zuvor gekannt (1. Pet. 1, 1. 2), wie mit Namen genannt (2. Tim. 2, 19; Offb. 3, 5).

Diejenigen aber, welche seine angebotene Gnade verschmähen oder verachten (Röm. 2, 4. 5; Hebr. 10, 29), die Finsterniß mehr lieben als das Licht (Joh, 3, 19. 36), und in Sünde und Unglauben beharren (Joh. 3, 18) — diese hat er beschlossen, zu verwerfen (2. Thess. 1, 9), und zwar ihrer eignen, freiwilligen Bosheit wegen (Matth. 23, 37; Sprüche 1, 24—32), als die das Wort von sich stoßen und sich selbst des ewigen Lebens unwürdig machen (Apostg. 13, 46). Weil sie des Herrn Abendmal, zu welchem sie geladen waren, verachten, werden sie dasselbe in Ewigkeit nicht schmecken (Luk. 14, 24).

X. Von der Wiederaufrichtung.

Da Gott, wie oben gesagt ist, schon vor Grundlegung der Welt beschlossen hatte, die gefallenen Menschen durch seinen Sohn Jesum Christum wieder zu erlösen: so ließ seine Güte sie auch nicht lange in diesem hoffnungslosen Zustande, sondern offenbarte ihnen, kurz nach dem Falle, diesen seinen Ratschluß der Gnade durch die Verheißung eines Erlösers, der als des Weibes Same der Schlange den Kopf zertreten sollte, obgleich sie ihn in die Ferse stechen würde. (Diese Verheißung, wie dunkel sie auch scheinen mag, ist die Grundlage aller nachfolgenden Verheißungen, 1 Mos. 3, 15).

Hierin war für unsere ersten Eltern, nebst vielen andern Erweisungen göttlicher Güte, ein so großer Trost enthalten, daß sie daraus zur Genüge inne werden konnten, wie durch Glauben an Gottes Verheißungen (es scheint, daß Eva sich schon bei der Geburt des Kain dieser Hoffnung getröstete, 1. Mos. 4, 1), bei einer wahren Bekehrung zu ihm, Gnade und Rettung für sie zu erlangen wäre (Hebr. 11, 4). Auf diese Weise wurde ihnen durch diese unschätzbare Gnade Gottes in Christo, und der oben erwähnten Offenbarung derselben, im Gegensatz gegen die gefallenen Engel, die Möglichkeit und Hoffnung gegeben, wieder selig werden zu können, und mit ihnen alle ihre Nachkommen, insofern dieselben nicht aus eigner Schuld sich entfernen, und die vorbenannte Gnade verwerfen würden.

Diese Offenbarung seiner Gnade in und durch den verheißenen Erlöser hat Gott, der Herr, von Zeit zu Zeit fortgesetzt und bestätigt, sowol den frommen Erzvätern (1. Mos. 12, 2. 3) als durch alle Propheten (Luk. 1, 70; 24, 27), wie auch durch viele Schatten- und Vorbilder (Hebr. 9, 8—10), damit sie an diesem zukünftigen Messias ihren Glauben üben (1. Pet. 1, 10. 11), ihre Erlösung durch ihn zuversichtlich erwarten (Röm. 4, 20) und ihr mit Verlangen entgegensehen sollten (Luk. 10, 24), wie dies denn auch viele unter ihnen auf ausgezeichnete Weise getan haben (Joh. 8, 56).

XI. Von des Menschen Freiheit und Vermögen nach dem Falle.

Was die Freiheit des Menschen betrifft, so glauben wir: wie groß auch der Schade und das Verderben immer sein mögen, welche durch den Sündenfall über das menschliche Geschlecht gekommen (wie im neunten Artikel gezeigt worden); daß dennoch durch Gottes Gnade das Licht der Vernunft und des Gewissens nicht ganz erloschen ist (Röm. 2, 14. 15), wie solches sowol aus der heiligen Schrift (Röm. 1, 19—21; 2, 1—15), als auch aus der Erfarung bekannt ist. Ferner: daß die Freiheit dem Menschen übergeblieben, kraft der Gnade der Wiederaufrichtung und durch dieselbe den göttlichen Unterricht und das Gut, welches Gott in seinem Sohne Jesu Christo anbietet, anzunehmen oder zu verwerfen, sich in einem gewissen Grade ihnen zuzuneigen, oder von ihnen abzuwenden und zu entziehen (5. Mos. 11, 26—28; 30, 15—20), weil diese Freiheit so notwendig zu der Natur eines vernünftig handelnden Wesens gehört, daß dessen Handlungen sonst nicht für vernünftig, für gut oder böse gehalten, noch auch die Tugend nach Billigkeit belohnt, oder die Sünde gerechter Weise scheint verurteilt werden zu können, welches alles dennoch vollkommen gewiß ist.

Aus diesem Grunde anerkennen wir, daß, obwol das Gute zu suchen, zu wählen und zu ergreifen, der verderbten Natur, ohne Gottes zuvorkommende Gnade, gänzlich unmöglich ist; desgleichen, daß, wenn allein die allgemeine Mitteilung der göttlichen Gnade dieselbe erweckt und ihr zuvorkommt, — solches sehr schwer hält, und nur in Ansehung der ersten Anfänge möglich ist: — aber dennoch nicht für durchaus unmöglich, sondern in gewisser Beziehung in der Tat für möglich gehalten werden muß; indem Gott, der Herr, allerdings mit uns also verfährt, daß er einerseits Befehle (2. Mos. 20, 3—17; Matth. 17, 5), Ratschläge (Offb. 3, 18), Beweggründe (Jes. 55, 1—7; 2. Kor. 5, 11. 18—21; 2. Kor. 6, 1), Verheißungen (Jes. 55; Matth. 11, 28. 29; 2. Kor. 6, 17. 18), Segen für gute Unternehmungen (Jes. 45, 22; Luk. 18, 29. 30), und endlich eine ewige Belohnung uns vorhält (Matth. 25), andererseits dagegen Warnungen (1. Mos. 4, 6. 7; 1. Kor. 10, 11), Drohungen (5. Mos. 27, 26), Züchtigungen (Hebr. 12, 5—11; 1. Pet. 1, 6. 7; Offb. 3, 19) und überaus schreckliche Strafgerichte (5. Mos. 28, 15; 29, 19. 20), sowol zeitliche (Jes. 29, 13—15) als ewige (Matth. 25, 46); welches alles sonst befremdend und ungereimt scheinen würde (5. Mos. 32, 3. 4).

Dennoch müssen wir uns sorgfältig hüten, nicht aus dem, was bisher im allgemeinen gesagt ist, den Schluß zu ziehen, daß das Vermögen des Menschen, seine Freiheit wol zu gebrauchen in geistlichen Dingen, ebenso groß sei als in natürlichen (Luk. 12, 54—59); das sei ferne! Denn das Gegenteil zeigt nicht allein die heilige Schrift deutlich (1. Kor. 2, 14), sondern auch die Vernunft und die tägliche Erfarung (Matth. 7, 13).

Aus diesem Grunde schließen wir, daß blos auf dem Wege der Vernunft hervorgebrachte und gewöhnliche Regungen zum Guten, wol müssen unterschieden werden von geistlichen, weit kräftigeren (Hesek. 36, 25—27), und besonderen (Röm. 9, 12—18); daß die ersten deßungeachtet hinreichend sind, uns anfänglich nach mehrerem begierig zu machen (Spr. 2, 5—7), und daß solches Suchen der von Gott geordnete Weg sei, mehr zu empfangen (1. Chron. 29 (sonst 28. 9;) Spr. 8, 17; Matth. 7, 7), doch aus Gnaden (Jes. 55, 7). Daß demnach dem gefallenen Menschen, dem die Gnade zuvorgekommen (Mich. 6, 8; Offb. 3, 20), das Vermögen geblieben, die allgemeinen Gnadenzüge mehr oder weniger zu beherzigen, zu prüfen, sich danach zu richten und auf mehr Gnade zu warten (Ps. 37, 24; 27, 14; Jes. 40, 31; Klagl. 3, 24. 25). (Siehe Artikel 17).

XII. Von der Person des Erlösers und von seiner Erscheinung im Fleische.

Als die Zeit erfüllet war (Gal. 4, 4), welche die Propheten zuvor verkündiget (1. Mos. 49, 10; Dan. 9, 24), ließ Gott seinen Sohn von sich ausgehen (Joh. 16, 28; 8, 42), und sandte ihn in die Welt (Joh. 6, 38), nämlich in den Leib einer begnadigten Jungfrau mit Namen Maria (Luk. 1, 27. 28), wo und von welcher Er (der Weibessame 1. Mos. 3, 15; Abrahams, Gal. 3, 16—19; Davids, Röm. 1, 3) durch göttliche Erweckung und Überschattung des heiligen Geistes (Luk. 1, 35) empfangen, des Fleisches und Blutes teilhaftig, und uns in allem, die Sünde ausgenommen, gleich geworden ist (Hebr. 2, 14—17; 4, 15), indem Er von ihr zur gehörigen Zeit, der Schrift gemäß zu Bethlehem geboren (Luk. 2, 11; Micha 5, 1) und Jesus genannt wurde, weil Er sein Volk selig machen sollte von ihren Sünden (Matth. 1, 21).

Dieser von Maria zu Bethlehem geborene und zu Nazareth erzogene (Matth. 2, 23) Jesus ist derjenige, vom dem wir bekennen, daß Er ist Christus, der Sohn des lebendigen Gottes (Matth. 16, 16), der Eingeborne vom Vater, voller Gnade und Wahrheit (Joh. 1, 14), das Wort, das bei Gott und selbst Gott war (Joh. 1, 1; 1. Mos. 1, 3; 1. Joh. 1, 1), und das Fleisch geworden ist (Joh. 1, 14; Gal. 4, 4; Phil. 2, 7—11). Nicht, als wenn das göttliche Wesen des ewigen Wortes in ein sichtbares, sterbliches Fleisch oder in einen sichtbaren Menschen verwandelt worden wäre (Hebr. 1, 8—12), und aufgehört hätte, Geist, Gottheit oder Gott zu sein (1. Tim. 3, 16), sondern also, daß der ewige Sohn Gottes (Micha 5, 1) geblieben ist, was er zuvor war (Joh. 3, 13; Kol. 1, 17; Offb. 22, 13), nämlich Gott (Röm. 9, 5) und Geist (2. Kor. 3, 17; 1. Kor. 15, 45—47), und worden, was Er nicht war, nämlich Fleisch oder Mensch.

Daher bekennen wir, dieser Jesus sei unser Immanuel, wahrer Gott und Mensch in einer Person (Kol. 2, 9; 1. Tim. 3, 16), und also tüchtig und geschickt zu einem Erlöser und zur Versöhnung der ganzen Welt (1. Joh. 2, 1. 2).

XIII. Von dem Werke der Erlösung überhaupt.

Der große Zweck, weshalb Gott der Vater seinen Sohn Jesum Christum aus unaussprechlicher Liebe zu den Menschen auf diese Weise hingegeben (Joh. 3, 16; Röm. 5), und weshalb der Sohn Gottes sich selbst freiwillig also erniedriget hat (Eph. 5, 2; Phil. 2, 7), war allein dieser: „die sündige Welt wieder mit Gott zu versöhnen (2. Kor. 5, 19—21), sie zu erlösen (Hebr. 2, 15—17) und selig zu machen (1. Tim. 1, 15)."

Um nun dieses große Werk, welches ihm der Vater aufgetragen hatte (Joh. 17, 4), (zu dem Er vor Grundlegung der Welt bereits, nach göttlichem Entschluß und Vorherbestimmung, gesalbet war,) und welches Er auch aus lauterer Liebe und Gehorsam über sich genommen (Hebr. 10, 4; 9. 10), vollkommen auszurichten, mußte Er erst dem Gesetz unterworfen werden (Gal. 4, 4. 5), um durch vollkommenen Gehorsam alle Forderungen desselben zu erfüllen (Matth. 5, 17. 18), was Er denn auch wirklich getan hat (Joh. 17, 4).

Nachdem Er in einem heiligen und unsträflichen Leben (Hebr. 7, 26; 1. Petr. 2, 22. 23) ungefär dreißig Jahre (Luk. 3, 23) also zugebracht, und, in dieser Absicht, dem Willen und Wolgefallen des Vaters völlig Genüge geleistet hatte, empfing er ein öffentliches Zeugnis vom Himmel (Matth. 3, 16. 17), und ward von Gott dem Vater auch nach seiner menschlichen Natur auf eine ausgezeichnete Weise gesalbet und ausgerüstet mit dem heiligen Geiste (Apostg. 10, 38), um das wichtige Werk der Erlösung, drei hohe Ämter bekleidend, zu Stande zu bringen (Kol. 1, 19. 20), in welchem Er, unser einiger Mittler (1. Tim. 2, 5; Hebr. 9, 15; 12, 24), sich als Prophet (Luk. 24, 19), Hoherpriester (Hebr. 10, 21) und König (Joh. 12, 15; 18, 37) bewiesen, den Gott in die Welt zu senden verheißen hatte, und den wir hören (5. Mos. 18, 15—18), dem wir glauben (Joh. 6, 47; 3, 16; 6, 40) und dem wir folgen müssen (Joh. 8, 12; 10, 27—30), wie weiter unten ausführlich gezeigt werden soll.

XIV. Von dem prophetischen Amte Christi.

Nachdem der Sohn Gottes feierlich gesalbt worden und allerlei höllische Versuchungen siegreich überwunden hatte (Luk. 4,

1—13; Mark. 1, 12—15 u. 22), stellte er sich gleich darauf der Welt (Matth. 4. 17) als der große Prophet (Luk. 7, 16) dar, der von Gott verheißen worden (Apostg. 3, 22. 23; 5. Mos. 18, 15 u. 18), indem Er den Weg Gottes, in der Wahrheit (Matth. 22, 16), gewaltiglich (Mark. 1, 22) lehrte und mit einer Weisheit (Matth. 13, 54), der Niemand widerstehen konnte, das Evangelium vom Reiche Gottes, die Bekehrung und den Glauben (Mark. 1, 14. 15) predigte, zugleich auch zeigte, wie man wandeln soll, um Gott zu gefallen (Matth. 5, 3—12), auch zukünftige Dinge vorhersagte (Matth. 20, 18. 19; 21, 2; 24, 2) und dieses Alles mit vielen und nie gesehenen Wundern bekräftigte (Matth. 11, 5); dabei lebte Er durchaus so, wie Er lehrte, (Joh. 8, 46), und hat uns also in beiden, sowol in der Lehre als im Leben, ein Beispiel gelassen, dem wir nachfolgen sollen (1. Petr. 2, 21).

Gleichwie ferner der Herr Christus sein Volk im alten Bunde gelehrt und geführt hat, als der Engel des göttlichen Angesichts, durch Mosen und alle Propheten, in denen sein Geist war, und nun in eigener Person, so hat Er dieses sein Lehramt fortgesetzt durch seine Apostel und Evangelisten (Eph. 4, 11; Luk. 10, 1—17), die Er zu diesem Zwecke auserseh'n (Luk. 9, 1—6), unterwiesen (Apostg. 1, 2. 3), mit dem heiligen Geiste ausgerüstet (Apostg. 1, 8; 2, 1—4) und ausgesendet (Mark. 16, 15) hat, um seine Zeugen zu sein bis an das Ende der Erde (Apostg. 1, 8; 2, 1—4). Wie denn diese auch bis in den Tod getreu gewesen sind, und nichts von dem, was nützlich ist, vorenthalten (Apost. 20, 20—27), sondern den ganzen Ratschluß Gottes zur Seligkeit verkündigt haben, wobei Gott durch Zeichen und Wunder und mancherlei Austeilungen des heiligen Geistes, nach seinem Willen, mitgezeuget hat (Hebr. 2, 4).

Der Herr Jesus setzt drittens dieses sein Lehramt vermittelst seines heiligen Wortes fort (1. Thess. 4, 8), indem Er von seinen heiligen Begebenheiten und göttlichen Lehren, wie auch von denen seiner heiligen Gesandten eine kurze, doch hinreichende Beschreibung in den Büchern des Neuen Testaments hat überliefern lassen, in welchen, zusammengenommen mit den Büchern des Alten Testaments, unserm Bekenntnis nach (Art. 2) alles begriffen ist, was wir zur Richtschnur im Glauben und Leben nötig haben. Denn dadurch, daß Er dies Wort lehren, lesen und hören läßt, pflegt Er Glauben, Bekehrung und Heiligung zu wirken, denn es ist eine Kraft Gottes zur Seligkeit allen, die daran glauben (Röm. 1, 16).

Endlich lehrt der Herr Jesus auch durch seinen Geist, gemäß seiner Verheißungen (1. Joh. 2, 2), sowol um Ungläubige zu überzeugen und zu gewinnen, als auch Gläubige in alle Wahrheit zu leiten (Joh. 16, 13), doch nimmer gegen den Sinn seines geschriebenen Wortes (Jak. 3, 11; 1, 17), sondern so, daß Er ihren Verstand erleuchtet, dasselbe recht zu verstehen (Luk. 24, 45), sie von der Wahrheit desselben gewiß macht und sie an das erinnert, was Er vormals geredet hat (Joh. 14, 26) u. s. w.

Daher ist es denn auch nötig, die Geister zu prüfen, ob sie aus Gott sind (1. Joh. 4, 1) und fest bei dem untrüglichen Worte Gottes zu bleiben (2. Tim. 3, 14—17; 2. Petr. 1, 19—21), von dem wir Versicherung empfangen haben und wissen, wer uns dasselbe gelehret hat (Gal. 1, 6—12).

XV. Von dem priesterlichen Amte Christi.

Als der wahre Hohepriester (Hebr. 4, 14) und einige Mittler des neuen und ewigen Testaments (1. Tim. 2, 5) hat Christus seinen himmlischen Vater für seine Apostel gebeten (Joh. 17, 9), wie auch für die, so durch ihr Wort an ihn glauben würden (Joh. 17, 20), ja selbst für diejenigen, die ihn gekreuzigt hatten und töbten wollten (Luk. 23, 34).

Überdies hat er das allerschwerste Leiden gehorsam übernommen (Phil. 2, 8), und hat sich selbst durch den ewigen Geist Gott unsträflich geopfert (Hebr. 9, 14), beides nach Seel und Leib, um die Sünde des Volkes zu versöhnen (Hebr. 2, 17; 7, 26. 27). Wir bekennen, daß eben dieses allerbitterste Leiden, nach der Seele sowol als nach dem Leibe, so wie es in Gethsemane angefangen (Matth. 26, 36—38; Joh. 19, 30) und auf Golgatha vollbracht worden ist, ein Opfer sei, das in Ewigkeit Wert hat (Hebr. 9, 12; Jes. 53), durch welches er auch in Ewigkeit alle vollendet hat, die durch ihn zu Gott gehen, ihm gehorsam sind und geheiligt werden (Hebr. 10, 14). Wir halten also den Gehorsam des Sohnes Gottes, sein teures Leiden, Sterben, Blutvergießen und einiges Opfer am Holz des Kreuzes (1. Pet. 2, 24) für das eigentliche

Lösegeld (Matth. 20, 28; 1. Tim. 2, 6), oder den Preis (Hebr. 9, 13. 14) unsrer Erlösung, vollgültig und hinlänglich für die Sünden der ganzen Welt (1. Joh. 2, 2); durch welches demnach alle, die wahrhaft an ihn glauben, mit Gott versöhnt (2. Kor. 5, 19—21) und zum Frieden geführt werden, wie auch gegründete Hoffnung und Gewißheit erlangen in das ewige Leben (Röm. 5, 1. 5. 9. 10) einzugehen.

Nachdem nun der Herr Christus sein Priesteramt hier auf Erden durch dies Sterben also vollbracht hatte, ist er begraben worden, am dritten Tage wieder auferstanden von den Toten (Apostg. 2, 24; Luk. 24; Matth. 28), seinen Aposteln erschienen, wie auch vielen andern (1. Kor. 15), mit vielen sichern Kennzeichen vierzig Tage lang (Apostg. 1, 3, 9—12). Darauf ist er als ein triumphirender Überwinder (Eph. 4, 8; Kol. 2, 15) vor den Augen aller seiner treuen Apostel aufgefahren gen Himmel (Apostg. 1, 9—12), und sitzet nun zur rechten Hand seines Vaters (Markus 16, 19), gekrönt mit Ehre und Herrlichkeit (Hebr. 2, 9; Joh. 17, 5).

Dort, und also angetan, setzt er nun sein heiliges, hohepriesterliches Amt fort (Hebr. 8, 1). Denn wie er der Diener der wahren Hütte ist, so ist er nicht durch Blut der Kälber und Böcke, sondern durch sein eigen Blut einmal eingegangen (Hebr. 9, 11. 24) in den Himmel selbst, um zum Heil der Gläubigen vor dem Angesichte Gottes zu erscheinen; weshalb er auch von Gott genannt ist: ein Hoherpriester, nach der Ordnung Melchisedeks, in Ewigkeit (Hebr. 5, 10; Pf. 110, 4), zum großen Trost der Gläubigen in ihren Schwachheiten (Hebr. 4, 14—16). Und wie er also ein unvergängliches Priestertum hat, weil er in Ewigkeit bleibt: so kann er auch vollkommen selig machen diejenigen, die durch ihn zu Gott kommen, indem er immerdar lebet und bittet für sie (Hebr. 7, 24. 25; 1. Joh. 2, 1. 2).

Wie es endlich des Hohenpriesters Geschäft war, nach vollbrachtem Versöhnungsopfer zu dem wartenden und betenden Volke zurückzukommen, um es zu segnen: so ist auch der große Hohepriester Christus beständig wirksam, die Frucht, die Kraft und die Gültigkeit seines Opfers fort und fort den Seinen mitzuteilen und sie dieselben genießen zu lassen (Apostg. 3, 26). Gleichwie er Macht und Recht hat, die Sünden zu vergeben (Mark. 2, 10; Matth. 28,

18), so tut er solches auch wirklich (Apostg. 5, 31); er heiligt durch sein Blut die Gewissen von todten Werken, besprengt sie mit demselben (Hebr. 12, 24) und gibt ihnen also beständig neue Freudigkeit (Eph. 3, 12), sich Gott zu nahen. Er tauft sie mit seinem heiligen Geiste (Joh. 1, 33), hält mit ihnen sein geistiges und verborgenes Abendmal (Offb. 3, 20; Joh. 14, 21—23), ja macht sein heiliges, erkauftes Volk auch selbst zum königlichen Priestertum, zu opfern geistliche Opfer, die Gott durch ihn angenehm sind (1. Petr. 2, 5. 9).

Aus diesem allen folgt denn auch von selbst, daß das levitische Priestertum (Hebr. 10, 5—9), wie auch das ganze Ceremonialgesetz erfüllt, zu Ende gelaufen und aufgehoben ist. Das Gesetz hatte nur allein den Schatten der zukünftigen Güter (Hebr. 10, 1), aber das Ende desselben war Christus (Röm. 10, 4), welchem sei Herrlichkeit in Ewigkeit. Amen.

XVI. Von dem königlichen Amte Christi.

Als der verheißene, einige und himmlische König des neuen Bundes (Ps. 2, 6; Jer. 23, 5; Luk. 1, 32. 33) hat der Herr Christus sein geistliches Reich öffentlich auf- und einzurichten angefangen, sobald Er durch seine glorreiche Auferstehung von den Toten sich als Überwinder des Teufels, des Todes und der Hölle bewiesen (Kol. 2, 15; 2. Tim. 1, 10; Heb. 2, 14. 15), indem Er seinen Aposteln Befehl und Unterricht erteilte, wie er sein Reich gegründet haben wolle (Matth. 28, 19. 20; Mark. 16, 15; Luk. 24, 47); vornemlich aber, nachdem Er in die Höhe aufgefahren (Eph. 4, 8), in seine Herrlichkeit eingegangen (Luk. 24, 26) und sich zur Rechten seines Vaters im Himmel gesetzt hatte (Hebr. 1, 3), wovon Er am Pfingsttage durch reichliche Ausgießung des heiligen Geistes über seine Apostel die kräftigsten Beweise gab (Apostg. 2, 33—36. 41. 47).

Von der Zeit an kam das Reich Gottes mit Macht, indem von dem Tage an und ferner durch den Dienst der Apostel eine große Menge gläubiger und geistlicher Menschen gesammelt wurde (Apostg. 4, 32. 33), die bekannten, daß Jesus Christus ihr Herr sei, zur Ehre Gottes des Vaters (Phil. 2, 9—11).

Dieses geistliche Reich, welches gewöhnlich das Himmelreich

genannt wird, läßt der Herr Jesus zum Teil durch seine Diener hier auf Erden (Eph. 4, 11. 12; 1. Petr. 5, 1—4) nach seinen geistlichen Reichsgesetzen verwalten. Vor allem aber und ganz besonders tut Er selbst solches aus dem Himmel. Er regiert die Herzen seines Volkes durch seinen heiligen Geist (Joh. 16, 13; 14, 26), gemäß seines Wortes, mit der allerherzlichsten Liebe; Er beschirmt und bedecket sie wie mit Flügeln, rüstet sie aus mit geistlichen Waffen gegen seine und ihre Feinde (Eph. 6, 11—18), und leistet ihnen Beistand in ihren Nöten, daß sie in allem weit überwinden (Röm. 8, 37); Er bereitet ihnen eine Stätte im Himmel (Joh. 14, 2) und will alle, die im geistlichen Kampf gegen Sünde und Satan Ihm getreu bleiben (Offb. 2, 10; Matth. 24, 13) und den Sieg davontragen, mit der Krone der Gerechtigkeit (2. Tim. 4, 7. 8) aus Gnaden im ewigen Leben krönen; seine Feinde aber wird Er legen zum Schemel seiner Füße (Luk. 19, 27).

XVII. Von dem allgemeinen Anbieten der Gnade und dem Rufe Gottes zum Glauben.

Unter der allgemeinen Gnade, die wir bekennen (Tit. 2, 11—14), verstehen wir nicht, daß Gott jederzeit allen Menschen gleich große Gaben und Wolthaten austeilt, wie bereits Artikel 9 gesagt worden, selbst nicht unter der Predigt des Evangeliums von der Erfüllung. Noch viel weniger, daß alle Menschen durch den Tod Christi ohne weiteres der Versöhnung (Joh. 3, 36) mit Gott teilhaftig und als Kinder auf- und angenommen worden (Joh. 1, 12); denn dann wäre Bekehrung (Mark. 1, 15), Wiedergeburt (Joh. 3, 3) und sich mit Gott versöhnen lassen (2. Kor. 5, 20) nicht mehr notwendig, worauf aber ja das Evangelium bringt (Apostg. 2, 38—40), indem es die Gnade der Rechtfertigung nur allein den wahren Gläubigen zueignet (Röm. 3, 22. 25. 26; Apostg. 10, 43; 13, 39).

Wir bekennen vielmehr damit einesteils die allumfassende Liebe Gottes und Jesu Christi in dem Werke der Erlösung (Joh. 3, 16), indem wir anerkennen, daß der Herr Jesus nicht allein für viele (Matth. 26, 28), sondern für alle Menschen (2. Kor. 5, 15; 1. Tim. 2, 5. 6; Hebr. 2, 9) gestorben ist; nicht allein zur Versöhnung der Gläubigen (Joh. 10, 15; Apostg. 20, 28), sondern auch für die Sünden der ganzen Welt (1. Joh. 2, 2), nämlich, daß Gott in der Weise die Welt mit sich selbst versöhnet hat (2. Kor. 5, 19), daß Er um des vollkommenen Gehorsams (Röm. 5, 18. 19) und des Todes (Jes. 53, 11. 12) Christi willen (als des allgemeinen Lösegeldes) seinen Gnadentron (Heb. 4, 16) allen Sündern (1. Tim. 1, 15; Luk. 19, 10) ohne Unterschied (Röm. 10, 12; 2, 11; Jes. 45, 22) zugänglich gemacht (Hebr. 10, 19—22), und darum auch der ganzen Welt (Mark. 16, 15. 16) eine allgemeine Vergebung hat verkündigen lassen (Apostg. 17, 30), also daß ein jeder, der glaubt (Joh. 3, 15) und sich bekehrt (Luk. 24, 47), nicht umkommen, sondern Vergebung der Sünden empfangen und das ewige Leben ererben soll (Apostg. 13, 38. 39). Daher wir denn auch vertrauen, daß der Sünde Adams wegen Niemand ewig verdammt werden wird, wol aber seiner eignen Widerspenstigkeit, seines Unglaubens, seines Ungehorsams u. dgl. wegen; und daß also für unmündige Kinder keine Verdamnis zu fürchten, sondern vielmehr das Reich Gottes um Christi willen zu hoffen ist (Mark. 10, 13—16).

Anderuteils bekennen wir zu glauben, wie kräftig (Gal. 2, 8; Eph. 1, 19) und freimächtig (Matth. 20, 15; 1. Kor. 12, 11; Eph. 1. 11) es Gott auch gefallen möge, zur Überzeugung und Bekehrung zu gewissen Zeiten (Jes. 44, 3) zu wirken und ob auch einige Völker und Personen vor andern bevorzugt (Luk. 8, 10), welches alles wir von Herzen glauben und ehrerbietig anbeten; — daß dennoch dabei deutlich genug offenbar ist, wie Gottes Gnadenwirkung den Menschen zum Glauben und zur Bekehrung (Apostg. 3, 26) zu bewegen, insofern allgemein ist, daß er niemand ganz und gar übergeht (Röm. 1. 20; 2, 14. 15), weil er gegen alle und jeden gütig (Pf. 145, 9) und gerecht ist, und weil selbst die allgemeinen Woltaten seiner Vorsehung dies beabsichtigen (Apostg. 17, 27) und dahin leiten (Röm. 2, 4; Pf. 110, 4; 2. Kor. 1, 20).

Wie wir nun anerkennen, daß alle Gnade, welche Gott den gefallenen Menschen vom Paradiese an durch alle Zeiten hindurch bewiesen hat, einzig und allein eine Folge der Vermittlung Christi ist, und daß es Gott gefallen hat, dieselbe sehr verschieden und stufenweise zu offenbaren; so halten wir uns sowol für unbefugt (1. Kor. 4, 5; Röm. 14, 4) als auch für unfähig, genau zu bestimmen, was Gott, der Herr, durch seinen überall gegenwärtigen

Geist und seine allzeit wirkende Vorsehung an den Gewissen solcher Völker und Personen (Hiob 33, 28—30) tun will und tut (Hiob 33, 14. 24), die bisher der Kenntnis des Evangeliums beraubt sind. Wir halten aus dem Grunde ein heiliges Schweigen hierüber fürs beste, weil wir wissen, daß Gottes Urteile jederzeit der vollkommensten Gerechtigkeit gemäß sind, und nach der höchsten Weisheit eingerichtet werden, wie auch, daß er nicht wird ernten wollen, wo er nicht gesäet hat. Oder, wenn wir wählen müßten, würden wir denken, daß er um Christi willen über diejenigen seine Barmherzigkeit werde walten lassen, die, nachdem, was ihnen von Gott bekannt ist (Röm. 2, 9. 14—16), und nach seiner Offenbarung den Herrn gesucht (Apostg. 17, 27. 30; Röm. 10, 12. 13), gefürchtet (Apostg. 10, 34. 35) und verherrlicht haben (Röm. 1, 21).

Insonderheit aber anerkennen wir die Allgemeinheit der göttlichen Gnadenwirkung an denjenigen, die unter der Predigt des Evangeliums leben, nämlich: daß der Herr mehr oder weniger, es sei nun durch die allgemeinen Wirkungen seiner Vorsehung an dem Gewissen (Ps. 33, 15), oder durch sein Wort (Joh. 15, 22), oder durch seinen Geist (Joh. 14, 26; 16, 8; Eph. 1, 17), oder auch durch alle diese Mittel vereint (Offb. 3, 20), einem jeden (mit Vernunft und Verstand begabten) Menschen hinlängliche Gelegenheit (Jes. 5, 3. 4; 65, 2) darbietet und seine Hülfe zu Teil werden läßt, um anfänglich, und dann von Stufe zu Stufe ihn zu erkennen (Joh. 7, 17; Mich. 6, 8), und zum Glauben (Mark. 9, 24) und zur Bekehrung (Jes. 55, 7) zu gelangen; worauf, wenn diese zuvorkommende Gnade Gottes (Röm. 11, 35) (in Kraft derselben) nach Vermögen beachtet, auf dieselbe eingegangen (Spr. 1, 30) und, nach dem Maße der Erkenntnis, Gottes Angesicht gesucht wird (1. Chron. 29 (28), 9; 2. Chron. 15, 2—4), unfehlbar noch mehr Gnade folgen wird (Jak. 4, 6). Ja wir zweifeln gar nicht, es werde der Herr, nach dem Reichtum seiner Barmherzigkeit und großen Verheißungen (Luk. 11, 9—13) auch alles Übrige (Röm. 8, 32), was zur Seligkeit nötig ist, zu seiner Zeit und auf seine Weise schenken (Eph. 2, 8. 9).

Aus diesem allen folgt nun natürlich, daß diejenigen, die dem Zeugnisse Gottes lebendig glauben (1. Joh. 4, 16), große Freudigkeit empfangen (Matth. 11, 28), sowol selbst zu der dargebotenen

Hoffnung ihre Zuflucht zu nehmen (Röm. 3, 24. 25); Hebr. 6, 18; 10, 19—23), als auch dieselbe jedermann anzupreisen und dazu einzuladen (Offb. 22, 17), wie die Erfarung dies bei allen denen bestätigt, welche auch nur in etwa durch die Liebe Christi gedrungen werden (2. Kor. 5, 13—15).

XVIII. Von dem Glauben, durch welchen man der Gnade Gottes in Christo teilhaftig wird.

Wir glauben, es sei nicht genug, eine geschichtliche Kenntnis der Wahrheit zu haben (Röm. 2, 17—24) und ihr beizupflichten, noch auch mit vielem Schein und schön von ihr reden zu können (1. Kor. 4, 20); viel weniger, daß dieser Glaube in einer sich selbst aufgedrungenen Zuneigung (Joh. 8, 32. 33; Matth. 3, 9; Röm. 2, 28. 29; Röm. 9, 6—8) und Versicherung (Matth. 7, 21. 22; 15, 13; Joh. 3, 27) bestehe, denn dieses Alles kann stattfinden, ohne herzerneuernde (2. Kor. 5, 17; Gal. 6, 15; Röm. 12, 2) und reinigende Kraft (Apostg. 15, 9; 1. Kor. 4, 25; 2. Tim. 3, 5), ohne wahre Liebe (2. Thess. 2, 10) und Erweisung guter Werke (Matth. 7, 17), ohne welche Dinge der wahre Glaube zur Rechtfertigung (Röm. 10, 10) (der rechtfertigende Glaube) nicht bestehen kann (Jak. 2, 17; Gal. 5, 6).

Der Glaube, der uns selig macht, besteht daher nicht allein in einer gründlichen Überzeugung (Hebr. 11, 1) und Erkenntnis der Wahrheit der göttlichen Dinge (Kol. 1, 6), sondern auch ihrer Würde und Schäzbarkeit (Matth. 13, 44—46) und er ist darum, wenn wir seinen ersten Anfang anschauen, nichts anders, als ein göttliches Licht in der Seele (2. Kor. 4, 6). Es besteht der Glaube ferner in einer herzlichen Zustimmung (Röm. 7, 16), Genehmigung (Pf. 119, 128) und Ergreifung (Pf. 119, 97) aller Zeugnisse (Pf. 19, 8), Verheißungen (Pf. 119, 49. 50) und Wolltaten (Pf. 116, 12) Gottes, insonderheit seines Sohnes, und dies alles aus Liebe (1. Joh. 4, 8), verbunden mit tiefer Ehrfurcht und Scham (Luk. 7, 6), öfters auch mit so viel Kummer und Furcht, daß die Freude im heiligen Geiste (1. Thess. 1, 6), welche sonst unfehlbar folgen müßte, durch die Schwachheit des Glaubens eine geraume Zeit unterdrückt wird.

Hieraus wird von selbst eine feurige Sehnsucht erzeugt, an

dem ganzen Christus durch Erfarung Teil zu nehmen, und dann, in Folge davon, ein tiefgebengtes Um= und Aufsehen nach und zu dem Lamme Gottes, das der Welt Sünde trägt (Joh. 1, 29; 3, 14. 15). Mit andern Worten: Eine gläubige Zuflucht zu Christo (Heb. 6, 18; Jes. 45, 24; Matth. 11, 28. 29) und eine wirkliche Annahme desselben in allen Beziehungen (doch in verschiedenen Stufen hinsichtlich der Deutlichkeit und der Kraft nach dem Maße des Glaubens) unter vielem Seufzen nach Erbarmen (Matth. 9, 27), Bekehrung (Apostg. 5, 31), Vergebung der Sünden (Matth. 8, 2; Apostg. 5, 31; Pf. 51, 3—19) und Teilnahme an allen seinen, uns erworbenen Wolltaten (Joh. 1, 16; 1. Joh. 5, 12).

Diese gläubige Zuflucht schließt denn auch, infolge solcher Gemütsverfassung in sich, und sie bringt mit sich eine aufrichtige Bitte um Annahme (Luk. 15, 19), wirkliche Übergabe und wahre Unterwerfung seiner selbst (Jes. 44, 5; Apostg. 2, 37; 9, 6; 16, 30), fortan nicht mehr sich selbst zu leben, sondern dem, der für uns gestorben und auferweckt (2. Kor. 5, 14. 15) ist, wozu die Liebe mit großem Verlangen (2. Kor. 5, 9) und Freudigkeit (Spr. 21, 15) bringt.

Zu diesem allen ist der Glaube wirksam und wird gestärkt (Hebr. 11, 33—39) durch ein herzliches Vertrauen auf Gott (Röm. 4, 3), darob haltend, daß Er treu ist, der es verheißen hat (Hebr. 10, 23), und daß Er auch, nachdem Er seines eigenen Sohnes nicht verschonet hat, nicht unterlassen werde, alles Übrige zu schenken, wie Er solches denn auch zu seiner Zeit wirklich tut (Röm. 8, 32; Hebr. 4, 16).

Diesen wahren Glauben anerkennen wir als eine Gabe Gottes (Phil. 1, 29; Eph. 2, 8. 9), die in uns gewirkt wird (Phil. 1, 6; 2. Thess. 1, 11; 1. Kor. 12, 7—11) durch sein Wort (Röm. 10, 17) und durch seinen Geist (Apostg. 16, 14; Luk. 24, 45; Joh. 16, 8) aus lauter Gnade, doch so, daß zu einem rechten Empfangen desselben (Jak. 1, 21) ein aufmerksames Hören auf die Unterweisungen des Herrn (Jes. 55, 3—7) erfordert wird, und daß man sein Herz nicht dagegen verhärte (Spr. 1, 23—33; 28, 13. 14; Hebr. 3, 7. 8), sondern die Kraft der Überzeugung annehme, ihr Folge leiste (Mark. 4, 23—25) u. s. w.; denn an denen, die sich diesem entziehen, hat der Herr kein Gefallen (Hebr. 10, 38; 3, 18. 19).

Durch diesen Glauben wird man zum Kinde Gottes (Gal. 3, 26,) überwindet die Welt (1. Joh. 5, 4) und ist gewaffnet gegen die listigen Anfälle des Teufels (Eph. 6, 16), ohne denselben aber ist es unmöglich, Gott zu gefallen (Hebr. 11, 6). Denn wie der Glaube das von Gott verordnete Mittel ist, der Gnade Gottes in Christo teilhaft zu werden, so ist er ebenso auch das Mittel ferner in Christo zu bleiben, fest Ihm anzuhangen, genauer mit Ihm vereinigt zu werden, und aus Ihm, als dem Haupte des Leibes, dem allein wahren Weinstock, alle geistigen Lebenskräfte zu ziehen und zu empfangen, und dadurch Gott würdiglich zu wandeln.

XIX. Von der Bekehrung und Wiedergeburt.

Weil das Herz des Menschen von Jugend auf böse (1. Mos. 8, 21; 6, 5; Joh. 3, 6) und fleischlich gesinnt (Röm. 8, 5) und dies eine Feindschaft gegen Gott (Röm. 8, 7) ist, so geht daraus (wie gesagt), von selbst hervor, daß ein solcher Glaube, wie er im vorigen Artikel dargestellt ist, aufrichtige Besserung (Apostg. 3, 19), Bekehrung (Apostg. 26, 20; 17, 30), und Erneuerung des Lebens in sich schließt (Röm. 8, 1; Joh. 1, 12. 13) und mit sich bringt. Darum wird dann auch auf die Bekehrung eben so stark, als auf den Glauben gedrungen (Mark. 1, 15; Apostg. 2, 38), wie der Herr Christus selbst denn auch auf das Feierlichste versichert hat: Daß Niemand das Reich Gottes sehen wird, er sei denn wiedergeboren worden (Joh. 3, 3; Luk. 13, 3—5).

Hieraus erkennen wir, daß alle Menschen bekehrt werden müssen, wenn sie Vergebung der Sünden empfangen (Jes. 45, 22; Luc. 24, 47), und geschickt werden sollen mit Gott, der ein Licht (1. Joh. 1. 5) ist, Gemeinschaft zu haben (1. Joh. 1, 6. 7), und ihm Frucht zu bringen (Matth. 12, 33—35; 7, 18), weil weder Bekenntnis (Matth. 7, 21), noch Taufe (1 Petr. 3, 21), noch Abendmal, noch sonst ein Äußerliches (Gal. 5, 6), ohne Erneuerung des Lebens (Eph. 4, 22—24; Gal. 6, 15), etwas dazu beitragen kann, Gott zu gefallen.

Zu dieser notwendigen Bekehrung, wenn sie anders rechter Art und eine Bekehrung zum Herrn (Hos. 14, 2; Jer. 4, 1) sein soll, ist nicht hinreichend, daß jemand in seinem Gewissen überzeugt ist: er müsse das Böse lassen und das Gute tun, denn dies findet sich selbst bei Heiden (Röm. 2, 14, 15) und bei vielen der größesten Sünder (Apostg. 24, 25). Ferner ist es auch nicht genug, daß man zu Zeiten einige gute Vorsätze faßt (Matth. 21, 28—30) oder dieses und jenes Gute tut (Mark. 6, 20), ohne daß das Herz aufrichtig zu dem Herrn gewandt (Apostg. 8, 21): denn in diesem Zustande kann man wol dem Reiche Gottes nahe kommen (Matth. 13, 20—22), gleichwol aber doch von selbigem ausgeschlossen bleiben (Matth. 25, 11. 12; Luk. 13, 24). Sondern zur wahren Bekehrung gehört eine solche Erkenntnis (Ps. 51) und Überzeugung von der Sünde (Joh. 16, 8), daß man nicht allein um der Strafe willen Reue darüber bezeugt, sondern vornemlich darum, weil man Gott dadurch entehrt (Matth. 1, 6; Jes. 1, 2—4), beleidigt (5. Mos. 32, 5. 6; Dan. 9, 5—19) und verloren hat; denn die Trauer um Gott ist es, die da wirket zur Seligkeit, eine Reue, die niemand gereuet (2. Kor. 7, 10). Die so trauern, sollen getröstet werden (Matth. 5, 4). Die so beschaffen sind, beschulbigen sich selbst (Hiob 42, 6; Hes. 36, 31); hassen und lassen die Sünde (Ps. 119, 104), und fassen von Herzens Grund den Entschluß: Ich will mich aufmachen (Luk. 15, 18)! Ich will bekennen (Ps. 32, 5)! und sie tun dies auch wirklich (1. Chron. 22, 8), indem sie bußfertig um Vergebung flehen (Luk. 18, 13; Ps. 51), ihren ganzen Willen verändern (Röm. 6, 17) und trachten zu wissen (Apostg. 9, 6) und zu tun (Ps. 40, 9; Eph. 6, 6), was dem Herrn wolgefällig (Eph. 5, 10) ist.

Wenn dieser inneren Erneuerung des Verstandes und des Willens (Röm. 12, 2; Tit. 3, 5) sowol, als wegen der äußerlich wirksamen Veränderung (Matth. 18, 3; Röm. 12, 2) und Erneuerung des Lebens (Röm. 6, 4), wird diese wahre Bekehrung auch eine neue Geburt genannt, ein wiederum geboren werden (Joh. 3, 7), eine Wiederschaffung (2. Kor. 5, 17; Eph. 2, 10—15) u. dgl., weil in der Tat eine so große Veränderung des Zustandes und der Wirksamkeit dadurch zu Wege gebracht wird, als wenn ein steinernes Herz weggenommen, und ein fleischernes Herz empfangen wäre, in welches der Herr sein Gesetz schreibt (Hes. 36). Daher dieselbe nichts Geringeres bewirkt als einen Übergang von der Sünde zur Tugend (Röm. 6, 17—22), vom Tode zum Leben (1. Joh. 3, 14), von der Finsternis zum Licht (Eph. 5, 8), von der Gewalt des

Satans zu Gott (Apostg. 26, 18) u. s. w., wiewol anfänglich alles noch schwach ist und des Wachstums (Kol. 1, 11—14) und der Stärkung (Eph. 6, 10) bedarf.

Diese wahre Bekehrung und neue Geburt ist dann, eben wie der Glaube, ein geistlich Leben, das aus Gott ist (Eph. 4, 18; Röm 6, 11; Gal. 2, 19. 20; Apostg. 11, 18; Tit. 3, 5; Ps. 51, 12), eine Gabe Gottes und Christi, um welche man bitten und für welche man danken muß, als für eine Woltat, an welcher unsere ganze Glückseligkeit hängt (Tit. 3, 5; 1. Petr. 1, 3; 21—23; 2, 25), zu welcher aber doch auch neben und durch göttliche Gnadenwirkungen (Phil. 2, 12. 13; 4, 13), auf unserer Seite aufrichtige Bemühung (Luk. 8, 18; Jak. 1, 21; Luk. 13, 24) und großer Fleiß erfordert wird, wie aus den vielen Ermanungen (Hes. 18, 30—32; Mark. 1, 15), Verheißungen (Jes. 55, 7; Luk. 7, 30—34; Matth. 11, 20), Drohungen und Verweisen, die darauf hinzielen, zur Genüge erhellt.

XX. Von der Rechtfertigung aus dem Glauben.

Durch den Glauben, der, wie gesagt, eng mit der Bekehrung und Wiedergeburt verbunden ist, erlangt ein armer und gebeugter Sünder (Luk. 18, 13; Matth. 5, 3) von Gott (Röm. 8, 33), nicht weil er es auf irgend eine Art verdient hat, sondern allein aus Gnaden (Tit. 3, 5), um des vollkommenen Gehorsams (Röm. 5, 18. 19) und des vollgültigen Opfers Christi willen (Hebr. 10, 10), wahre Rechtfertigung (Röm. 3, 24—26), Freiheit und Lossprechung (Röm. 5, 8—11) von allen seinen Sünden (Apostg. 13, 38. 39), wie groß dieselben immer sein mögen (Jes. 1, 18; Ps. 32 u. 51; Röm. 5, 6—10), sowie auch Gemeinschaft (1. Kor. 1, 9), mit Christo, nebst Anteil (Hebr. 3, 14) und Recht an ihm und an allen Heilsgütern, welche er seinem Volke erworben hat (1. Kor. 1, 30), und von denen ein jedes zu seiner Zeit nach seiner Weisheit aus seiner Fülle geschenkt wird (Eph. 4, 7; Joh. 1, 14—16).

In dem Gerichte Gottes ist diese alle Erkenntnis übersteigende Woltat (Joh. 3, 16; Röm. 5, 6—10) ein für allemal geschehen und geschenkt (2. Kor. 5, 17—19), da der Sohn Gottes als Bürge (in eben dem Maß ist Jesus eines um so vorzüglicheren Bundes Bürge geworden [Parallel Bib.], Hebr. 7, 22) und Erlöser seines

Volkes an ihrer Statt (1. Petr. 3, 18; 2. Kor. 5, 21) alles dargebracht (1. Tim. 2, 5. 6; Hebr. 10, 4—10), getan (Joh. 17, 4) und gelitten (Phil. 2, 8—10; Röm. 3, 25; 2. Kor. 5, 18. 19) hat, was die beleidigte göttliche Majestät forderte, um sich mit der Welt zu versöhnen. Darum rief der Sohn Gottes am Kreuze, als er seine Seele in den Tod gab: „Es ist vollbracht!" (Joh. 19, 30) und davon waren auch das Zerreißen des Vorhanges (Hebr. 10, 14—20), Christi glorreiche Auferstehung und Himmelfahrt (Pf. 68, 19; Röm. 1, 4; 4, 18—25; Apostg. 1, 1—12), die Ausgießung des heiligen Geistes, und die Predigt des Evangeliums in der ganzen Welt herrliche Beweise.

Vor dem Richterstuhl des Gewissens geschieht dieselbe aber erst dann, wenn der wahre Glaube vorhanden, und nicht eher, indem der Glaube das von Gott ausdrücklich verordnete Mittel ist (Joh. 6, 40; 3, 16), um wirklich und persönlich Teil an Jesu Christo und den von ihm erworbenen Heilsgütern zu erlangen, aus welchem Grunde die evangelische Rechtfertigung immer mit dem Glauben verbunden wird (Röm. 3, 22. 28. 30; Joh. 3, 16—18. 36), und deswegen auch unzertrennlich damit verbunden bleibt.

Daher kommt es (wie bereits, Artikel 18, gesagt worden), daß ein wahrhaft überzeugter Sünder, arm (Jes. 66, 2) und beladen (Matth. 11, 28), seine Zuflucht zu diesem gnadenreichen Christum nimmt, nach ihm hungert mit Weinen und Seufzen (Jer. 3, 21. 22) (als in sich selbst verloren); Ihn fußfällig anfleht um Vergebung der Sünden, um Aufnahme zur Kindschaft (2. Kor. 6, 16—18; Gal. 4, 4—6) Gottes, um zu schmecken und zu empfinden, wie freundlich der Herr sei (1. Petr. 2, 3), daß er unsere Blöße decke, in uns wohne und wandle (Joh. 14, 23; Eph. 3, 17), und wir in ihm erfunden werden (Röm. 8, 1; Phil. 3, 9); flehend, daß er unsere Seele heile (Matth. 4, 2) von den Gebrechen (Matth. 9, 12), von unserer geistlichen Blindheit (Jes. 35, 5; Eph. 1, 18; Offb. 3, 18), Taubheit, Dürre (Pf. 63, 2; 119, 81—83), Aussatz (Pf. 38, 4—9; Jes. 1, 6) und alle unsere andern geistlichen Krankheiten (Pf. 103, 3); daß er uns taufe mit seinem heiligen Geist (Matth. 3, 11); nähre und tränke mit himmlischer Speise und Trank (Joh. 6, 48—51; 7, 37. 38), und uns seiner göttlichen Art und Natur teilhaft mache (2. Petr. 1, 2—4), also, daß wir gesinnt sind, wie Jesus Christus auch war (Phil. 2, 5; Matth. 5, 44—48); damit durch diese seine Gnade unser alter Mensch samt ihm gekreuzigt werde (Röm. 6, 4—6; Gal. 5, 24), und wir der Gemeinschaft seines Leidens teilhaft (2 Kor. 4, 10. 11; Phil. 3, 10), und seinem Tode gleichförmig werden, wie auch zu einem neuen Leben auferstehn, um aus eigner Erfahrung die Kraft seiner Auferstehung (Eph. 1, 19. 20) zu erkennen, zum Preise und zur Herrlichkeit seines himmlischen Vaters (Röm. 6, 17). — Das heißen wir Christum nach dem Geist kennen (Joh. 10, 14), wodurch das ewige Leben empfangen wird (Joh. 17, 3; 1. Joh. 2, 4. 5); wobei wir offenherzig gestehen, daß ohne diese geistliche Erkenntnis, oder ohne diese Wirksamkeit und Erfarung, die buchstäbliche oder geschichtliche Kenntnis von Christo nicht hinlänglich ist, selig zu werden (Röm. 2, 17—20; Tit. 1, 16; 1. Kor. 13, 1—3). Geschieht hingegen die Zufluchtnahme zu Christo in Wahrheit (Ps. 145, 18) und mit Anhalten im Gebet (Luk. 18, 7; Röm. 12, 12): so glauben wir, daß unfehlbar, wiewol zu gottgefälliger Zeit, Gnade gefunden (Matth. 7, 7—11), wie auch Aufnahme in den Bund mit Gott erhalten werde (2. Kor. 6, 18), wodurch ein jeder, der so beschaffen, ein Eigentum Jesu Christi wird (2. Tim. 2, 19).

Für die untrüglichsten äußerlichen Beweise von dieser großen Seligkeit halten wir die Früchte der Gerechtigkeit, als da sind: aufrichtige Liebe zu Gott (1, Kor. 8, 3; Luk. 7, 47), und zu den Brüdern (1. Joh. 3, 14), ja zu allen Menschen, tätige Gottesfurcht (1. Joh. 3, 18. 19) und ernstliche Beobachtung der Gebote Gottes (1. Joh. 5, 1—4). Die innern Beweise aber sind: Friede mit Gott (Röm. 5, 1; Jes. 32, 17), neue, geistliche Freude (Jes. 61, 10; 29, 19), wie auch feste Versicherung (Röm. 8, 38, 39) und Versiegelung des heiligen Geistes (2. Kor. 1, 21. 22; 5, 5; Röm. 8, 16; Eph. 1, 13; 4, 7. 30; 1. Joh. 4, 13); alles nach dem Maße der Gabe Christi.

XXI. Von den guten Werken, oder von der Gottesfurcht der wahren Gläubigen.

Unter guten Werken, zu welchen die gläubigen in Christo Jesu geschaffen sind, um darin zu wandeln (Eph. 2, 10), müssen wir nicht diejenigen Werke verstehen, die allein äußerlich sind (Luk. 11, 39), und nur einen Schein des Guten haben (Matth. 23, 28), wie die Werke der Pharisäer (Matth. 6, 23); auch nicht diejenigen, die allein aus natürlichen und bürgerlichen Rücksichten geschehen (Matth. 5, 44—47; Luk. 6, 32), welche, obwol sie an sich gut und anständig sind, dennoch das wahre Christentum nicht ausmachen; auch nicht diejenigen, welche nur aus einem knechtischen (Gal. 4, 7; Joh. 15, 15) oder gesetzlichen Wesen hervorgehen (Röm. 9, 31. 32; 10, 1—4), mehr aus Furcht und Zwang (Röm. 8, 15; 1. Joh. 4, 18) als aus Liebe (Gal. 5, 6; 1. Tim. 1, 5); denn in diesen allen sind Jünger Christi zu einer besseren Gerechtigkeit berufen (Matth. 5, 20).

Darum halten wir allein diejenigen für gute Werke, die Gott in Christo angenehm (1. Petr. 2, 5; Röm. 12, 1. 2; Hebr. 12, 28) sind, die in Gott getan werden (Joh. 3, 21), die hervorgehen aus dem Glauben (Hebr. 11, 6), aus der Liebe (1. Joh. 4, 8), aus wahrer Dankbarkeit (1. Joh. 4, 19), aus einem erneuerten (Eph. 5, 8—10) und veränderten Sinn (Röm. 12, 2), aus kindlicher Furcht (Spr. 14, 27), kurz, aus der Gemeinschaft mit Christo (Joh. 15, 5) in der Kraft seines heiligen Geistes und durch dieselbe (Eph. 5, 9—11; Gal. 5, 22—24).

In Hinsicht auf Gott gehört dazu ein demütiger Wandel mit Ihm (Micha 6, 8) und vor seinem Angesicht (1. Mos. 17, 1), in herzlicher Liebe (Matth. 22, 37—40; Eph. 5, 1. 2), Dankbarkeit (Kol. 1, 12), Lobpreisung (1. Kor. 6, 20), kindlicher Furcht (1. Petr. 1, 17), Gehorsam (Eph. 6, 6) u. s. w.

In Hinsicht auf den Nächsten bestehen selbige in einer tätigen (1. Joh. 3, 18; Jak. 2, 16) und anhaltenden (1. Thess. 5, 15) Übung der Gerechtigkeit (Tit. 2, 12), Bescheidenheit (Phil. 4, 5; Tit. 3, 2; Jak. 3, 17), Freundlichkeit (1. Petr. 3, 8; 2. Tim. 2, 24; Phil. 2, 3. 4), Dienstfertigkeit (Gal. 5, 13), Woltätigkeit (1. Tim. 6, 17. 18; Hebr. 3, 16) u. s. w., in dem Streben, das Beste des Nächsten, sowol der Seele als dem Leibe nach, zu fördern (3. Mos. 19, 17), und zwar nicht allein das der Brüder (Röm. 12, 10; Hebr. 13, 1; 1. Joh. 3, 16), sondern aller (2. Petr. 1, 7; 1. Thess. 3, 12), ja selbst der Feinde (Röm. 12, 20).

In Hinsicht seiner selbst gehört dazu eine heilige Sorgfalt und ein Kampf (Luk. 12, 1—5; 17, 3; 21, 34; Eph. 6, 10—18; 2. Petr. 3, 17; Hebr. 12, 1—4. 12—18) gegen alle Arten der Unmäßigkeit (Tit. 2, 4—6; 1. Tim. 2, 9. 10) und weltlichen Begierden (2. Petr. 1, 4; 1. Joh. 2, 16), gegen alle unreinen Regungen und Lüste des Fleisches (Röm. 13, 14; 1. Petr. 2, 12), gegen den Hochmut (Röm. 11, 20; Ps. 19, 14), und alle seine unseligen Ausgeburten (Jak. 4,·1—6; Matth. 15, 19), als da sind: Haß, Neid, Zorn, unbesonnene (Gal. 5, 19—21), leichtfertige (Matth. 12, 36) und harte Worte (Matth. 5, 37; Jak. 5, 11. 12), schandbare Reden (Eph. 4, 29) und was dergleichen Dinge mehr sind. Auf daß also die Werke des Leibes der Sünde (Röm. 8, 13; 7, 23. 24) und seiner Glieder, die auf Erden sind, getödtet werden (Kol. 3, 5) und die (der Sünde) entgegengesetzten Tugenden angezogen (Kol. 3, 12—14), damit wir der Gerechtigkeit leben (1. Petr. 2, 24), in der Heiligung zunehmen (Hebr. 12, 14; Offb. 22, 11) und dieselbe in der Furcht Gottes vollenden (2. Kor. 7, 1; 1. Thess. 3, 13).

XXII. Von dem Beharren in der Heiligung.

Eines solchen neuen, geistlichen Lebens, würdiglich des Herrn und fruchtbar in guten Werken (Kol. 1, 10. 11; 1. Thess. 2, 12) (wie im vorigen Abschnitt gezeigt), befleißigen sich wahre Gläubige nicht allein deswegen, weil sie dazu berufen und verpflichtet sind (Eph. 4, 1—3; 2. Petr. 1, 5—10), sondern auch darum, weil sie, kraft ihrer neuen Geburt aus Gott (1. Joh. 3, 9), einen inneren Trieb (Ps. 119, 35) und eine angeborne Neigung dazu haben (2. Kor. 5, 9). Sie finden daran eine heilige Lust (Röm. 7, 22) geistlichen, großen, ja göttlichen Frieden und Trost (Apostg. 9, 31), Wachstum in der Erkenntnis Gottes (Kol. 1, 10. 11) und Jesu Christi (Eph. 4, 15), kurz, das Leben ihrer Seele. Durch das Gegenteil aber tun sie ihrer Seele Gewalt an (Spr. 8, 36), jagen dem Tode nach (Röm. 6, 16; 8, 6) und verursachen sich empfindliche Schmerzen (1. Tim. 6, 10).

Darum ist es ihrer erneuerten Natur zuwider, und es streitet mit derselben, Sünde zu tun (1. Joh. 3, 6—9). Sie werden überdies sehr sorgfältig bewacht und bewahrt (Ps. 23; Sacharja 2, 8; Jud. 1) durch den treuen Hirten (Joh. 10, 1—16; Hes.

34, 11—31) und Bischof ihrer Seele (1. Petr. 2, 25), wie auch von seinem himmlischen Vater, der größer ist denn alles (Joh. 10, 29), also, daß es keiner fremden Macht möglich ist, sie solchen treuen Händen, durch welche sie zur Seligkeit bewahrt werden (1. Petr. 1, 5), zu entreißen (Joh. 10, 28. 29).

Daher es auch kaum nötig scheint, daß Jemand sie lehre (1. Joh. 2, 27), wenn sie nur beständig und wie sich's geziemet, in Christo bleiben (1. Joh. 3, 6) und bei dem, was sie von Anbeginn gehört haben (1. Joh. 2, 24).

Weil sie aber diesen Schatz in irdenen Gefäßen tragen (2. Kor. 4, 7) und in ihrem Fleische nichts Gutes wohnt (Röm. 7, 18), sondern im Gegenteil ein Gesetz, welches streitet mit dem Gesetz in ihrem Gemüt (Röm. 7, 23), weil sie überdies mit mancherlei Verführungen der Welt (1. Joh. 2, 16) und Versuchungen des Teufels (Eph. 6, 11; 1. Petr. 5, 8) umgeben sind, und der Herr dieses alles also geschehen läßt, ihren Gehorsam und ihren Glauben zu prüfen (5. Mos. 8, 2. 16—18), und sie durch die Erfarung ihrer Schwachheit zu demütigen (2. Kor. 12, 7), so wird ohnerachtet alles Obengesagten, oder vielmehr kraft desselben (1. Petr. 1, 5—7; Phil. 2, 13) nichts geringeres von ihnen gefordert, als männliche Wachsamkeit und Ernst (1. Kor. 16, 13), um nicht wieder zurück zu weichen (1. Tim. 1, 6; 6, 20. 21; Hebr. 3, 12), träge zu werden (Hebr. 6, 12; 3, 13; Röm. 12, 11), das was sie bereits empfangen, wieder zu verlieren (2. Joh. 8), aus ihrer Festung zu fallen (2. Petr. 3, 17), und von der Sünde überwunden zu werden (2. Petr. 2, 20), wie dies sich bei vielen gezeigt hat, die anfangs wol liefen (Gal. 5, 7), nachher aber matt (Hebr. 12, 3—5) wurden, und mit genauer Not, nicht ohne große Gemütsangst (2. Sam. 24, 14) und schwere Züchtigungen (Pf. 38, 1—19; Pf. 51; Pf. 130) wieder auf den rechten Weg gebracht wurden (Pf. 32, 1—5; Pf. 40, 1—4): geschweige, daß dies nicht einmal von allen aufgezeichnet ist.

Aus diesem Grunde ist die ganze Schrift mit Ermanungen angefüllt, ernstlich zuzusehen (Hebr. 3, 12. 15), zu wachen (Luk. 21, 36; Offb. 16, 15; Matth. 26, 41), und allzeit zu beten (Eph. 6, 18; Luk. 18, 1; Röm. 12, 12), um gute Werke zu tun (Tit. 3, 8), und fleißig (Tit. 2, 14), reich (1. Tim. 6, 18), voll (Apostg. 9,

36), ja überfließend darin zu werden (1. Kor. 15, 58; 2. Kor. 9, 8; 2. Petr. 1, 8); auch um auf einander aufmerksam zu sein (Hebr. 10, 24. 25), einander zu ermahnen (1. Thess. 5, 11), und mit und für einander zu beten (Jak. 5, 14—18), und daß selbst die aufrichtigsten Herzen solches nicht für unnütz und unnötig halten dürfen (2. Petr. 1, 12. 13; 3, 1; Phil. 3, 1; Hebr. 3, 12—14).

XXIII. Von der Kirche oder der Gemeine Christi.

Solche Gläubige, bekehrte, und dem Vorbilde der Lehre gehorsame Menschen (Röm. 6, 17), wie oben genannt, machen, als eben so viele lebendige Steine (1. Petr. 2, 5), zusammen einen heiligen Tempel in dem Herrn (1. Kor. 3, 16. 17; Eph. 2, 20. 21) aus, die wahre Kirche (Hebr. 12, 23), das Volk Gottes (Hebr 4, 9), oder die Gemeine Jesu Christi (Matth. 16, 18), welche er durch sein eigen Blut erworben hat (Apostg. 20. 28).

Diese Kirche ist unserm Bekenntnis nach nur eine (Joh. 10, 16), weil die Glieder derselben (1. Kor. 12), ungeachtet ihrer viele (Offb. 7, 9) und sich nach ihren Verrichtungen sehr verschieden sind (Röm. 12. 4—6), doch nur einen Leib ausmachen (Eph. 4, 4—6), von dem Jesus Christus das Haupt ist (Kol. 1, 18; 2, 19). Sie ist bekannt unter den Benennungen: Volk Gottes (Hebr. 4, 9), seine Heiligen (Pf. 50, 5; 85, 9), das Himmelreich (Matth. 13; 18, 23; 25, 1), das Reich Gottes (Matth. 12, 28), das Reich seines lieben Sohnes (Kol. 1, 13; Eph. 5, 5) u. s. w.

Heilig nennen wir diese Kirche, nicht weil ihre Glieder von ihrer Sündhaftigkeit befreit sind, so lange sie hienieden leben (1. Joh. 1, 8; Spr. 1, 9), sondern deswegen, weil sie durch Gott den Vater geheiligt sind (Juda 1) in Christo Jesu 1. (Kor. 1, 2); sowol durch seine Heiligung für sie (Joh. 17, 19; Eph. 5, 26; Hebr. 2, 11), als durch ihre wirkliche Absonderung von der Welt (2. Petr. 1, 4; 2. Kor. 6, 17) und ihren Übergang in das Reich des Sohnes Gottes (Kol. 1, 13), um dem Herrn in Heiligkeit und Gerechtigkeit zu dienen ihr Leben lang (Luk. 1, 74. 75).

Daß diese Kirche eine allgemeine ist, bekennen wir, weil in ihr der Unterschied der Völker ganz und gar aufgehoben (Röm. 10, 12; Eph. 2, 14), und die Glieder derselben in allen Weltteilen zerstreut

(Matth. 24, 31) sind unter allen Nationen, Sprachen, Völkern und Geschlechtern (Offb. 7, 9); daher es sich auch von selbst versteht, daß diese wahre Kirche nicht bei einem besonderen Volke, oder bei einer besondern Art von Bekennern (Apostg. 10, 35; 1. Kor. 3, 1—5) mit Ausschließung der übrigen gesucht, und auf diese beschränkt werden muß (Luk. 17, 21. 23; Matth. 24, 26; Mark. 13, 21).

Christlich nennen wir sie, weil wir damit allein diejenigen meinen, die an Jesum Christum glauben (Joh. 1, 12), mit ihm vereinigt sind (Joh. 15), ihm als seine Schafe angehören, ihn kennen, ihm gehorchen und folgen (Joh. 10, 12. 27), und daher auch von ihm auf das zärtlichste geliebt (Eph. 5, 30), erhalten (Eph. 5, 29), geleitet (Joh. 10, 3. 4), bewahrt (siehe Artikel 22) und beschirmt (Joh. 10, 12—15. 27. 28) werden, die Schwachen sowol als die Starken (Jes. 40, 11. 25—31).

Dieser vorhin gedachten innigen Beziehung wegen, welche die Glieder des geistlichen Leibes Jesu Christi gegen einander haben, ist es nun sein ausdrücklicher Wille (Mark. 10, 42—45; Matth. 23, 11; Mark. 9, 35), daß diese seine Heiligen auch Gemeinschaft pflegen sollen (Joh. 13, 34. 35; 17, 22. 26), und dies nicht auf eine beschränkte Weise (Matth. 5, 46—48), nur mit diesen oder jenen, mit denen sie vorzüglich vereinigt sind, oder die sie besonders zu ihrer Förderung geschickt halten, — denn das folgt von selbst, sondern auch überhaupt mit allen (Apostg. 4, 32; 1. Thess. 3, 12; 5, 15; 2. Thess. 1, 3), sogar mit solchen, welche die Allerschwächsten (Apostg. 20, 35; Röm. 14, 1; 1. Thess. 5, 14) und Unbedeutendsten zu sein scheinen (1. Kor. 12, 22—24), weil solche vorzüglich geistliche Hülfe nötig haben (Gal. 6. 1). Hat doch Gott die Glieder des Leibes dergestalt zusammengefügt (1. Kor. 12, 24—27) und begabt, daß sie für einander gleiche Sorge tragen müssen (1. Kor. 12, 17—31; Röm. 12, 3—10), so daß diejenigen, die stark sind, die Schwachheiten der Unvermögenden tragen, und nicht an sich selber Gefallen haben sollen (Röm. 15, 1—3. 14 ganz). Aus diesem Grunde geziemt es sich auf der einen Seite nicht, daß jemand unter ihnen von dem andern denke: ich bedarf deiner nicht (1. Kor. 12, 21. 22), noch auf der andern Seite, daß jemand seine Gaben für sich selbst allein besitze (Röm. 12, 4—8), sondern ein jeder ist verpflichtet, selbige, soviel möglich ist, zum allgemeinen Nutzen anzuwenden (Mark. 4, 21; 1. Petr. 4, 10. 11).

Aus diesem Grunde sind die gemeinschaftlichen Versammlungen (1. Kor. 11, 18—20; Apostg. 2, 1) der Gläubigen notwendig, von dem Herrn Jesu angepriesen (Matth. 18, 19. 20) und ebenso von seinen Aposteln (Hebr. 10, 23—25). Daher wurden sie auch von unserm Herrn selbst stets besucht (Luk. 4, 16), wie auch von seinen, an Liebe reichen Jüngern, selbst mit Gefahr ihres Lebens (Joh. 20, 19; Apostg. 12, 12—16), um auch auf diese Art Gott öffentlich zu dienen (Apostg. 13, 1—3; Eph. 4, 11. 12), und ihn einmütig, wie mit einem Munde, zu loben (Röm. 15, 6; (Apostg. 11, 18); Jesum Christum vor der ganzen Welt zu bekennen (Matth. 10, 32; Röm. 10, 10; 1. Tim. 6, 12;) Gemeinschaft mit einander zu unterhalten (Apstg. 2, 42), und in der Lehre (1. Tim. 4, 13; 1. Kor. 14, 26), wie im Brodbrechen (Apostg. 20, 7) und im Gebete (Matth. 18, 19. 20) zu verharren. Deswegen bitten wir alle Jünger Christi Jesu, sich denselben nicht aus Eigensinn oder Eigendünkel zu entziehen (Hebr. 10, 23—25), weil selbst die Schwächsten und Wenigstbegabten an des Herrn Tempel brauchbar sein können; wenn nur ihr Wandel zum Vorbild gereicht (1. Petr. 3, 1—5), wenn sie in Werken der Liebe tätig sind (Röm. 16, 1—6; Hebr. 6. 10), und durch ihre christliche Fürbitte die Hände der Knechte des Herrn unterstützen.

Und wenn gleich eine Menge Heuchler (2. Tim. 3, 5; Juda 12) und unbekehrte Menschen (Röm. 12, 2) unter Jesu Schafen, die sein Eigentum sind (Joh. 10, 14. 27), sich mischen möchten, wie solches zu jeder Zeit, bald weniger bald mehr, auf der Tenne der äußern Kirche geschehen ist, und weil die Beschränktheit unserer Kenntnis in Beziehung auf das Innere solches nicht anders zuläßt: so müssen wahre Jünger Jesu (Joh. 8, 31) sich darüber nicht sogleich entsetzen, oder sich aus Mutlosigkeit zurückziehen, sondern suchen als Lichter zu leuchten (Matth. 5, 13—16), und in dem Hause ihres Gottes Pfeiler zu werden (Offb. 3, 12), eingedenk, daß der Sohn Gottes die häusliche und äußere Vereinigung der Kirche nicht anders dargestellt hat, als mit törichten Jungfrauen vermischt (Matth. 25, 2; Luk. 17, 34—36). Doch der feste Grund

Gottes besteht und hat dieses Siegel: Der Herr kennt die Seinen, und es trete ab von der Ungerechtigkeit, wer den Namen Christi nennt, und was weiter folgt (2. Tim. 2, 19).

XXIV. Von den Dienern der Kirche.

In Hinsicht auf die Diener der Kirche erwägen wir ehrfurchtsvoll, daß Gott kein Gott der Unordnung (1. Kor. 14, 33) ist, und daß der Herr Christus, um die obengenannte Vereinigung und Erbauung seines Volks zu förbern (Eph. 4, 12—15), verschiedene Ämter und Bedingungen in seiner Kirche angeordnet hat (1. Petr. 4, 10), da Er in seiner Gemeine etliche zu Aposteln, etliche zu Propheten, etliche zu Evangelisten, etliche zu Hirten und Lehrern gesetzt, damit die Heiligen zugerichtet werden zum Werke des Amts, zur Erbauung seines Leibes (Eph. 4, 11—16) u. s. w.

Ob nun gleich der Herr, so lange Er noch auf Erden war, solches selbst, unmittelbar (Mark. 3, 14; Luk. 9, 1. 2) und aus freier Macht (Joh. 15, 16) tat, in Beziehung auf die ersten Gründer (1. Kor. 3, 10—15) seiner Kirche (Eph. 2, 20. 21), welche Er dazu auch mit außerordentlicher Gnade (2. Kor. 4, 5. 6) und mit Gaben des heiligen Geistes (Apostg. 2, 1—4) ausrüstete, so wissen wir doch zur Genüge, daß Er gleichfalls gewollt und befohlen haben müsse (wir dürfen dies annehmen nach Apostg. 1, 2. 3; vergl. mit Röm. 15, 18), daß dies nachher in Beziehung auf die ordentlichen und gewöhnlichen Diener seiner Kirche, die nämlich nur auf den bereits gelegten Grund fortbauen sollten (1. Kor. 3, 11), mittelbar geschehen solle (und die deswegen jederzeit den Erstbenannten, „den Aposteln", untergeordnet blieben) (1. Kor. 14, 37). Hievon halten wir uns aber versichert, teils weil die gute Ordnung solches fordert (Matth. 12, 25), und weil die Verheißung der Hülfe Christi den Predigern des Evangeliums bis an der Welt Ende gegeben (Matth. 28, 20) ist, teils weil die Apostel solches beständig getan und befohlen haben (Apostg. 14, 23; Tit. 1, 5).

Daher glauben wir, es sei die Pflicht aller Gemeinen der Heiligen (2. Tim. 2, 2), daß sie nach dem Vorbilde und den Verordnungen der Apostel diese Einrichtung beibehalten (1. Kor. 11, 2;

2. Thess. 2, 15); daß sie nämlich, dem Befehle Christi gemäß, den Herrn der Ernte bitten, Er wolle Arbeiter in seine Ernte senden (Matth. 9, 37. 38), daß sie sich aber dabei auch nach solchen Männern umsehen, die ein gutes Zeugnis haben, und so viel von dem heiligen Geiste, dem wahren Glauben (Apostg. 6, 2—5) und andern erforderlichen Eigenschaften, als sie nur immer erlangen können (2. Tim. 2, 24—26; Tit. 1, 6—9); ferner, daß sie solchen unter Anrufung des Namens des Herrn (Apostg. 1, 23—26) mit möglichst allgemeiner Zustimmung (Apostg. 1, 26; 6, 2. 3; 14, 23) Erwählten (also ohne Kränkung des gemeinschaftlichen Rechts der gesamten Brüderschaft, viel weniger mit Unterbrückung derselben,) (Apostg. 6, 5; Jak. 2, 1—9; 1. Petr. 5, 1—4), wenn sie die Wahl angenommen, nach vorhergegangener Untersuchung und Prüfung (1. Tim. 3, 10; Röm. 12, 7. 8; 1. Kor. 9 ganz), die notwendige Verwaltung der Gemeine-Angelegenheiten übergeben müssen (Apostg. 6, 3), und sie darauf feierlich in ihrem Amte befestigen (1. Tim. 4. 14).

Diejenigen, welche auf diese Weise gesetzmäßig zum Aufseheramte erwählt (1. Tim. 3, 1) sind, und dasselbe in dem Herrn gläubig angenommen haben (Kol. 4, 17), haben denn auch hochwichtige Verpflichtungen gegen die Gemeine, und diese wiederum gegen jene. Den Hirten und Lehrern liegt es ob, die Gemeine Gottes zu weiden, indem sie allewege reden, wie sich's geziemet nach der heilsamen Lehre (1. Tim. 6, 3—5; 2. Tim. 1, 13; Tit. 1, 9; Tit. 2, 1; 1. Petr. 5, 1. 2), ihr den ganzen Rat Gottes zu verkündigen (Apostg. 20, 26—28), und so viel an ihnen ist, als treue (1. Kor. 4, 1. 2; 2. Tim. 2, 2) und umsichtige Haushalter (Luk. 12, 42), einem jeden sein bescheiden Teil (1. Kor. 9, 22) nach seiner Lage und nach seinem Zustande (1. Tim. 5, 1. 5) darzureichen (1. Petr. 4, 10; 1. Kor. 4, 1); über die Gemeine zu wachen (Hebr. 13, 17) und ihr vorzuleuchten (1. Petr. 5, 3) mit Beispiel und gottesfürchtigem Betragen (1. Tim. 4, 12).

Die Diakonen (Kirchenvorsteher) haben ebenso und in vielen Stücken gleiche heilige Verpflichtungen (1. Tim. 3, 8—13); sie müssen die Gemeine gottesfürchtig regieren helfen (1. Tim. 5, 17), die gewöhnlichen Gaben sammeln, dieselben nebst dem, was sonst vorhanden ist, treulich verwalten, und wo solches Not tut, auf die

beste Art (2. Kor. 8, 19—21), unparteiisch, mit Liebe und mit
Freundlichkeit austeilen (2. Kor. 9, 5—14).

Dagegen ist die Gemeine auf ihrer Seite schuldig, dieselben in
Ehren zu halten (Phil. 2, 29), ihnen untertan zu sein (Hebr. 13,
17), sie um ihres Wortes willen hoch zu schätzen (1. Thess. 5, 12.
13), sie nicht leichtsinnig zu beschuldigen (1. Tim. 5, 19), viel
weniger zu betrüben und den Geist zu dämpfen (1. Thess. 5, 19),
sondern für sie zu beten (Kol. 4, 3. 4; Phil. 1, 19; 4, 10—19;
2. Thess. 3, 1. 2; Hebr. 13, 18) und sie mit genügendem Unter=
halt freundlich zu versorgen (Gal. 6, 6; Matth. 10, 10; 1. Kor.
9, 7—14; 2. Kor. 11, 7—9; 1. Tim. 5, 18), so aber, daß ihrem
Amt und ihrer Verwaltung keinerlei Gewissen bindendes Ansehen
einzuräumen (Matth. 15, 9) ist, als insofern ihre Worte und Ver=
anstaltungen mit dem Worte Gottes (Phil. 3, 17; 1. Joh. 4, 1;
Matth. 7, 16), als der einigen Regel des Glaubens und des Le=
bens (1. Tim. 6, 3—5) übereinstimmen.

XXV. Von der heiligen Wassertaufe.

In der Gemeine Jesu Christi, und durch die vorhin genannten
Diener desselben, müssen, wie wir glauben, beibehalten werden,
nicht allein der Dienst am Wort, sondern auch, wie bereits gesagt
ist, die Einrichtungen, die der Herr ihnen anbefohlen hat, nämlich
die heilige Taufe und das heilige Abendmal (Matth. 28, 19.
20): "Geht hin, macht zu Jüngern alle Völker, indem ihr sie taufet
(wörtlich: sie taufend) auf den Namen (wörtlich: in den Namen)
des Vaters, und des Sohnes, und des heiligen Geistes, indem ihr
sie halten lehrt alles, was ich euch gebot"; (Parallel=Bibel), die
erste zu einem Zeichen und Mittel der Einverleibung (Gal. 3, 27;
1. Kor. 12, 13), das letzte zu einem Stärkungsmittel in dem Bunde
mit Gott (Luk. 22, 19. 20) und der Gemeinschaft mit Jesu Christo
(1. Kor. 10, 16).

Was die heilige Taufe betrifft, so verstehen wir darunter eine
Ein= oder Untertauchung des ganzen Leibes in Wasser (Röm. 6,
4; Matth. 3, 16; Apostg. 8, 37. 38), oder eine reichliche Bespren=
gung mit demselben (welche letzte Art wir in diesen nördlichen Ge=
genden durchgehends angemessener halten, weil dieselben Wolthaten
dadurch bezeichnet werden) und solches aufs Feierlichste in den

Namen Gottes des Vaters, und des Sohnes, und des heiligen Geistes (Matth. 28, 19), um von seinetwegen den Inhalt des Gnadenbundes Gottes auf das kräftigste zu versichern, daß ein jeder, der in rechter Weise an Jesum Christum glaubt (Röm. 10, 10), und bußfertig zu ihm, als der vorgestellten Hoffnung, seine Zuflucht nimmt (Röm. 3, 25; Hebr. 6, 18), gewiß und wahrhaftig der geistlichen Woltaten teilhaftig wird, die dadurch angedeutet werden, nämlich der Abwaschung von Sünden durch das Blut (Apostg. 22, 16; Offb. 1, 5) Christi, nebst allen ihren seligen Folgen (Röm. 8, 17. 28—39.

Auf Seiten eines gläubigen Täuflings ist diese Einsetzung ebenfalls ausnehmend wichtig und schätzbar, indem derselbe dadurch, daß er sich zur Taufe darstellt, auf die feierlichste Weise seinen Glauben an Jesum Christum und an sein Blut (Röm. 3, 25) bekennt, und daß in ihm Gerechtigkeit und Stärke (Jes. 45, 24) zu finden sind, sowie, daß er flehentlich bitte, daran Teil haben zu dürfen; daß er, soviel an ihm ist, ihn, den Erlöser, in Wahrheit ergreife (Joh. 1, 12) und auf das demütigste sich selbst ihm anbiete und übergebe (Luk. 9, 23; 14, 26. 27; Matth. 10, 37), um aus Dankbarkeit und Gegenliebe (1. Joh. 4, 19; 2. Kor. 5, 14. 15; Eph. 5, 2) zu seiner Ehre zu leben (Jes. 44, 5; Röm. 6, 16. 17; 12, 1).

Wenn die christliche Wassertaufe in solcher Weise gottesfürchtig begehrt (Apostg. 8, 36), vollzogen (2. Kor. 3, 6) und empfangen wird (Apostg. 2, 41; 1. Thess. 2, 13), halten wir dieselbe in hohem Wert, als ein geistliches Heil- und Erhaltungsmittel (1. Petr. 3, 20. 21), und nichts Geringeres als ein Bad der Wiedergeburt und der Erneuerung des heiligen Geistes (Tit. 3, 5; Eph. 5, 26). Diese selige Frucht und Wirkung wird jedoch nicht durch das äußere Element des Wassers (1. Petr. 3, 21, „die Taufe, nicht ein Abtun des Schmutzes am Fleisch, sondern eine an Gott gerichtete Bitte um ein gutes Gewissen, durch die Auferstehung Jesu Christi", Parallel Bibel) erlangt, sondern durch den heiligen Geist (Matth. 3, 11; Tit. 3, 5), allein auf Grund des wahren Glaubens und der Untersuchung eines guten Gewissens vor Gott, weshalb dieselbe auch nicht vorhanden ist, wenn es dem Täufling hieran fehlt (Apostg. 8, 21).

Daher versteht es sich auch, unsers Erachtens, von selbst, daß junge, unmündige Kinder die christliche Wassertaufe zu empfangen nicht geeignet sind, indem sie diese Dinge weder verstehen noch glauben können (Röm. 10, 14). Ferner scheint es uns auch nicht richtig auf Grund der oberflächlichen Behauptung (Röm. 2, 29; Phil. 3, 3; Kol. 2, 11—15): die Taufe sei an die Stelle der Beschneidung getreten, diese hochwichtige Bundeshandlung nach der Weise des fleischlichen Gebots und des Zustandes der Kirche in ihrer Kindheit (Gal. 4, 1—3; 5, 1—6; Hebr. 7, 18. 19; 8, 7—12; 10, 19—22; Joh. 4, 23. 24) einzurichten, indem in der Kirche des Neuen Testaments alles auf Gnade und Wahrheit (Joh. 1, 17), oder auf das Wesen der vorgebildeten Dinge (Hebr. 10, 1) gegründet ist. Auch dürfen wir der Kindertaufe nicht beistimmen auf den unbestimmten und unsichern Bericht der Taufe der Juden-Proseliten hin, welche sich auf den jüdischen Talmud gründet, der als ein mit vielen Fabeln durchflochtenes Buch bekannt ist. Endlich und ganz besonders darum nicht: weil wir in allen Büchern des Neuen Testaments nicht ein einziges überzeugendes Kennzeichen finden, daß in der ältesten Kirche andere als erwachsene Personen getauft worden sind. Von Haushaltungen, die getauft wurden, werden durchgehends Dinge gesagt, die auf die Kindlein nicht anwendbar (Apostg. 10, 2. 47. 48; 16, 15. 34) sind, und bei den ausführlichsten Berichten finden wir wol, daß mehr und mehr hinzugetan wurden, die an den Herrn glaubten, eine Menge von Männern sowol als von Weibern (Apostg. 5, 14), von der Taufe der Kinder wird aber nirgends etwas gemeldet (Apostg. 8, 12).

Weil denn nun nicht ein einziger, deutlicher Beweis in Beziehung auf die Kindertaufe vorhanden ist, die Seligkeit von keinem äußerlichen Zeichen abhängt, alle Zeugnisse und Geschichten in der heiligen Schrift nur auf erwachsene Personen deuten, die Natur der Sache solches auch fordert, der Sohn Gottes selbst uns auch anders vorangegangen, und es auch zur Genüge bekannt, wie in den ersten Jahrhunderten die vornehmsten Kirchenlehrer, ohnerachtet sie von gläubigen Eltern gezeugt worden, erst wenn sie zu Jahren gekommen, getauft sind, und daß die Kindertaufe nicht ohne ernstliche Klage und festen Widerstand im zweiten und dritten Jahrhundert überhand genommen hat und durchgedrungen ist, so machen wir den Schluß, daß wir mit der Taufe warten müssen, bis unsere Kinder die Jahre des reiferen Urteils erreichen, daß wir sie von Jugend an sorgfältig unterweisen (2. Tim. 3, 15), mit ihnen und für sie beten, die Wichtigkeit der Sache, sowie die Notwendigkeit des Glaubens und der Bekehrung ihnen vor Augen stellen, und fort und fort damit anhalten müssen. So vieler ihrer dann im Laufe der Zeit ihren Glauben, ihre Buße und den Entschluß zum Guten anhaltend bekennen, auch das Gegenteil nicht an den Tag legen, glauben wir taufen und der Gemeine hinzufügen zu müssen, unter Anrufung des Namens des Herrn (Apostg. 22, 16), nach dem Vorbild der apostolischen Kirche.

XXVI. Vom heiligen Abendmal.

Unter dem heiligen Abendmal des Herrn verstehen wir die heilige Feierlichkeit, welche der Herr in der Nacht, da Er verraten ward, mit seinen Jüngern begangen hat (1. Kor. 11, 23—26), als Er nach dem Essen des Ostermales (Luk. 22, 15) von dem vorhandenen Brode nahm, dasselbe segnete (Luk. 22, 19. 20), brach und herumteilte (Matth. 26, 26—28), mit diesen überaus freundlichen Worten: „Nehmet, esset, das ist mein Leib, der für euch gebrochen und gegeben wird, solches tut zu meinem Gedächtnis."

Desgleichen nahm Er auch den Becher nach dem Essen des Abendmales, dankete abermal (Mark. 14, 22. 23), und bot ihn seinen Jüngern dar mit den liebreichen Worten: „Trinket alle daraus, denn das ist mein Blut, das Blut des Neuen Testaments, welches für euch und für viele vergossen wird; tut das, so oft ihr solches trinket, zu meinem Gedächtnis." —

Daß der Herr diese heilige Feier gestiftet, damit sie zu allen Zeiten unter seinen Jüngern und in seiner Kirche begangen werden solle, leuchtet unsers Erachtens deutlich hervor, nicht allein aus dem gedachten und wiederholten Zusatz: „Tut das zu meinem Gedächtnis," sondern auch aus dem wahrscheinlich deswegen unmittelbar erneuerten Befehl an und durch den Apostel Paulus, mit eben denselben Ausdrücken; ferner aus der sehr sorgfältigen Beobachtung dieser Feier bei den ersten und besten Christen (Apostg. 2, 46; 20, 7); endlich auch daraus, weil die Apostel diese Stiftung nicht eingezogen haben, obgleich große Unordnungen und Mißbräuche bei derselben eingerissen waren, sondern vielmehr auf Verbesserung und den rechten Gebrauch drangen. Sehen wir überdies, zu welchen Gott geziemenden und der Kirche durchaus nützlichen Zwecken diese heilige Stiftung gegeben ist, so werden wir allenthalben unsere Hochachtung gegen dieselbe vermehrt finden. Von Seiten Gottes und Christi wird uns dadurch der große Inhalt des Evangeliums auf das allernachdrücklichste bestätigt und versiegelt. Wie große Liebe uns der Vater bewiesen hat (Joh. 3, 14—17); Jesus Christus als gekreuziget, als die Ursache der ewigen Seligkeit (Hebr. 5, 9), als das wahre Lebensbrod (Joh. 6, 35. 50. 51. 53—58), ebenso allgenugsam (Hebr. 10, 14) als bereitwillig, uns das Leben zu geben, wird uns hier zur Stärkung des Glaubens und der Hoffnung gleichsam vor die Augen gemalt (Gal. 3, 1; Joh. 3, 14; 6, 53); und solches durch den heiligen Geist nicht selten solchen Gemütern bestätigt, die dessen fähig sind. Auf Seiten der Gläubigen hat die Feier dieses heiligen Males gleichfalls sehr wichtige Endzwecke, und ist auf mehr als eine Art nützlich. Im allgemeinen um des großen Werkes der Erlösung mit tiefer Ehrerbietung dankbar eingedenk zu sein; den Tod des Herrn, sowie auch die Ursache (1. Joh. 4, 9. 10; Röm. 5, 6—8; 2. Kor. 8, 9) und Früchte (Jes. 53, 5. 6; Röm. 8, 1) desselben zu verkündigen; auf der Gläubigen hohe Pflichten, sowol gegen Gott (1. Kor. 6, 20; 1. Petr. 1, 14—19) und Jesum Christum (2. Kor. 5, 14. 15), als gegen einander (1. Joh. 4, 11; Kol. 3, 13) dabei zu bringen u. dgl. Insbesondere aber je nach eines jeden Stellung und Gemütslage können Personen, die in der Versicherung ihres seligen Anteils an Christo stehen, hier beisammen sein und essen mit Freuden, in der Liebe und mit Einfalt des Herzens. Bekümmerte um mit neuem Schuldbekenntnis, mit Demütigung und Darbringung ihrer selbst Jesu Christo zu Fuße zu fallen, bei Ihm Gerechtigkeit und Stärke zu suchen, und seiner Gnade zu warten. Ja selbst die Unwürdigsten und Blödesten unter dem Volke Jesu dürfen, wenn sie anders wahrhaft nach seiner Gerechtigkeit hungern (Matth. 5, 6) und ganz die Seinen zu sein begehren, diese Sehnsucht und dies Verlangen getrost offenbaren, und mit Grund auf seine Gnade hoffen, eingedenk, daß Er niemals diejenigen verstoßen hat, die demütig zu ihm kamen (Joh. 6, 37),

Ihn um Barmherzigkeit anriefen, um Brosamen anflehten und sich glücklich schätzten, wenn sie nur den Saum seines Kleides anrühren durften.

Wenn des Herrn heil. Abendmal also begehrt und zu diesem Endzweck begangen wird, so glauben wir, daß das wahre, bezeichnete Gut: Matth. 26, 26—28; Joh 6, 55; die Gemeinschaft mit Jesu Christo: 1. Kor. 10, 16. und die gegenseitige Vereinigung: 1. Kor. 10, 17 mit einander in nicht geringem Maße dabei genossen und dadurch gefördert wird. Fehlt jedoch diese erforderliche Gemütsbeschaffenheit (Matth 22, 11—13), so kann diese Frucht mit Grund auch nicht erwartet werden (2. Chron. 16, 9); und wenn der Genuß unwürdig geschieht, das ist: wenn man nicht mit Ehrerbietung „den Leib und das Blut des Herrn unterscheidet," so essen und trinken solche sich selber das Gericht (1. Kor. 11, 27—29.)

Aus diesem Grunde dürfen wir sonst keine zu des Herrn Tisch einladen, als solche, die wahrhaft an Jesum Christum glauben und aufrichtig begehren, sowol für als durch Ihn zu leben, die solches öffentlich vor Gott und Menschen bekannt haben, auf eine schriftgemäße Weise getauft (1. Kor. 12, 13) und der Ordnung gemäß in die Gemeine aufgenommen sind, die nicht durch ein anstößiges Leben die Gemeine ärgern (Röm. 16, 17), die mit derselben in Frieden leben (Matth. 5, 23. 24) und, so viel an ihnen ist, Friede halten mit allen Menschen (Röm. 12, 18), einander vertragen, einer dem andern vergeben (Matth. 6, 14. 15; 18, 24—35) u. s. w., kurz, keine andern als Jünger Christi, die Verlangen tragen und entschlossen sind, ihren einmal gemachten Bund feierlich zu erneuern und zu befestigen. Weshalb wir einem jeden anempfehlen, sich selbst zu prüfen (1. Kor. 11, 28). Übrigens schließen wir niemand aus als diejenigen, die ärgerlicher Lehre oder Lebens halber (2. Thess. 3, 14; 1. Kor. 5, 9—13) der Kirchenzucht unterworfen sind.

XXVII. Von der brüderlichen Aufsicht und Kirchenzucht.

Wir glauben, daß jeder Bruder und jede Schwester einer christlichen Gemeine verpflichtet ist, nach dem Maße der Fähigkeit und der empfangenen Gaben auf einander zur Ermunterung in der

Liebe und guten Werken Acht zu haben (Hebr. 10, 24), einesteils weil die wahre Nächstenliebe solches fordert (3. Moj. 19, 17. 18); andernteils, weil Christus, der Herr, dies befohlen hat (Matth. 18, 15—20), sowie auch seine Apostel nach ihm (1. Thess. 5, 14. 15; Jak. 5, 15—20). Noch viel mehr muß dies aber von denjenigen beobachtet werden, welche zu Aufsehern gesetzt sind (Apostg. 20, 28; Tit. 1, 7—11), denen es vermöge ihres Amtes zukommt, die Heerde Gottes zu weiden (1. Petr. 5, 1—4; Apostg. 20, 28), und über das geistliche Wol der Gemeine zu wachen (Hebr. 13, 17; Hes. 3, 17; 33, 2—9).

Die Fälle, welche diese kirchliche Aufsicht, Bestrafung und Zucht erfordern, sind nicht solche Mängel und Fehltritte (Jak. 3, 2; Pf. 130, 2; Hiob 9, 2), die in größerm oder geringerem Maße allen Gläubigen gemein (1. Joh. 1, 8; Hiob 25, 4—6; Pf. 143, 2) sind, sondern nur allein soweit gehende Abweichungen in der Lehre (Gal. 1, 8; 1. Tim. 6, 3—5; Tit. 3, 10) oder in dem Wandel (2. Thes. 3, 6; Phil. 3, 18. 19), daß dadurch die Seelen der Abgewichenen in augenscheinliche Gefar geraten, verloren zu gehen (1. Kor. 6, 5—10), oder an denen die Gemeine mit Grund Anstoß nimmt (Gal. 5, 10; Offb. 2, 20), und dadurch geärgert (1. Kor. 5, 6. 7; Matth. 18, 7), oder zu böser Nachfolge gereizt (Matth. 24, 10—12; 2. Tim. 3, 13; Juda 3. 4) wird, und folglich der Name Gottes und die Gemeine Christi um ihretwillen gelästert werden könnte (2. Petr. 2, 2; Röm. 2, 24; 1. Tim. 6, 1; Tit. 2, 3—5).

Die Stufen, die dabei zu beobachten, unterscheiden wir in die vier folgenden: Die erste ist, wenn mit großer Wahrscheinlichkeit bekannt wird, daß jemand, ein Bruder oder eine Schwester (1. Kor. 5, 11—13), sich dieser oder jener gefährlichen Gewohnheit, (2. Petr. 2, 20), oder offenbar verbotener Sünde (Gal. 5, 19 f.) schuldig macht, solches aber noch nicht allgemein bekannt ist, den oder dieselbe darüber insgeheim zur Rede zu stellen, mit aller möglichen Behutsamkeit zu prüfen (Gal. 6, 1—3; Jak. 3, 13—18), aus herzlicher Liebe zu warnen (Gal. 1, 8; 1. Tim. 6, 3—5; Tit. 3, 10), u. s. w., um, wenn es möglich, eine solche Person wieder auf den rechten Weg zu bringen (Jak. 5, 19. 20), ehe der Same des Bösen sich weiter ausbreitet (Gal. 5, 9; Hebr. 12, 15).

Sollte sich aber jemand offenbarer Werke des Fleisches (Gal.

5, 19—21; Eph. 5, 3—7) schuldig machen, und ist solches als gewiß bekannt, obgleich unter Umständen, welche die Tat einigermaßen zu entschuldigen scheinen, z. B. daß sie in Überraschung oder durch Übereilung geschehen, so muß man zweitens einen solchen feierlich zur Rede stellen (Gal. 5, 10; Offb. 2, 20), mit Vorhaltung des Bösen der Sünde und ihren Folgen, mit der Ermanung, sich deswegen vor Gott (Apostg. 8, 22; Jak. 4, 7—10; Pf. 51) und Menschen (Matth. 5, 23—26; Luk. 17, 1—4) zu demütigen, je nachdem die Vergehungen beschaffen sind, um alle möglichen Mittel zur wahren Besserung anzuwenden (Offb. 3, 2. 3; Jes. 55, 6. 7); und, im Fall man es nötig findet (Jud. 22. 23), solchen anraten, sich in einiger Zeit dem Tische des Herrn nicht zu nahen, bis das gegebene Ärgernis durch deutliche Beweise der Besserung wieder gehoben, oder nach dem Urteil der Mitglieder (2. Kor. 2, 6—8) getilgt worden ist.

Die dritte Stufe ist, daß man denjenigen, der trotz der ersten und zweiten Ermanung, die im Geheimen geschehen, im Bösen beharrt und sich verhärtet (Eph. 4, 17—19; Apostg. 19, 9; Hebr. 3, 13), der Gemeine bekannt macht, damit die ganze Gemeine darüber entscheide, was mit einem solchen Gliede anzufangen, und darnach zu Werke zu gehen, damit ein solcher, wenn er in Gegenwart aller bestraft, und von allen über ihn ein Urteil gefällt wird, zur Scham und Bußfertigkeit möge gebracht werden (2. Theff. 3, 14. 15); welches billig mit ernstlichem Gebete verbunden werden muß, um wo möglich Besserung und Vergebung zu bewirken (Jak. 5, 15; 1. Joh. 5, 16. 17).

Wenn solches alles nicht fruchtet, sondern der Bestrafte im Bösen beharrt und sich verhärtet, so muß man endlich viertens einen solchen Bösen, kraft des Ausspruchs der ganzen Gemeine, aus derselben entfernen, und ihm alle geistliche Kirchen=Gemeinschaft aufkündigen (Eph. 5, 11), bis er sich wahrhaft bekehrt, und offenbare Beweise davon gibt, wiewol alles mit gehöriger Beachtung der Stände und Umstände (1. Tim. 5, 1, 19—21), doch ohne Ansehen der Person.

Diese kirchliche Aufsicht und Zucht halten wir höchst notwendig, nicht allein weil sie von Jesu Christo und seinen Aposteln befohlen ist, und wir bei Versäumung derselben seine gerechten Gerichte zu fürchten haben (1. Kor. 11, 30. 31), sondern auch weil dieselbe manchen Nutzen hat, nämlich die Gemeine von offenbaren Schandflecken rein zu halten, einer schädlichen Geringschätzung vorzubeugen, und zu verhüten, daß schwache Gemüter uns entfremdet (2. Kor. 6, 17; Offb. 18, 4), und befestigte Herzen verführt, sondern vielmehr zu bewirken, daß sie vom Bösen abgeschreckt, und daß dahingegen die Bestraften zur Scham und Besserung bewogen werden mögen.

Soll jedoch dies Verfahren die erwünschte Wirkung hervorbringen, so muß alle Herrschsucht und alle Einbildung eigener Heiligkeit weit von uns entfernt sein, indem der Gebrauch dieser Schlüssel (Matth. 16, 19) eine Macht ist, die wir nur allein aus Gehorsam gebrauchen, (bedenke, mit welcher heiligen Scheu die Apostel zu Werke gingen: Apostg. 5, 1—13; 13, 8—11; 1. Kor. 5, 3—5; 1. Tim. 1, 20), und welche in tiefer Demut (2. Kor. 2, 1—4), weil man sie nicht versäumen darf (1. Kor. 9, 16—22; Hes. 3, 17—21), in der Furcht des Herrn angewendet werden (Matth. 10, 14) muß, und die daher auch nicht weiter verdammende oder freisprechende Kraft hat (Spr. 26, 2), als in sofern deren Anwendung genau mit dem göttlichen Urteil und mit seinem heiligen Zeugnis übereinstimmt (Spr. 17, 15; 2. Tim. 2, 2. 15. 24—26; Tit. 1, 9; 2, 2. 7. 8).

Aus diesem Grunde muß die Meidung der bestraften Personen auch nicht aus pharisäischer Heiligkeit (1. Kor. 4, 7) hervorgehen, als wollte man sagen: „Weiche von mir, denn ich bin heiliger wie du!" sondern aus heiliger Scheu eine Gemeinschaft mit den unfruchtbaren Werken der Finsternis an den Tag zu legen (Eph. 5, 11; 1. Tim. 5, 22; Offb. 18, 4), gemäß des apostolischen Befehls, mit solchen nichts gemein zu haben, womit dennoch christliches Mitleid (Röm. 9, 1—3) und wiederholte Ermanungen zum Guten verbunden sein müssen (2. Tim. 3, 1—5), und solches so lange, bis man gezwungen ist, solche Personen mit Widerstreben zu verlassen. Zwischen Ehegatten kann diese Meidung jedoch nicht in allen Fällen stattfinden, es sei denn des Ehebruchs oder der Hurerei wegen (Matth. 5, 32; 18, 9; 1. Kor. 7, 3—5; 10, 16. 39; Kol. 3, 20).

Endlich glauben wir in Beziehung auf diesen Gegenstand,

daß, sobald der Abgewichene überzeugende Beweise der Reue und Besserung an den Tag legt (durch Bekenntnis nicht nur, Luk. 17, 3. 4, sondern auch überzeugend, 2. Kor. 7, 7. 16), man die Liebe gegen denselben vermehren, ihm wieder aufhelfen, und nach öffentlichem Bekenntnis und Demütigung ihn zu angemessener Zeit wieder aufnehmen müsse (Pf. 130, 4; Jer. 3, 1; Hef. 33, 11), und zwar mit herzlicher Liebe und Freude (Luk. 15, 1—10), unter vollkommener Vergebung (2. Kor. 2, 10), so wie auch Gott uns vergeben hat in Christo Jesu (Eph. 4, 32; Kol. 3, 13; Matth. 18).

XXVIII. Von dem Amte der weltlichen Obrigkeit.

Wir glauben, wenn gleich die Menschen von Natur kein Recht haben, gewaltsam über einander zu herrschen (Apostg. 17, 26—27; Matth. 7, 12), sondern allein brüderlich sich zu regieren und zu Hülfe zu kommen, daß dennoch das obrigkeitliche Amt, des großen Verderbens der Menschen wegen (1. Mos. 5, 12. 13), notwendig geworden (1. Kor. 14, 33), und daß Gott der Herr darum dasselbe nicht allein zugelassen, sondern auch verordnet und eingesetzt habe (Röm. 13, 1—8), zuerst durch seine heilige Vorsehung überhaupt, dann nachher aber, unter seinem Volk Israel, durch ausdrücklichen Befehl (5. Mos. 16, 18; 2. Mos. 18, 25; 4. Mos. 11, 11. 16. 17), daß dasselbe auch noch jetzt durchaus notwendig erscheint, sowol zur Handhabung des Rechts und der guten Ordnung im gesellschaftlichen Leben, als auch zur Strafe der Bösen und zum Schutze der Guten, und was dergleichen mehr ist.

Aus diesem Grunde halten wir uns durchaus verpflichtet, unsere rechtmäßige Obrigkeit als Gottes Dienerin, uns zu gut, anzusehen, dieselbe mit rechter Ehrerbietung hochzuachten (1. Petr. 2, 12—21), ihr in allem, was nicht mit Gottes Befehl (Apostg. 4, 19. 20) und einem guten Gewissen streitet, zu gehorchen, freudig und treulich gehörig Zoll und Schatzungen zu bezalen, feurig für sie zu beten (1. Tim. 2, 1—4; Jer. 29, 7) u. s. w. Und dies alles um so mehr in allen Fällen, weil wir sehen, daß das Erhöhen nicht kommt vom Aufgang noch vom Niedergang, noch aus der Wüsten, sondern daß Gott Richter ist, und diesen erniedrigt und jenen erhöhet (Pf. 75, 8) nach seinem Wohlgefallen (Spr. 8, 15. 16), bald zum Segen, bald zur Züchtigung.

Sollte aber die Verwaltung eines solchen Amtes uns aufgetragen werden, so würden wir deßfalls Bedenken tragen, und dasselbe anzunehmen nicht wagen, weil der Wille Christi, wie solches zu verwalten, uns völlig unbekannt ist. (Es sind auch mehr andere Dinge im bürgerlichen Leben, über die keine Vorschriften gegeben, aber solche sind minder schwierig und leichter nach Gottes Wort einzurichten.) Unter allen seinen Befehlen, welches die Verwaltung seines Reiches angehe, finden wir darüber so wenig, als unter den Verordnungen seiner Apostel, irgend eine Anweisung. (Wir wissen nichts darüber, wie die Obrigkeit berufen werden oder wie sie ihr Amt verwalten soll. Dies macht uns mit Grund bedenklich.) Erwägen wir überdies, daß der Herr Christus das Herrschen nach der Weise der Welt (Joh. 18, 36) den Seinen überall abzuraten scheint (Matth. 20, 25; Luk. 22, 25—30), wie auch alle Rache (Matth. 5, 39. 40; Röm. 12, 19), den Eidschwur, und alles sich der Welt Gleichstellen, so halten wir es für eine überaus schwierige Sache, dieses Amt gläubig zu verwalten. Wir halten außerdem dafür, daß die Macht (5. Mos. 17, 8—12; 2. Chron. 19, 5—11), welche den Jüdischen Obrigkeiten für eine zeitlang verliehen war, in Christo erfüllt (Matth. 5, 17; Eph. 1, 20—28), abgelaufen und aufgehoben (Kol. 2, 15—23; 3, 16—25) ist, und demnach für Christi Volk keine geeignete Richtschnur bleiben kann (Hebr. 7, 12); auf der andern Seite scheint es uns nicht minder bedenklich, menschliche Grundgesetze zu vollziehen (es kommen genug Sachen vor, welche oftmals die Richter bedenklich machen), die mit den bürgerlichen Gesetzen Israels streiten, welche Gott selbst vorgeschrieben hat.*) (Vergleiche die jetzigen Gesetze über Diebstahl und Ehebruch mit 2. Mos. 22, 1; 3. Mos. 20, 10.)

---

*) Folgende Anmerkung fand ich in meines lieben Vaters Manuskript, aber weder im gedruckten noch in his Bekenntnis; da sie den Glauben vieler Mennoniten ausdrückt, so will ich sie als Anmerkung hersetzen:

„Ein Amt zu übernehmen, das nach den klarsten und deutlichsten Aussprüchen der heiligen Schrift von Gott nicht nur zugelassen, sondern eingesetzt und verordnet ist und unter seiner besondern Aufsicht steht, kann nie Unrecht und noch viel weniger Sünde sein. Weil aber einige unserer Brüder die Annahme eines solchen Amtes aus Gewissensgründen verweigern, so müssen wir uns mit den Gründen, aus denen solche Weigerung hervorgeht, bekannt machen.

Aus allen diesen Gründen schätzen wir uns glücklich, wenn wir von dieser hochwichtigen und immerhin gefärlichen Bedienung verschont bleiben (wir erkennen es als eine Woltat, zu diesem Amt nicht gerufen und gezwungen zu werden), und inzwischen ruhig und still unter dem Schutze solcher gütigen Obrigkeiten leben dürfen, die, obgleich sie für sich die genannten Schwierigkeiten nicht finden (sondern in diesem Amte einen göttlichen Beruf anerkennen), uns dennoch so große Vorrechte und Freiheiten verliehen (Freiheit von Eid und Kriegsdienst), wofür wir Gott nicht genug danken können (1. Tim. 2, 1—4) und ihnen alle Ehrerbietung und Liebe schuldig sind.

XXIX. Von der Rache und dem Krieg.

Wir glauben, unsere Natur irre nicht in ihrem Urteil (Röm. 2, 1. 2), daß die Rache oder Vergeltung jeder Ungerechtigkeit gerecht sei! — Indeß ist es gewiß, obgleich Gott der Herr seinem alten Volke ihres Herzens Härtigkeit wegen, die Rache in gewisser Hinsicht erlaubt hat (Matth. 5, 38—40. 43. 44), daß dieselbe ursprünglich und eigentlich dennoch Gott gebühre (Röm. 12, 17—21; 3. Mos. 19, 17. 18; 5. Mos. 32, 35; Hebr. 10, 30), der auch allein im Stande ist, das Maß des Bösen und der Strafe genau und gründlich zu beurteilen (Jer. 17, 10; Jes. 28, 17; Luk. 12, 47. 48); wozu uns oft unsere mangelhafte Kenntnis, ungeregelte Eigenliebe und aufgeregten Leidenschaften untüchtig machen (Jak. 1, 20; 1. Mos. 4, 5; Spr. 27, 4).

Aus diesem Grunde glauben wir, daß Jesus Christus, unser Herr, indem er sein geistliches und himmlisches Reich also aufrichten wollte, wie es von Anfang an Gottes Wille war (Spr. 20, 22), nicht allein alle Ausübung der Rache (Matth. 5, 38—40), sondern auch selbst alle Rachsucht (1. Joh. 3, 15) den Seinen gänzlich untersagt (Matth. 5, 43. 44) habe, wie denn auch seine Apostel nach ihm dieses oft getan haben (Röm. 12, 19; 1. Thess. 5, 15; 1. Petr. 3, 9). Hingegen hat er auf eine derartige Ausübung des Gesetzes der Liebe gedrungen, welche die Lehre der Natur (Luk. 6, 32. 33) und der jüdischen Lehrer weit übertraf (Matth. 5. 20); wie auch auf eine Übung der Geduld, nach seinem eignen Vorbild (2. Thess. 3, 5; 1. Petr. 2, 21—23), die da vollkommen sein sollte (Jak. 1, 4), d. h. anstatt dem Bösen auf eine gewaltsame und sein Verderben bezweckende Weise zu widerstehen, lieber eine zweite Beleidigung erdulden (Matth. 5, 38—40); lieber empfindlichen Schaden und Unrecht sich gefallen zu lassen (1. Kor. 6, 1—8), als gleich zu rechten; Niemanden Böses mit Bösem zu vergelten (Röm. 12, 17. 20), selbst nicht Scheltwort mit Scheltwort (1. Petr. 3, 9) sondern allezeit dem Guten nachzujagen, sowol gegen einander, als auch gegen alle; durch Woltun zu überwinden (Röm. 12, 21); selbst unserm Feinde Liebe zu beweisen; wenn ihn hungert, ihn zu speisen; wenn ihn dürstet, ihn zu tränken (Röm. 12, 20; Spr. 25, 21. 22); die uns fluchen, zu segnen; wolzutun denen, die uns hassen, und für diejenigen zu bitten, die uns Gewalt antun und uns verfolgen, mit dem Zusatz, daß wir dann erst, wenn wir solches tun, wolgeartete Kinder unsers Vaters im Himmel sein werden (Matth. 5, 44—48), sowie wahre Nachfolger Jesu Christi (Joh. 12, 26), der nicht wieder schalt, da er gescholten wurde, und nicht drohete, als er litt, sondern es dem anheim stellte, der da recht richtet (2. Thess. 3, 5; 1. Petr. 2, 21—23), in welchem allen er uns ein Beispiel gelassen, daß wir nachfolgen sollen seinen Fußstapfen (Phil. 2, 5).

Demnach versteht es sich unsers Erachtens von selbst, daß Waffen und Krieg (2. Kor. 10, 4) zu führen zum Verderben unserer Feinde (2. Kor. 10, 3), — wie viel weniger Unschuldiger (welche im Kriege oft alles Elend und aller Jammer trifft), die uns nicht beleidigt haben — einem wahren Nachfolger Jesu Christi durchaus unschicklich, ungeziemend und unerlaubt ist (Matth. 5, 39. 40. 43. 44). Denn nach unserer Überzeugung kann ein Krieg der gewöhnlichen Art unmöglich geführt werden, ohne offenbar die Grundgesetze des Reiches Christi zu übertreten (Joh. 18, 36; Eph. 4, 31, 32), und ohne viele gegen dieselben streitenden Untugenden und Unarten zu nähren (Gal. 5, 19—21), wodurch gar oft eher das Bild und die Ähnlichkeit mit Teufeln und reißenden Tieren gezeigt wird, als mit Nachfolgern des Lammes Gottes (Jes. 53, 7) und Verkündigern seiner Tugend (1. Petr. 2, 9).

Wir halten also dafür, daß wir uns aller kriegerischen Waffen und aller obengenannten feindlichen Gegenwehr sorgfältig enthalten müssen; daß es uns aber erlaubet ist, den Bösen, so viel zu

unserer Macht steht, zu entfliehen (Matth. 10, 23); durch Vorsichts=
maßregeln, die ihm nicht zum Verderben gereichen, seinen bösen
Anschlägen zuvorzukommen (Apostg. 23, 6—9) und sie zu verei=
teln; wie auch durch vernünftige Verteidigung, gute Worte (Joh.
18, 23; Apostg. 4, 8—13. 19. 20) und mannigfaltige Woltaten
ihn zum Nachdenken zu bringen und zufrieden zu stellen (Matth.
5, 25. 26; Luk. 12, 58; 1. Mos. 21, 25—27). Übrigens sind
wir der Ansicht, daß alle uns widerfahrende feindselige Begegnung
uns dienen müsse, im Glauben und in der Gebuld der Heiligen
geübt zu werden, indem wir dem Vorbilde Jesu Christi, seiner hei=
ligen Apostel und so vieler tausend der ersten und der späteren
Christen nachfolgen, die, da sie um des Gewissens willen Wider=
wärtigkeiten erduldeten (Matth. 5, 10), erfahren haben, daß dies
Gnade bei Gott war, und ihnen selbst zum Besten gereichte (Röm.
8, 28; 2. Kor. 1, 3—6; 4, 17. 18; 6, 10), nicht zu gedenken,
daß der gütige Gott auch oft einen Ausgang und eine Errettung zu
schenken pflegt (2. Kor. 11, 23—33), die über alles menschliche
Denken hinausgehe (2. Kor. 1, 8—11; 2. Tim. 3, 11; 4, 17. 18).
Außer allem, was bereits gesagt, ist auch deutlich geweissagt, daß
solch friedsam und wehrlos Leben (Matth. 10, 16; Luk. 10, 3)
bei den Untertanen des Reiches Christi stattfinden werde (Jes. 2,
4; 11, 6—8; Micha 4, 1—3; Sacharja 9, 9. 10). Weshalb
wir bitten, daß dieses gesegnete Reich komme (Matth. 6, 10), und
bald komme. Amen.

XXX. Vom Eide.

Vom Eidschwören glauben wir, — ob es gleich möglich ist, in
gottesfürchtiger Absicht zu schwören, wie die heiligen Erzväter zu=
weilen taten (1. Mos. 14, 22. 23; 21, 30. 31), und wie es unter
der Mosaischen Haushaltung erlaubt war, weshalb auch Gott selbst
öfteres auf diese menschliche Art (Hebr. 6, 13—17) redend einge=
führt wird (Ps. 89, 36; 95, 11; 110, 4), — daß solches dennoch
niemals als ein sittliches Gebot von Gott befohlen (2. Mos. 20,
7; 3. Mos. 19, 12), sondern allein bestimmt und beschränkt ist
(2. Mos. 22, 11). Es hat also der Eidschwur eigentlich, gleichwie
die Ehescheidung (Matth. 5, 31. 32; 19, 8. 9) und andere Dinge,
mehr als Zulassung stattgefunden in Folge der Lieblosigkeit, des

Mißtrauens und des überhandnehmenden Verderbens der Menschen, weshalb der Herr Jesus, — um auch dieser Verletzung und Abweichung von dem ursprünglichen Zwecke Gottes wieder abzuhelfen — in seinem geistlichen und himmlischen Königreich das Eidschwören gänzlich verboten hat, indem Er sprach: „Ich aber sage euch, daß ihr allerdings nicht schwören sollt," (Matth. 5, 34—37) und wie es dann weiter heißt.

Die Gründe, weshalb wir diese Worte nicht ansehen dürfen als ein bloßes Verbot des leichtfertigen und sprüchwörtlichen Schwörens, oder des Schwörens bei geringeren Dingen, sondern es für viel sicherer halten, selbige als eine gänzliche Abschaffung des Eides zu betrachten, sind, außer den bereits genannten und mehreren andern, diese: Weil der Herr Jesus dieses nicht im Gegensatz gegen das leichtfertige Schwören zu sagen scheint, sondern von dem gesetzlichen Gebrauch des Eides, so wie den Alten gesagt war: „Du sollst keinen falschen Eid tun, und sollst Gott deinen Eid halten" (offenbar bezieht sich unser Herr auf 2. Mos. 20, 7; 3. Mos. 19, 12). Ferner, weil der Herr spricht: „Ich aber sage euch, daß ihr allerdings nicht schwören sollt u. s. w. Eure Rede aber sei: Ja, ja; Nein, nein: was darüber ist, das ist vom Übel" (Matth. 5, 34—37). Ferner, weil Jakobus, dieselben Worte wiederholend, hinzufügt: „Vor allen Dingen aber schwöret nicht, u. s. w., noch mit keinem andern Eide", „auf daß ihr nicht in das Gericht fallet" (Jak. 5, 12). Ferner, weil ein ernstliches Bezeugen der Wahrheit unserer Zeugnisse, wenn es die Ehre Gottes und die Liebe zur Wahrheit fordert (so wie der Herr Jesus oft tat, und wie auch der Apostel Paulus hin und wieder: Röm. 1, 9; 9, 1; besonders 2. Kor. 1, 23; Gal. 1, 20; Phil. 1, 8), nicht hiegegen streitet (weil Christus nicht sagen will, man solle nichts anders als Ja oder Nein sagen, sondern das Ja solle Ja sein Matth. 5, 37; 2. Kor. 1, 17—20), indem wir solche Arten der Bekräftigung nicht als eigentliche Eide betrachten, sondern als nachdrückliche Beweggründe, hervorgehend aus heiligen Gemütsbewegungen, um desto mehr Eindruck und Aufmerksamkeit zu erwecken; oder, wenn gleich auch einigemal dergleichen durch sie in der Form eines Eides geschehen sein sollte (1. Thess. 5, 27) (was jedoch nicht zugegeben wird), so muß man doch bemerken, daß dies durch untrügliche Personen geschehen ist, oder aus Nachsicht, nicht aber, um uns zum Vorbild zu dienen. Ferner, weil es viel rühmlicher ist, unser Ja und Nein so treulich zu halten, als ob wir geschworen hätten, und dies Vertrauen auf ein gegebenes Wort dem Reiche Jesu gemäß ist. Ferner, weil, des Verderbens der Menschen wegen, zu befürchten steht, daß von gottlosen Menschen aus dem Eidschwören selbst Veranlassung genommen wird, auf gewöhnliche Versicherungen kein Gewicht zu legen, und mit den Lügen es leicht zu nehmen (Offb. 21, 27; 22, 15). Ferner, weil die Christen der ersten Jahrhunderte im allgemeinen diese Worte ebenso scheinen verstanden zu haben, und weil die Zeugnisse fast aller alten Kirchenlehrer gegen das Eidschwören noch vorhanden sind.*) Endlich, weil im Blick auf das bürgerliche Leben und auf einen wolgeordneten Staat keine Nötigung dazu vorhanden zu sein scheint, weil gottlosen und treulosen Menschen nicht zu trauen ist, sei es auch), daß sie schwören (Jer. 5, 2), und weil solche oftmals den Eid so wenig fürchten, daß man zur Genüge vorher weiß und hinterher findet, daß unzälige falsche Eide geschworen werden, worüber gottselige Regenten ebenso wie die wahren Christen überhaupt seufzen, aus welchem Grunde trotz des Eidschwurs die bürgerlichen Strafen dennoch für Treulose nötig gehalten werden.

Weil wir selbst uns nun eben so schuldig und strafbar halten, wenn wir bei unsern feierlichen Zeugnissen der Wahrheit, die an Eides Statt abgelegt werden, treulos zu Werke gehn, oder denselben nicht nachkommen, — als wenn wir die schwersten Eide geschworen hätten (uns geziemt es in dieser Hinsicht, Andere zu übertreffen und durch die Tat unser Bekenntnis zu bestätigen), so ist nicht zu fürchten, daß bei unserer Enthaltung vom Eide die gute Ordnung und Treue auch nur den mindesten Nachteil erleide.

---

*) Weit verbreitet finden wir in der ersten Kirche die Ansicht von der Verwerflichkeit der Eide, und zwar auf den Ausspruch Christi und den des Jakobus gestützt. Eine der ältesten Stimmen ist die von Justinus M. Im Anfange des dritten Jahrhunderts stirbt Basilides, wegen Verweigerung eines Eides, den Märtyrertod. Ebenso erklärt sich Irenäus. Sehr bestimmt wird der Schwur verboten von Basilius, vor allem aber von Chrysostomus. Ähnlich Isidorus Pelusius, noch Theophylack und Euthymius, Hilarius und Hieronymus. In neuester Zeit Olshausen und Stirm.

XXXI. Von dem Ehestand.

Wir glauben, daß die Ehe bei allen in Ehren gehalten werden soll (Hebr. 13, 4) und nicht allein erlaubt, sondern auch nötig (1. Mos. 1, 28), nützlich (1. Mos. 2, 18—24; Spr. 18, 22) und Gott wolgefällig (Matth. 19, 4—6) ist, wenn sie auf die rechte Art angefangen (1. Mos. 24; Spr. 19, 14; 31, 10—30; 1. Kor. 7, 39) und geführt (Eph. 5, 22—33) wird. Wir sind davon versichert durch Gottes Einsetzung (1. Mos. 2, 18—24; Spr. 18, 22; Matth. 19, 4—6), durch die Wiederherstellung derselben (Mark. 10, 3—12) und das Verhalten Jesu Christi (der die Ehe durch seine Gegenwart Joh. 2, 1—11) heiligte, sowie auch durch das Vorbild der ausgezeichnetsten Heiligen, die, im ehelichen Stande lebend, mit Gott gewandelt (1. Mos. 5, 22) und das Zeugnis empfangen haben, daß sie Gott gefallen (Hebr. 11, 5); wovon selbst die Priester (3. Mos. 21, 7—9), Hohenpriester (3. Mos. 21, 13—15), Propheten (z. B. David, Hesekiel, Hosea) und Apostel (1. Kor. 9, 5; Matth. 8, 14) des Herrn nicht ausgeschlossen, ja es scheint vielmehr die evangelische Lehre diesen Stand für Aufseher (1. Tim. 3, 2. 12; Tit. 1, 6) und Aufseherinnen (1 Tim. 5, 9. 10) nützlich zu halten; weshalb wir durchaus gewiß sind, daß die Verdächtigung des ehelichen Standes aus dem Aberglauben hervorgegangen und das Verbot desselben antichristisch und abscheulich (1. Tim. 4, 3) ist.

Im allgemeinen ist der Wille Gottes in Anschung dieses Standes deutlich ausgesprochen, nämlich daß sich nur zwei freie Personen in denselben begeben dürfen, die einander dem Geblüte nach nicht zu nahe verwandt sind, um sich auf das allergenaueste bis an den Tod zu verbinden und zu vereinigen (Matth. 19, 5; (Eph. 5, 28). Die Ehescheidung ist aber durchaus verboten, es sei denn um Ehebruchs willen (Matth. 5, 31. 32; 19, 7—10; 1. Kor. 7, 10. 11).

Ferner glauben wir, daß Gott der Herr über die Heiraten waltet, und in Anschung derselben seine Leitung hat, gleichwie über alle Dinge; doch also, daß dadurch die Freiheit des Menschen nicht aufgehoben wird, sei es, daß er dieselben nach seiner Güte gnädig veranstaltet (1. Mos. 24, 14. 50; Matth. 19, 6; Josua 23, 12. 13), oder sei es, daß er selbige in Ungnade und Züchtigung rechtmäßig zuläßt (z. B. Richter 14, 3. 4. 17; 1. Kön. 11, 1—6; Esra 9, 10—15; Nehem. 13, 23—27). Daher ist die Ehe nicht anzusehen als ein ausdrückliches allgemeines Gebot (Matth. 19, 11. 12; 1. Kor. 7, 7. 17. 27. 28), ober als ein allgemein bestimmtes Schicksal, sondern als eine Sache, in welcher der Mensch nach seiner Freiheit verfahren darf (1. Kor. 7, 39), in soweit Gottes heilige Verordnungen selbige nicht einschränken (allein daß es in dem Herrn geschehe 1. Kor. 7. 39); wie dieses hinlänglich zu erkennen aus dem Verbot der Ehe mit ungläubigen Personen (1. Mos. 24, 14. 50; Matth. 19, 6; Josua 23, 12. 13); aus der Übertretung der von Gott wiederholt deshalb gegebenen Befehle (1. Mos. 6, 1—3; 26, 34. 35; 27, 46); aus Gottes heiligem Mißfallen darüber (1. Kön. 11, 1—9), und der Notwendigkeit der Entfernung fremder Weiber aus Israel, wenn anders der entbrannte Zorn des Allmächtigen von ihnen abgewendet werden sollte (Esra 9, 10—15; 10, 1—19; Nehem. 13, 23—28); sowie auch aus gar vielen Begebenheiten, in welchem das Böse und der Nachteil fleischlicher Heiraten, wobei man nur dem Naturtriebe folgt, dargelegt wird (Luk. 17, 26—28).

Aus diesem Grunde ist überaus viel daran gelegen, daß jemand, der in diesen Stand einzutreten, oder sich desselben zu enthalten beabsichtigt, sich selbst wol prüfe, seine Gaben untersuche, des Herrn Willen mit ihm gläubig zu erforschen trachte, (1. Kor. 7, 12—17), sich mit Gott und seinem Worte berate (Spr. 3, 6; Ps. 119, 9—11; Phil. 4, 6. 7), und nicht eher zu dem Einen oder zu dem Andern sich entschließe, als bis er gläubig und mit gutem Gewissen überzeugt ist, daß er mit diesem Entschluß dem Herrn Christo vollkommen gefalle (1. Kor. 10, 31; 2. Kor. 5, 9. 10; Kol. 3, 17). Die so heiraten, können mit Grund hoffen, daß es in dem Herrn geschehe und mit seinem Segen werde begleitet werden.

Wenn die Ehe also in der Furcht des Herrn angefangen, und auf eine christliche Weise geführt wird (Eph. 5, 22—33) den Grundgesetzen des Evangeliums gemäß, die den Eheleuten beiderseits gegeben sind (1. Tim. 2, 8—13; Tit. 2, 3—8; 1. Petr. 3, 1—7), soll der Mann, der des Weibes Haupt ist, ein würdiges Abbild Jesu Christi in seinem Verhalten gegen die Gemeine zu sein trachten; die Frau wird selig werden durch Kinder zeugen (1. Tim. 2. 15), ihr Same wird gesegnet sein (1. Mos. 18, 18. 19; Eph. 6, 4), und alle Dinge werden ihnen zum Besten dienen (Matth. 6. 33; Röm. 8. 28). Um nun hierin glücklich zu sein, halten wir es nötig, so viel nur immer möglich ist, in seiner eigenen Kirchengemeinschaft zu bleiben (nach dem Vorbilde der Erzväter 1. Mos. 24, 3. 4; 28, 1—8; Röm. 15, 5. 6; 1. Kor. 7, 39; Phil. 2, 1. 2), um schändlicher Uneinigkeit und vielen unangenehmen Folgen vorzubeugen, die gewöhnlich aus der verschiedenen Erziehung, Lebensweise und Verstandes=Ansichten (es geht so leicht wie 1. Kor. 3, 4), bei Erziehung der Kinder und in andern Dingen entstehen, welches oft zu spät entdeckt wird. Daher es jungen Leuten nicht allein anständig, sondern auch von Nutzen, mit Eltern und nahen Anverwandten — nächst Gott — Rat zu pflegen, auf ihren Rat zu hören und dieselben nicht zu betrüben, sondern ihnen Freude zu machen (Spr. 10, 1). Alles aber in der Furcht des Herrn.

XXXII. Vom Tode.

Von dem Zustande der Seele nach diesem Leben, und der Notwendigkeit einer gottesfürchtigen Vorbereitung zu einem seligen Sterben.

Daß dem Menschen gesetzet ist einmal zu sterben (Hebr. 9, 27; Ps. 89, 49), ist, wie wir glauben, eine Folge der Übertretung unserer ersten Eltern (Röm. 5, 12—14. 17—19; 1. Mos. 2, 17; 3, 19; 1. Kor. 15, 17—21), und also eigentlich eine Strafe der Sünde (Röm. 6, 23). Zugleich aber glauben wir, daß durch den Gehorsam (Röm. 5, 19) und den Tod (Hebr. 2, 14. 15; Jes. 25, 8) Jesu Christi für alle, die wahrhaft an Ihn glauben (Joh. 6, 40. 50. 51. 58), der Stachel desselben weggenommen worden (1. Kor. 15, 55—57; Hos. 13, 14); also daß diese den Tod nicht zu fürchten brauchen (Hebr. 2, 14. 15; Jes. 25, 8), sondern Gott durch Jesum Christum danken können, daß sie einmal sterben dürfen. Denn obgleich unser Leib (der doch nur aus Erde gemacht 1. Mos. 2, 7; Pred. 12, 7, durch fündliche Lüste befleckt Röm. 7, 5. 23. 24; 2. Kor. 7, 1, und ohne große Veränderung Phil. 3, 21; 1. Kor. 15, 36 für den Himmel durchaus unpassend 1. Kor. 15, 50 ist) der Wiederkehr zu seinem ersten Urstoff unterworfen bleibt (Röm. 8, 10), und solches in der

Tat für diejenigen schrecklich ist, die nach dem Fleische leben (Röm. 8, 13. 6; Luk. 12, 16—21) und der Sünde dienen (Röm. 6, 16; 2. Kor. 5, 10; Hebr. 10, 31), ja auch in einem gewissen Grade, ihrem natürlichen Menschen nach, selbst für die Gottesfürchtigen; so gereicht solches dem Glauben dennoch zum wahren Trost (1. Thess. 4, 17. 18) unter den Beschwerden (Jak. 5, 7. 8; 2. Kor. 4, 17. 18; 5, 1—9) und Unvollkommenheiten dieses irdischen Lebens (1. Kor. 13, 8—12; 1. Joh. 3, 2); wie auch, weil außer dem Leibe und bei dem Herrn (2. Kor. 5, 6—8; Phil. 1, 20—23), oder entbunden und bei Christo zu sein weitaus das Beste ist, endlich auch, weil die Aussaat dieses Leibes in die Erde, gleich wie des Weizenkorns (Joh. 12, 24), der von Gott verordnete Weg ist, eines Bessern teilhaft zu werden (1. Kor. 15, 35—44).

Was die Seele betrifft, von deren Unsterblichkeit bereits im fünften Artikel geredet ist (Matth. 10, 28; Luk. 23, 46), so glauben wir, daß dieselbe, unmittelbar nach der Entbindung von dem Leibe, zu Gott zurückkehrt, nicht zum vollen Genuß des Standes der Herrlichkeit (nicht zum Vollgenuß von Ps. 16, 1), oder der ewigen Pein (Matth. 25, 46; Juda 6), denn dieses wird erst geschehen nach der Auferstehung des Leibes und der Wiedervereinigung der Seele mit demselben, nachdem das letzte Gericht gehalten worden (Matth. 25, 34—46) ist, sondern zu einem lebendigen Vorgefühl desselben (Luk. 16, 23. 24; Offb. 6, 10. 11), wie wol mehr oder weniger (Luk. 12, 47. 48; 2. Petr. 2, 9. 10), je nach dem Maße der Ungerechtigkeit (Matth. 10, 15; 11, 22—24) und Gottentfremdung (Matth. 25, 30; Luk. 13, 24—30) oder der Heiligung (2. Tim. 2, 20—22) und Vereinigung mit Ihm (Joh. 14, 21—23; 15, 10; 17, 23. 24; 1. Kor. 15, 58; 2. Petr. 1, 8), wie dies aus der Gerechtigkeit Gottes (Gal. 6, 7. 8; 2. Kor. 9, 6) und der Natur der Sache von selbst zu folgen scheint (vielen bezeugt dies ihr Gewissen, obgleich sie es zu betäuben suchen. Röm. 1; 2, 15; wie viel mehr wenn es erwacht. Luk. 16, 23; Jes. 57, 2. 21). Die Gottlosen und unbekehrten Sünder gehen dann über in einen Zustand der Gefangenschaft (2. Petr. 2, 4. 9. 17), der zu späten Reue, des Verdrusses und der Schmerzen (Jes. 66, 24; Matth. 18, 34; Mark. 9, 44). Die in dem Herrn sterben (Offb. 14, 13), in einen Zustand des Trostes (Luk. 16, 25), des

Friedens und der Glückseligkeit (Luk. 23, 43). In diesem Zustand der Aufbewahrung in der Hand Jesu Christi (Offb. 1, 18; 3, 7) erwarten sie, entweder mit Furcht (Matth. 8, 29; 2. Petr. 2, 4) oder mit Verlangen, den letzten Richterspruch oder das Endurteil 2. Petr. 3, 12—14; Hebr. 10, 26. 27). Denn von einer Reinigung der Seelen nach dem Tode (wie die römische Kirche lehrt), bekennen wir nichts zu wissen, wol aber, daß das Gericht mit dem Tode verbunden wird (Hebr. 9, 27), und daß der Baum, wie er fällt, liegen (Pred. 11, 3; Luk. 16, 22. 23) bleibt.

Deshalb ist es höchst notwendig, daß wir uns bei Zeiten (Joh. 9, 4), während es noch heute heißt (Hebr. 3, 15), auf die Todesstunde vorzubereiten suchen (Matth. 25; 24, 44; Jef. 38, 1), nicht allein durch heilige Erwägung der genannten Dinge (5. Mos. 32, 29; Pf. 39; Pf. 90), sondern auch durch wahre Bekehrung (Luk. 16, 30. 31; 13, 3—5; Offb. 2, 5. 16. 21. 22; 3, 3. 14), und indem wir dem Glauben und der Heiligung nachjagen (1. Tim. 6, 11; 2. Tim. 2, 22; Hebr. 12, 14); um in Christo erfunden zu werden (Phil. 3, 9—14); jeder Zeit ein unbeflecktes Gewissen zu haben (Apostg. 24, 16; 1. Joh. 3, 20. 21); mit Kraft und Lust zu tun, was unsere Hand zu tun vorfindet (Pred. 9, 10) und was dergleichen mehr ist (Phil 4, 8). Alles — weil wir (nach so vielen wiederholten Warnungen des Herrn, Mark. 13, 37) nicht wissen, zu welcher Zeit oder Stunde (Matth. 24, 42; 25, 13) Er kommen wird (Luk. 12, 35—46) — um allzeit bereit zu sein als diejenigen, die auf ihren Herrn warten, auf daß wir nicht zu Schanden werden (1. Joh. 2, 28) bei seiner Zukunft, sondern unbefleckt und unsträflich von Ihm im Frieden erfunden werden (2. Petr. 3, 14).

Weil aber zu dieser allernotwendigsten und allerwichtigsten (Joh. 6, 27) Vorbereitung (Matth. 16, 26) sehr vieles erfordert wird, nämlich, daß man also den Tod gläubig erwarte, und ihm als einem Boten des Friedens entgegen sehe (Luk. 2, 29. 30); die Ablegung unseres Leibes erfasse als eine Entbindung (2. Tim. 4, 6) und Erlösung (Röm. 8, 23) und mit einer wolbegründeten Ruhe des Gemütes den Geist in Gottes Hände als unsers himmlischen Vaters, und Jesu Christi als unseres teuren Erlösers befehle (Apostg. 7, 58); so ist dazu nichts geringeres von Nöten, als der seligmachende Glaube selbst (Joh. 3, 14. 15; 6, 40), wahrer Friede mit Gott (Röm. 5, 1); Übergabe in seinen Willen (Matth. 6, 10; 26, 39; Phil..1, 20—23), Losreißung von allem Irdischen (Phil. 3, 7—11; Hebr. 11, 13), die Erfarung seiner Liebe (Röm. 5, 5), und der Trost seines heiligen Geistes (2. Kor. 5, 5; Röm. 8, 15. 16). Weil nun dieses alles Gnadengaben sind, die um des Gehorsams und des Todes unsers lieben Heilandes Jesu Christi willen uns zu Teil werden (Röm. 5, 17; 8, 37; 2. Kor. 5, 15; 2. Tim. 1, 10), so muß in allem ein lebendiges Abhängigkeitsgefühl obwalten und diese Gaben durch anhaltendes Gebet gesucht werden, wie auch dieselben, nach dem Maße, in welchem der Herr sie uns erteilt, in tiefer Demut, als seine unverdiente Barmherzigkeit empfangen und erwidert werden müssen (Ps. 103, 10—14; 32, 6. 7).

XXXIII. Von der Auferstehung der Todten.

Daß das große Geheimnis (1. Kor. 15, 51) der Auferstehung den Heiligen des Alten Bundes offenbart und bekannt gewesen (Dan. 12, 2) ist, wenn gleich dunkler und nicht wie uns (Hebr. 11, 13—16), wissen wir aus dem Worte Christi, da Er, den Sadducäern den Mund stopfend, sprach: Ihr irret und wisset die Schrift nicht, noch die Kraft Gottes u. s. w. Gott aber ist nicht ein Gott der Todten, sondern der Lebendigen (Matth. 22, 29 und 32; Mark. 12, 24, 26. 27); sowie auch aus so vielen Zeichen und Zeugnissen, daß sie im Glauben lebten und starben. Diese Grundlehre (Hebr. 6, 1. 2) ist jedoch durch das Evangelium (2. Tim. 1, 9. 10) in ein weit helleres Licht gestellt worden, durch welches wir nun auf das Klarste wissen, daß dem jüngsten Gerichte eine Auferstehung der Todten vorangehen soll, beider, der Gerechten und der Ungerechten (Apostg. 24, 15), so, daß alle Menschen, die jemals gelebt haben und gestorben sind (Joh. 5, 28. 29; 1. Kor. 15, 21. 22; Offb. 20, 12. 13), erwachen (Joh. 6, 39) und zum Vorschein kommen (Hesek. 37, 1—14) werden, sie mögen nun in der Erde oder in der See begraben liegen (Offb. 20, 13). In Beziehung auf die Möglichkeit dieser alles Denken übersteigenden Begebenheit (Apostg. 17, 18), stützt sich unser Glaube nicht allein auf die vorerwähnten und viele andere sehr deutliche Zeugnisse, sondern auch auf die Allmacht (Luk. 1, 37; Matth. 19, 26; Sachar. 8, 6), Gerechtigkeit und Treue dessen, der es verheißen hat, und auch tun wird (Hebr. 10, 23; 4. Mos. 23, 19), nämlich Gott der Vater (Röm. 4, 17; 5. Mos. 32, 39), durch seinen Sohn Jesum Christum (2. Kor. 4, 14; Joh. 6, 40; Phil. 3, 21), in der alles vermögenden Kraft und Wirkung seines heiligen Geistes (Röm. 8, 11; Phil. 3, 21), da ja Ihm kein Ding unmöglich ist, der dem, das nicht ist, ruft, daß es sei (Röm. 4, 17), wie viel weniger denn diejenigen zu rufen, von welchen noch der Same vorhanden ist (1. Kor. 15, 35—44; Joh. 12, 24)! Dieser Glaube stützt sich ferner auf das Beispiel derjenigen, die vor Zeiten auferweckt sind (Joh. 11, 1—45), und ganz besonders auf die Auferstehung unsers Herrn selber (1. Kor. 15, 12—18); denn indem Er dadurch kräftig als der Sohn Gottes bewiesen ist (Röm. 1, 4), der Macht habe, sein Leben wiederzunehmen; so können wir uns getrost auf seine Zusage verlassen (Joh. 6, 54; 14, 19), wissend, daß unser Erlöser (Hiob 19, 25. 26), und daß Er, als der Erstling (1. Kor. 15, 20—23; Röm 11, 16; Apostg. 26, 23) und das Haupt seiner Gemeine (Kol. 1, 18), alle seine Verheißungen nicht allein erfüllen kann, sondern auch unfehlbar erfüllen wird (Offb. 1, 18).

Was die Art und Weise betrifft, wie dies alles geschehen wird, so sehen wir aus dem Worte des Herrn, daß der Herr Christus selbst vom Himmel hernieder kommen wird mit einem Geschrei, mit der Stimme des Erzengels, und mit der Posaune Gottes (1. Thess. 4, 16), begleitet von den Engeln seiner Kraft (2. Thess. 1, 7; Matth. 25, 31; Juda 14), daß alsdann alle, die in den Gräbern sind, die Stimme des Sohnes Gottes hören und hervorgehen werden, die Gutes getan haben, zur Auferstehung des Lebens, und die Böses getan haben, zur Auferstehung des Gerichts; daß dieses geschehen soll mit demselben Leibe, in welchem sie solches getan haben (Jes. 26, 19; Röm. 8, 11; 1. Kor. 5, 51 und 54; 1. Thess. 4, 16), doch so verändert und unverweslich, um entweder ewig unglücklich oder glücklich leben zu können; daß dieses alles sehr plötzlich geschehen soll, wie in einem Augenblick, und dennoch ein jeder in seiner Ordnung: denn die in Christo gestorben sind, werden zuerst auferstehn, und die noch am Leben sind, sollen gleichfalls verwandelt werden.

Was endlich die Zeit dieser Zukunft des Herrn anbetrifft (1. Thess. 3, 13; Jak. 5, 7. 8; 2. Petr. 3, 12), so wird selbige geschehen am jüngsten Tage, unmittelbar vor dem letzten Gericht, wenn der Herr kommen wird, um Gericht zu halten, wovon jedoch Tag und Stunde genau zu wissen uns nicht zukommt (Matth. 24, 36; Mark. 13, 32; Apostg. 1, 7). Denn obgleich hievon einige Weissagungen (1. Thess. 5, 2. 3) und Zeichen der Zeit gegeben (Matth. 24, 1—38) sind, auf die wir in tiefer Ehrerbietung merken sollen, und aus denen auch zu erhellen scheint, daß die Zeit des Endes nahe ist (Dan. 12, 4—9; 1. Tim. 4, 1—3; 2. Tim. 3, 1—5; 2. Petr. 3, 3—18), dem aber doch noch große Dinge vorangehen müssen (Röm. 11, 25—32); so ist doch nichts gewisser, als daß der Herr kommen wird in einer Stunde, da man es nicht meint (Matth. 24, 44), und wann ein sorgloses und irdisch gesinntes Leben die Oberhand haben wird (Matth. 24, 37—39; 1. Thess. 5, 2. 3; 2. Tim. 3, 1—5); weshalb der Herr Christus so oft ermahnte allzeit zu wachen, wie im vorigen Artikel ausführlich gesagt ist.

XXXIV. Von dem jüngsten Gericht.

Daß unmittelbar nach der vorerwähnten Auferstehung der Todten das letzte und allgemeine Gericht gehalten werden soll, glauben wir: erstens wegen der Vorstellung von Gottes Gerechtigkeit, die dem Gewissen aller Menschen so fest eingeprägt ist, daß das Bewußtsein des Bösen uns mit Furcht erfüllt (Röm. 2, 15; 1. Mos. 42, 21. 22), und das des Guten uns hingegen eine herzliche Freimütigkeit einflößt (1. Joh. 3, 20. 21), und dies in der Art, daß auch die Allergottlosesten diesen Eindruck kaum, und dann auch nur eine Zeitlang (Jes. 57, 20. 21; Offb. 6, 13—17), ganz betäuben können. Zweitens, weil wir in diesem Leben die Vollziehung der Gerechtigkeit nicht immer wahrnehmen (Ps. 73), und also, wie an der Hand, darauf geführt werden, dieselbe nach diesem Leben zu erwarten (Pred. 8, 11—13; 2. Kor. 5, 10), weil doch die genannte Vorstellung weder zu leugnen noch zu vertilgen ist (Röm. 1, 19; 2, 15); aus welchen Gründen alle vernünftigen Völker zu allen Zeiten, obgleich sie ohne göttliche Offenbarung lebten, an dieselbe glaubten. Noch viel mehr aber glauben wir solches darum, weil wir in den Schriften des Alten (Pred. 12, 14; 11, 9; Dan. 7, 9. 10; 12, 1—3; Mal. 4, 1), und ganz besonders in denen des Neuen Testaments auf das vollkommenste davon versichert werden.

Derjenige, der dieses große Gericht halten wird, ist Gott der Vater (Apostg. 17, 31; Röm. 3, 6), der Richter über alle (Hebr. 12, 22. 23), jedoch durch Jesum Christum, seinen Sohn (Apostg. 10, 42), welchem Er alles Gericht übergeben hat (Joh. 5, 22. 27), wegen seiner freiwilligen Erniedrigung und seines Gehorsams bis zum Tode (Phil. 2, 6—11), wodurch Er als der Mittler zwischen Gott und den Menschen (1. Tim. 2, 5; Hebr. 12, 24), das Recht erlangt hat (Ps. 2, 8—12), über alle zu herrschen (Ps. 72, 8; Joh. 5, 27). Weshalb er seine königliche Macht nicht allein seinen Freunden (Matth. 25, 34; 28, 18—20), sondern auch seinen Feinden (Luk. 19, 27) zeigen wird, wie geschrieben steht: „daß in dem Namen Jesu sich beugen sollen alle Kniee, derer, die im Himmel und auf Erden, und unter der Erde sind, und alle Zungen bekennen sollen, daß Jesus Christus der Herr sei, zur Ehre Gottes, des Vaters" (Jes. 45, 22. 23; Röm. 14, 10—12).

Diejenigen, die gerichtet werden sollen, sind alle Völker im Ganzen (Matth. 25, 31. 32) und ein jeder Mensch insbesondere, er sei groß oder klein (Offb. 20, 12. 13), reich oder arm (Gal. 2, 6; 1. Petr. 1, 17; Luk. 16, 19), der größte Monarch sowol als der geringste Bettler, wie auch die gefallenen Engel (Matth. 25, 41; 2. Petr. 2, 4; Jud. 6; Offb. 20, 10. 11).

Die Art der Erscheinung des großen Richters, Jesus Christus, bei dieser seiner Zukunft wird im höchsten Grade furchtbar sein, und die Versammlung aller Völker vor seinem Richterstuhle ohne alle Weigerung (Matth. 24, 29. 30); denn der Herr selber wird hernieder kommen vom Himmel (1. Thess. 4, 16), in den Wolken des Himmels (Offb. 1, 7; Dan. 7, 13. 14), mit großer Kraft und Herrlichkeit (Luk. 9, 26; 21, 25—27), mit viel tausend seiner Heiligen (Jud. 14. 15), und alle heiligen Engel mit Ihm, unter solchen gewaltigen Umständen (Mark. 13, 24—29), welche die ganze Natur in Bewegung und Entsetzen bringen werden (2. Petr. 3, 10).

Wenn er nun also auf dem Tron seiner Herrlichkeit, vor jedermanns Augen, selbst seiner bittersten Feinde, sitzen wird, werden alle Völker durch die Engel seiner Kraft (Matth. 13, 41—43; 2. Thess. 1, 7) vor seinem Richterstuhl versammelt werden, um Rechenschaft zu geben (Röm. 14, 12; Matth. 25) von der Zeit (Offb. 3, 3; Luk. 19, 44), den Mitteln (Luk. 16, 2; Matth. 11, 20—24; Hebr. 2, 1—4) und den Gaben, welche sie genossen haben (Luk. 12, 47. 48).

Die Dinge, über welche dieses Gericht ergehen soll, sind jedoch nicht allein einige, die hauptsächlichsten Handlungen des Menschen, sondern eine jede derselben insbesondere; sowol Inneres als Äußeres (Hebr. 4, 12. 13), nicht allein Worte (Matth. 12, 36. 37; Juda 15) und Werke (Röm. 2, 6; Offb. 2, 23), sondern selbst die verborgensten Gedanken (1. Kor. 4, 5) und Neigungen des Herzens (Röm. 2, 16).

Die Richtschnur, nach welcher dieses Gericht wird gehalten werden (Jes. 28, 17), wird die höchste Gerechtigkeit selbst sein (Ps. 9, 9; 96, 10; 98, 9), die diesem großen Richter seinem Wesen nach eigen ist (Ps. 45, 7. 8; Hebr. 1, 8. 9), indem er sich nimmer verleugnen kann (1. Mos. 18, 25). Und solches Gericht ist durchaus unfehlbar (Ps. 139, 1—13; Jes. 29, 15. 16), weil er der Allwissende selbst (Joh. 2, 25; Hebr. 4, 13) ist, aller Herzenskündiger (Apostg. 1, 24), vor dem keinerlei Scheingrund, oder irgend ein Vorwand auch nur im Geringsten stattfinden wird (Matth. 7, 22. 23; 25, 34. 35. 44). Es wird auch Alles sehr genau genommen werden (Dan. 5, 27; Spr. 24, 12) nach Anleitung desjenigen, was in den Büchern (Dan. 7, 10; Offb. 20, 12) seiner Allwissenheit (Mal. 3, 16), des Gewissens (Röm. 2, 15) und der göttlichen Offenbarung geschrieben ist (Joh. 12, 48; 5, 45), bei einem jeglichen nach den Verhältnissen, unter welchen er gelebt hat (Röm. 2, 12), und nach dem Maße der empfangenen Gaben, Mittel und Gelegenheiten selbige zu erlangen (Matth. 13, 16. 17), wie auch den Gebrauch oder Mißbrauch (1. Kor. 3, 10—15), oder der gänzlichen Vernachlässigung derselben. Dieses Alles nun soll geschehen auf Grund des Gnadenbundes (Joh. 3, 14—18; 5, 24), kraft dessen diejenigen, welche aufrichtig glauben (Röm. 8, 1), dem Guten ernstlich nachjagen (1. Kor. 9, 24—27; Phil. 3, 7—14; Hebr. 12, 14), und dasselbe tun (1.

Joh. 2, 4. 29; 3, 4—10), wenn auch in Schwachheit (Pf. 103, 10—14; 1. Joh. 1, 6—10), und unter viel Straucheln (Jak. 3, 2; Pf. 37, 24), um Christi willen Gnade finden werden (Juda 21, Röm. 6, 23); diejenigen aber, die im Unglauben verharren und der Wahrheit ungehorsam, der Ungerechtigkeit aber gehorsam sind, Ungnade und Zorn (Röm. 2, 4—8).

Was nun die Ankündigung dieses gerechten Gerichtes betrifft, so wird der große Richter Jesus Christus, diejenigen, die als seine Schafe (Joh. 10, 27. 28) werden erfunden werden, die das Gute getan haben, und über das Wenige getreu gewesen sind (Luk. 16, 10; 19, 17), als seine Auserwählten vereinigen, sie zu seiner Rechten stellen und mit dem überaus gnadenreichen Worte bewillkommnen: „Kommet her, ihr Gesegneten meines Vaters, ererbet das Reich, das euch bereitet ist von Anbeginn der Welt!" Die aber des Bösen getan haben und nicht das Gute (deren Namen nicht werden im Buche des Lebens gefunden werden) (Offb. 3, 5; 20, 15; 21, 27), als Vollbringer der Ungerechtigkeit zu seiner Linken gestellt, wird er mit den höchst furchtbaren Worten verweisen: „Gehet hin von mir, ihr Verfluchten, in das ewige Feuer, das bereitet ist dem Teufel und seinen Engeln."

Die Zeit, wann dieses jüngste Gericht gehalten werden wird, hat der große Richter sich selbst vorbehalten (Mark. 13, 32—37), uns aber eine gottesfürchtige Vorbereitung und heilige Wachsamkeit anbefohlen (Luk. 21, 34—36), wie bereits gesagt ist.

XXXV. Von dem ewigen Leben.

Unter dem erwähnten Reich, welches die Seligen unmittelbar nach dem letzten Gericht ererben werden (Matth. 25, 34), verstehen wir im allgemeinen (1. Joh. 3, 2) einen Zustand der Freude (Matth. 25, 21; Pf. 16, 11; Jef. 51, 11) und Herrlichkeit (1. Petr. 1, 4), der in diesem Leben der Erniedrigung unsere Begriffe unendlich weit übersteigt (1. Tim. 6, 16). Daher kommt es, daß der heilige Geist, indem er unserer Schwachheit zu Hülfe kommen will, davon durchgängig unter bildlicher Vorstellung solcher Dinge redet, die in diesem gegenwärtigen Leben für die angenehmsten und entzückendsten gehalten werden (Matth. 8, 11; 22, 2; 25, 10; Hebr. 11, 10; Offb. 19, 7; 21; 22). Um jedoch eigentlicher und im besonderen davon zu reden, so glauben wir: daß dasselbe bestehen wird in einem Leben ewiger und himmlischer Freude (Luk. 15, 7; Offb. 19, 7), welche auf eine unvergängliche und unverwelkliche Weise in dem höchsten Vergnügen der Seele und des Leibes wird genossen werden, die bezeichnet wird als eine Freudenfülle vor Gottes Angesicht, und liebliches Wesen zu seiner Rechten ewiglich.

Der Leib wird aller seiner gegenwärtigen Unvollkommenheiten und Gebrechen überhoben (1. Kor. 15, 49. 50) und dazu ganz und gar verändert (Phil. 3, 21), geistlich, himmlisch (1. Kor. 15, 40—44) und in Herrlichkeit glänzend sein (Matth. 13, 43), kurz in etwa gleichförmig dem verklärten Leibe Jesu Christi im Himmel.

Nicht minder wird auch die Seele von allem, was sie jetzt noch quält, erlöst (Offb. 7, 9—17; 21, 1—7), und dagegen mit allen Vollkommenheiten angetan sein, deren sie fähig ist, sowol an Kenntnissen (1. Kor. 13, 9—13), als an Heiligkeit (Offb. 21, 27), vollkommen Gott gleichgesinnt und also verklärt in dasselbe Bild (2. Kor. 3, 18), nach welchem sie in diesem Leben, nur dem Anfange nach verändert wurde, wie sehr sie auch nach Vollendung desselben mit sehnsüchtigem Begehren verlangte (2. Kor. 5, 1. 2; Röm. 8, 23).

Der Ort, wo diese Seligkeit wird genossen werden, ist der Himmel, der Wohnort Gottes (Jes. 57, 15; Joh. 14, 2), eine Stadt, die einen Grund hat, welcher Baumeister und Schöpfer Gott ist, von der die größte Herrlichkeit auf Erden nichts weiter als ein Schatten zu achten ist.

Und wie wol Stufen in dieser Herrlichkeit sein werden (1. Kor. 3, 8), und einige glänzen werden als die Sonne (Dan. 12, 3; Matth. 13, 43), andere als die Sterne, und solches gleich wie ein Stern von dem andern an Herrlichkeit sich unterscheidet, je nachdem sie um Christi willen viel gelitten und rechtschaffen gekämpft (2. Tim. 2, 5—12; 1. Kor. 15, 58; Offb. 3, 4. 5), oder in Heiligkeit und Eifer sich hervorgetan haben (2. Joh. 8; Offb. 2, 17; 3, 12); so wird dennoch ein jeglicher nach seiner Fähigkeit ganz erfüllt sein und gesättigt werden.

Die Versammlung der Seligen wird an sich höchst wonnevoll sein, nämlich: zuerst der vollkommen selige und allgenugsame Gott (Matth. 5, 8; 1. Joh. 3, 2; Offb. 21, 3), und Jesus Christus als das Lamm, das geschlachtet ist (Offb. 5, 6; Joh. 12, 26; 14, 3; 17, 19—24), ferner die heiligen Engel Gottes (Offb. 7, 11; Hebr. 12, 22—24), zusammt allen vollendeten Gerechten, vom Paradiese an bis an das Ende der Welt (Luk. 13, 28—30), unter welchen allen alsdann nicht der mindeste Streit und die geringste Meinungsverschiedenheit stattfinden wird, sondern im Gegentheil die vollkommenste Einigkeit (Offb. 5, 8—14; 7, 9—12) und die allerfeurigste Liebe (1. Joh. 4, 7—21). Aller Wahrscheinlichkeit nach werden sie auch einander kennen (Matth. 17, 3; Lukas 16, 19—31); und sich auch ihre Kenntnisse, ihre Erfarungen und ihre Genüsse mitteilen, aus welchem allen eine unaussprechliche Freude entspringen wird (Psl. 79, 13; Jes. 6, 1—10; Offb. 5. 7).

Das hauptsächlichste Geschäft der Seligen wird in einem unverhüllten Anschauen aller Vollkommenheiten Gottes (Psl. 63, 3—6; 2. Mos. 34, 5—8), und Jesu Christi, als des Mittlers zwischen Gott und den Menschen, bestehen, und aller ihrer Führungen und Werke, sowol in der Natur als in der Gnade, vornemlich in dem Werk der Erlösung, sowie auch in dem der Bekehrung (Offb. 1, 5) und Heiligung (Kol. 1, 12) u. s. w. Durch dieses Anschauen alles Wunderbaren (Offb. 15, 3. 4) in Gott, in seinen Heiligen (2. Thess. 1, 10) und in ihnen (Tit. 3, 3—7; Eph. 2, 3—10) selbst unter unaufhörlichem Einfluß des Geistes der Herrlichkeit, der Überschattung des Allmächtigen, und der Leitung des Lammes mitten im Trone, werden beide, Seele und Leib, ohne Aufhören erquickt werden, und entbrennen im Verlangen zugleich und wechselweis (Offb. 4, 8—11; 19, 1—8) sich in hochheiligen Lobgesängen, Anbetungen und Verherrlichungen (Offb. 7, 10—12) in alle Ewigkeit zu ergötzen.

XXXVI. Von den ewigen Strafen.

Von dem Zustande der im jüngsten Gericht Verurteilten glauben wir im allgemeinen, daß derselbe über alle unsere Vorstellung schrecklich und unglücklich sein werde (Dan. 12, 2), weil der heilige Geist uns denselben durchgängig unter allem, was schrecklich und unerträglich ist, vorgestellt hat (Hebr. 12, 29; Jes. 33, 14). Bald einmal als die Hölle (Matth. 10, 28; 18, 9; 2. Petr. 2, 4), oder das Tal der Kinder Hinnom, wo die abgöttischen Israeliten früher ihre Kinder zum Opfer in die glühenden Arme des Moloch warfen, um mit Feuer verbrannt zu werden; bald als einen feurigen Ofen (Matth. 13, 50), einen Pfuhl, der von Feuer und Schwefel brennt (Offenb. 19, 20; 20, 10. 14. 15; 21, 8), eine äußerste Finsternis (Matth. 25, 30), das Nagen eines Wurms, der nicht stirbt (Mark. 9, 43—48), ein unauslöschlich Feuer (Matth. 3, 12), und dergleichen Dinge mehr (Matth. 18, 34). Aus allen diesen schrecklichen Vorstellungen können wir zur Genüge abnehmen, daß jener Zustand bestehen wird in einer gänzlichen Beraubung Gottes (2. Thess. 1, 9; Matth. 7, 23; Luk. 13, 27. 28), alles Guten, alles Trostes (Luk. 16, 24, 25) und aller Erlösung, wie auch in dem Gefühl des unerträglichen Zornes des allmächtigen Gottes (Offenb. 6, 16. 17), und seiner rächenden Gerechtigkeit (2. Thess. 1, 8; Hebr. 10, 30. 31), beide nach Seele und Leib, ohne irgend eine Hoffnung der Befreiung oder Erleichterung bis in alle Ewigkeit (Matth. 25, 46).

Dem Leibe nach werden die Verdammten, wie wir uns vorstellen können, sogleich draußen stehen (Luk. 13, 25), sobald die Seligen aufgenommen sind, dem Herrn entgegen in der Luft (1. Thess. 4, 17); daß alsdann alle Türen der Hoffnung und des Entkommens, sowol auf Erden als im Himmel werden verschlossen werden (Matth. 25, 10), daß sofort die Elemente, durch Feuer angezündet, verbrennen werden (2. Petr. 3, 10—12), wie denn auch die grundlosen Feuerklüfte des Abgrundes werden geöffnet werden, um diese Unseligen, wie ehemals Korah, Dathan und Abira (4. Mos. 16, 32. 33) nebst den Sodomitern lebendig zu verschlingen, und sie also mit der Erde und dem, was darauf ist, was sie liebten (2. Tim. 3, 2—4; Ps. 17, 14; Luk. 17, 26—30; 1. Joh. 2, 15—17), verbrennen werden (2. Petr. 3, 7), doch so, daß sie wegen der Unzerstörbarkeit ihrer veränderten Leiber, nicht vernichtet werden (Offenb. 9, 6), und also die Strafe des ewigen Feuers leiden werden.

Der Seele nach werden sie, wie gesagt, nicht allein durch eine große Kluft von Gott, von den Seligen und von allen Arten des Trostes geschieden sein, sondern überdem auf die allerschmerzlichste Weise gequält werden. Durch das lebendige Andenken an so viele genossene Gnadenmittel (Matth. 11, 20—24. 28), Gele=

genheiten (Matth. 11, 28; 23, 37; Jef. 55) und überzeugungs=
mittel zum Guten (Apostg. 14, 17; Röm. 1, 16—25; 2, 1—24;
4; Offb. 3, 20), wie auch an so viele freiwillige Versäumnisse
(Matth. 22, 5; Hebr. 2, 3) und Verschmähungen derselben (Apostg.
13, 40. 46; Hebr. 10, 29), und wegen allerlei ungerechter Hand=
lungen. Dieses Bewußtsein wird eine Qual der zu späten Reue,
des Verdrusses und der Verzweiflung (1. Mos. 4, 13. 14; Matth.
27, 3—5) verursachen, die alle unsere gegenwärtige Vorstellung
weit übersteigt.

Dieses alles wird erschwert werden durch die überaus schreck=
liche Gesellschaft des Teufels und seiner Engel (Matth. 25, 41)
nebst allen gottlosen Sündern (Gal. 5, 19—21; Eph. 5, 3—6;
Juda 14—16; Offb. 22, 15), und durch das Anhören ihrer Läste=
rungen Gottes und alles dessen, was gut (Offb. 16, 9. 11. 21)
ist. Was außerdem diesen unseligen Zustand auf die verzweif=
lungsvollste Art schrecklich macht, ist, daß uns die heilige Schrift
nicht den geringsten Grund gibt, eine Befreiung aus demselben zu
erwarten; indem sie im Gegenteil denselben eine ewige Pein nennt,
die Strafe des ewigen Feuers, ein unauslöschliches Feuer, einen
Wurm, der nicht stirbt u. s. w.

Doch ist es gewiß, daß Stufen in der Größe der genannten
Strafen sein werden (Luk. 12, 47. 48), so, daß es denen zu Tyrus
und Sidon, ja von Sodom und Gomorrha am Tage des Gerichts
erträglicher ergehen wird, denn solchen Orten und Personen, bei
denen der Herr Christus mit vorzüglichen Erkenntnismitteln und
Überzeugungskraft wirksam gewesen ist (Matth. 12, 41—43), wie
denn die allervollkommenste Gerechtigkeit dies von selbst mit sich
bringt, die auch in dieser wie in allen andern Handlungen Gottes
unsträflich dargestellt werden wird (Gal. 6, 8. 9).

Seine Gnade helfe uns, diesem zukünftigen Zorn in rechter
Weise zu entfliehen. Amen.

Inhaltsverzeichnis der Glaubenslehre.

Seite

I. Von der Erkenntnis Gottes aus der Natur 2
II. Von der heiligen Schrift 3
III. Von Gottes Wesen und Vollkommenheiten überhaupt 4
IV. Von der heiligen Dreieinigkeit 5
V. Von der Schöpfung aller Dinge und des Menschen insonderheit 5
VI. Von der Erhaltung und Regierung Gottes 6
VII. Von dem Zustande des Menschen vor dem Falle 7
VIII. Von dem Fall des Menschen und dessen Folgen 7
IX. Von der Gnadenwahl, oder von der Erwählung und Verwerfung 9
X. Von der Wiederaufrichtung 11
XI. Von des Menschen Freiheit und Vermögen nach dem Falle .. 12
XII. Von der Person des Erlösers, und von seiner Erscheinung im Fleische 14
XIII. Von dem Werke der Erlösung überhaupt 15
XIV. Von dem prophetischen Amte Christi 15
XV. Von dem priesterlichen Amte Christi 17
XVI. Von dem königlichen Amte Christi 19
XVII. Von dem allgemeinen Anbieten der Gnade und dem Rufe Gottes zum Glauben 20
XVIII. Von dem Glauben, durch welchen man der Gnade Gottes in Christo teilhaftig wird 23
XIX. Von der Bekehrung und Wiedergeburt 25
XX. Von der Rechtfertigung aus dem Glauben 27
XXI. Von den guten Werken oder von der Gottesfurcht der wahren Gläubigen 29
XXII. Von dem Beharren in der Heiligung 31
XXIII. Von der Kirche oder der Gemeine Christi 33
XXIV. Von den Dienern der Kirche 36
XXV. Von der heiligen Wassertaufe 38
XXVI. Vom heiligen Abendmal 41
XXVII. Von der brüderlichen Aufsicht und der Kirchenzucht 43
XXVIII. Von dem Amte der weltlichen Obrigkeit 47
XXIX. Von der Rache und dem Krieg 49
XXX. Vom Eide 51
XXXI. Von dem Ehestand 54
XXXII. Vom Tode 56
XXXIII. Von der Auferstehung der Todten 59
XXXIV. Von dem jüngsten Gericht 61
XXXV. Von dem ewigen Leben 64
XXXVI. Von den ewigen Strafen 66

Aus dem Verlag der Konferenz-Buchhandlung.

Gesangbuch mit Noten. Für gottesdienstlichen Gebrauch. Das Buch enthält auf 400 Seiten 600 Lieder. Der Noten- und Schriftsatz ist klar und deutlich. Papier und Einband sind schön und dauerhaft. No. 1, Muslinband $1.25; No. 2, Halbfranzband $1.50; No. 3, Jmt. Mor. Band $2.00; No. 4, Voll Mor. Band $2.50; No. 5, Levant Cir. Band $5.00.

MENNONITE HYMNAL. A hymn and tune book prepared and arranged for use in Mennonite churches. It contains 539 hymns, 430 tunes, 21 doxologies, 7 complete indexes, 330 pages, quarto. Half leather, sprinkled edges, postpaid $0.85; Full morocco, gilt edges, postpaid $2.25; Levant, Div. Circuit, Limp, gilt edges $4.00. Special rates to churches when ordered in quantities.

Das Handbuch zum Gebrauch bei gottesdienstlichen Handlungen. Der erste Teil enthält Gebete, — allgemeine Sonntagsgebete, Festgebete und besondere Fürbitten, — während der zweite Teil aus Formularen für gottesdienstliche Handlungen, — Taufhandlung, heiliges Abendmahl, Fußwaschung, ꝛc. besteht. Preis in Lederband $1.00.

Festklänge. Predigten von Mennonitenpredigern aus den Vereinigten Staaten, Rußland, Deutschland und der Schweiz. Gesammelt und zusammengestellt von S. F. Sprunger. Dieses Buch eignet sich besonders als Geschenkbuch; Muslineinband $1.00; Halbfranz $1.25; voll Morocco mit Goldschnitt $2.00.

„Christlicher Bundesbote,"

erscheint wöchentlich im Interesse der Allgemeinen Konferenz der Mennoniten von Nord-Amerika. Der Zweck dieser Konferenz und folglich auch ihres Organs ist: Vereinigung der verschiedenen Gemeinden und Abteilungen der Mennoniten-Gemeinschaft zur thatkräftigen und erfolgreichen Betreibung der innern und äußern Mission, sowie die Förderung der Reichssache Gottes überhaupt. Preis in den Vereinigten Staaten und Canada $1.50. Im Auslande $1.75.

Sonntagsschul-Lektionen.

Die von uns herausgegebenen internationalen „Sonntagsschul-Lektionen" erscheinen vierteljährlich in Form eines gefälligen Pamphlets mit farbigem Umschlag.

Der Druck ist deutlich und mit großer Schrift ausgeführt. Der Preis ist billig, nämlich: 1 Exemplar, per Jahr je 20 Cents; 5 Exemplare und darüber, per Jahr je 10 Cents; 5 Exemplare und darüber, per Quartal je 3 Cents.

☞ Proben von all den obigen Zeitschriften werden bereitwillig versandt.

Bestellungen und Gelder addressire man:

Mennonite Book Concern, Berne, Adams Co., Ind.

www.ingramcontent.com/pod-product-compliance
Lightning Source LLC
Chambersburg PA
CBHW031346230426
43670CB00006B/453